ENTRE MÈRE ET FILLE :
UN RAVAGE

DU MÊME AUTEUR

Malaise dans la procréation [signé Marie-Magdeleine Chatel], Paris, Albin Michel, 1993 ; nouvelle édition, 1998.

« La Raison de Lol » *in Dits à la télévision* de Marguerite Duras, Paris, EPEL, 1999.

De Borel à Blanchot, une joyeuse chance, Georges Bataille, Présentation du coffret Georges Bataille : *Histoire de l'œil* (deux versions illustrées : Masson et Bellmer), *Madame Edwarda* (deux versions illustrées : Fautrier et Bellmer), Paris, Pauvert, 2001.

Chambre d'accusation, Paris, Pauvert, 2002.

MARIE-MAGDELEINE LESSANA

ENTRE MÈRE ET FILLE : UN RAVAGE

FAYARD

Collection fondée par Georges Liébert
et dirigée par Joël Roman

INTRODUCTION

Qui n'a eu à connaître, de près ou de loin, les remous, les dévastations d'une relation entre une mère et sa fille, entre une fille et sa mère ? Chaque amour n'est-il pas à un endroit, ou à un moment, contaminé par une passion de possession et d'exclusivité, où l'élan d'un amour sans limites peut se renverser en une haine mortelle, et s'apaiser en une tendresse retrouvée ? Mais la relation d'une femme à sa mère semble le terrain privilégié où le fait d'habiter un corps féminin mobilise toutes sortes de tourments entre elles.

Le mot *ravage*[1] que j'ai rencontré sous la plume de Jacques Lacan, pour qualifier le rapport d'une femme à sa mère, m'a paru, en un éclair, interpréter la difficulté que Freud avait rencontrée à cerner la « féminité », désignée par lui comme « continent noir[2] ».

1. Jacques Lacan, « L'Étourdit », *Scilicet*, n° 4, Paris, Seuil, 1973, p. 21.

2. Sigmund Freud, « Dark Continent », in *La Question de l'analyse profane* (1926), Paris, Gallimard, 1985, p. 75.

Dans un texte fort difficile, *L'Étourdit*, Lacan semble s'inscrire en faux contre la théorie de Freud qui avance que la fille se détourne de sa mère, lui reprochant de l'avoir mal faite, « castrée », au profit du père, afin de recevoir de lui ce que la mère ne lui a pas donné : l'organe qui a valeur de phallus. Le père serait le « port » où la petite fille se réfugierait pour se protéger des houles et remous de l'amour excessif, exclusif, disons « ravageant », avec sa mère. Selon Freud, un intense attachement de la fille à la mère ne finirait jamais vraiment. Il resterait obscurément actif, et inaccessible à l'analyse, telle une civilisation archaïque enfouie sous la civilisation moderne[1].

En affirmant qu'il n'y a qu'une seule libido phallique pour les deux sexes, Freud a déclenché une violente polémique. Ses disciples refusaient le caractère incontournable du complexe d'Œdipe dans le développement de la sexualité humaine : ils rétorquaient qu'il y avait certaines spécificités constitutionnelles du féminin, différentes du masculin. Par exemple, Ernest Jones conclut un article célèbre par la phrase biblique « Au commencement... Il les créa mâle et femelle[2] ». Le malentendu fut total.

Une quarantaine d'années plus tard, Lacan forge la formule « il n'y a pas de rapport sexuel », pour dire l'impossibilité d'écrire mathématiquement le « rapport » de deux sexes différents. Prenant le langage courant à rebours, une telle formule provoque. Pourtant elle

1. *Id.*, « Sur la sexualité féminine » (1931), in *La Vie sexuelle*, Paris, PUF, 1970, p. 140.

2. Ernest Jones, « La phase phallique », *La Psychanalyse*, n° 7, p. 271.

indique combien l'acte sexuel qu'on nomme communément « rapport » n'en est pas un. En 1972-1973, avec l'appui de la logique, Lacan aborde ce que Freud a « expressément laissé de côté », concernant la question : « Que veut la femme ? » Il se démarque de Freud quand il affirme que, s'il y a une seule libido, phallique, celle-ci n'est cependant pas toute. « Qu'est-ce à dire ? dit Lacan, sinon qu'un champ qui n'est tout de même pas rien se trouve ainsi ignoré[1]. » Je situe le *ravage* entre mère et fille dans ce champ-là.

Dans *L'Étourdit*, Lacan écrit que le complexe d'Œdipe freudien « contraste douloureusement avec le fait du *ravage* qu'est chez la femme, pour la plupart, le rapport à sa mère, d'où elle semble bien attendre *comme femme* plus de *subsistance* que de son père[2] ». En somme, pour lui, la quête du phallus et l'amour du père seraient seconds, même secondaires, à côté de la douloureuse affaire avec la mère, pour une femme, « comme femme ».

Que signifie l'expression : « femme comme femme » ? La petite fille, puis la jeune fille, surtout à la puberté, se pose cette question. En effet, elle s'intéresse à ce qui l'attend « comme femme », à son « destin féminin », dit

1. Jacques Lacan, *Le Séminaire. Encore, 1972-1973* (vol. 20), Paris, Seuil, 1975, rééd. 1999, p. 75 (séance du 13 mars 1973).

2. Jacques Lacan, « L'Étourdit », *op. cit.*, p. 21. Citation complète : « [...] l'élucubration freudienne du complexe d'Œdipe qui fait la femme poisson dans l'eau de ce que la castration soit chez elle de départ (*Freud dixit*) contraste douloureusement avec le fait du *ravage* qu'est chez la femme, pour la plupart, le rapport à sa mère, d'où elle semble bien attendre *comme femme* plus de *subsistance* que de son père, ce qui ne va pas avec lui étant second dans ce ravage. » Nous soulignons.

pompeusement, comme si ça existait, le destin féminin. Pourtant habiter un corps femelle et être dite « femme », dans quelque langue que ce soit, ne sont pas des abstractions. Qu'on aborde la question par la filiation (être mère), par l'alliance (être épouse), par le sexe (être amante), dans tous les cas, le discours mord sur le corps.

Cette affirmation de Lacan, qui fait date dans le débat psychanalytique, n'étonne pas quiconque lit assidûment les magazines féminins. Numéro après numéro s'échangent des trucs, des conseils, des confidences, des témoignages entre femmes, entre mère et fille, entre fille et mère, sur comment faire avec ce corps, ses émois, ses humeurs, ses attraits, qu'il s'agisse de s'habiller, de séduire, de faire l'amour, de jouir, d'éduquer ses enfants, de garder ou de quitter son homme, de prendre un amant ou une amante, de vivre « en solo »... Du père, il n'est jamais question en première ligne. Le vecteur qui nourrit cette presse serait-il celui de la transmission d'un savoir entre femmes ? Là gît une équivoque nécessairement entretenue. Disons qu'il s'agit plutôt de témoignages sans cesse relancés sur une énigme qui fait difficulté. Ce sont les mots, les tournures utilisées selon l'air du temps, les récits de pratiques effectives à côté des images, qui feront mouche entre elles.

Que la fille se tourne vers sa mère, ou vers une autre femme, pour trouver les repères de ce qui l'attend, qu'elle connaisse avec celle-ci une relation amoureuse torturante, passionnelle, minée par les reproches, qu'elle se sente trop ou mal aimée, qu'elle ait des curiosités sur les jouissances érotiques de sa mère comme énigmes auxquelles elle se mesure, qu'elle soit bouleversée par l'approche du corps féminin, lieu du désirable, obscène et fascinant, constitue peut-être ce dont le mot *ravage* fait écho.

Dans notre langue, le terme *ravage*, avec ceux de *ravissement* et *ravinement* ont une même étymologie, celle du verbe *ravir*. Cette proximité sémantique m'a invitée à décliner ce *ravir* comme l'enjeu du rapport mère-fille et à interroger l'architecture de leurs liens. Je me suis essayée à faire parler des textes dans leur littéralité et leur fraîcheur, au cours de six études où seront examinées, éclairées et dépliées ces relations fille-mère.

Au cœur des remous entre mère et fille existe une image de corps de femme éblouissant car éminemment désirable. L'image d'un corps qui porte en son éclat la promesse d'une jouissance inconnaissable. Au lieu du « continent noir », inaccessible à la psychanalyse, où Freud repère un attachement enfoui à la mère, se profile un corps érotique, qui ravit. Il est vu dans la fulgurance de l'instant volé, persécutif : moment obscène, douloureux, déchirant, entre l'éblouissement et le tremblement de la peur. Qui le perçoit ainsi s'immobilise, s'anesthésie, son corps reste sans contours, il s'oublie et s'épuise parfois jusqu'à l'évanouissement. C'est une présence en flash, éclair lumineux, qui parasite la femme concernée. Dans le champ du regard, il est un point qui ne reflète rien, qui n'identifie pas, qui aspire à un état second, qui va de l'extase à la disparition ; un point de pure subjectivité du vide, du néant.

L'image fascinante d'un corps de femme désirable s'édifie à l'endroit où il n'y a ni identité sexuelle, ni transmission de traits féminins de mère à fille : un espace où se jouent les remous d'un amour possessif, dépossédant, un lien addictif. Il s'agit d'un passage douloureux qui implique l'entame de l'emprise érotique maternelle. Il arrive que cet arrachement ne se fasse jamais, et que l'image d'un corps lumineux de femme reste accroché du côté de la mère ou d'une femme adulte. La fille se croit alors privée de cette lumière de promesse pour elle-même. Il arrive aussi que la mère glisse en position de fille pour se faire réparer par sa fille du dommage qu'elle appréhende, dans une sorte de chantage à la maladie ou à la mort. Les enfants, nés ou à naître, de la fille sont souvent négociés dans ce chantage. La fille craint de s'engager dans le risque de perdre sa mère, ce qui équivaudrait à tout perdre, ou à se perdre.

Le ravage entre fille et mère n'est pas un duel, ni le partage d'un bien, c'est l'expérience qui consiste à donner corps à la haine torturante, sourde, présente dans l'amour exclusif entre elles, par l'expression d'une agressivité directe. Le ravage se joue entre les deux femmes touchées par l'image de splendeur d'un corps de femme désiré par un homme. Il révèle l'impossible harmonie de leur amour qui se heurte à l'impossible activité sexuelle entre elles. L'épreuve se traversera quand l'image fascinante sera atteinte au point de déchoir. Il ne s'agit pas de meurtre, mais d'un acte qui « fasse la peau » à l'image éblouissante qui persécute. La chute du pouvoir persécutif de l'image marquera la sortie du ravage, un corps en portera la cicatrice.

Un tableau de Balthus, *La Leçon de guitare*[1] (1934), reproduit dans *Les Larmes d'Éros* de Georges Bataille, m'a paru représenter une image annonciatrice du ravage.

1. Georges Bataille, *Les Larmes d'Éros*, Pauvert, 1961 et 2001, p. 235.

Au dire de J.-M. Lo Duca[1], ce tableau provoqua l'interdiction du livre de Bataille et fut la raison des difficultés que Balthus connut pour obtenir la direction de la Villa Médicis. Une femme jeune, dans la trentaine, est assise dans un fauteuil, les jambes écartées. Sur ses genoux, allongée, la tête au bord du sol, une fillette d'environ dix ans. Ses jupes et son tablier sont retroussés, son sexe imberbe est découvert, d'une blancheur de nacre, d'une maigreur de petite fille. Le dessin de son sexe a la pureté fine de la jeunesse, intact de ce qui lui donnera plus tard son aspect de plaie, de trou, de déchirure, lieu de l'attrait et de l'horreur. La pâleur et la fixité décharnée de ce corps évoquent une poupée ou un cadavre. Une guitare posée au sol, à contresens ; on imagine que l'enfant n'a pas été une bonne élève, qu'elle subit une punition, elle-même mise dans la position de l'instrument de musique qu'elle n'a pas su faire résonner, guitare sur les genoux du professeur. De la main gauche, la femme semble jouer des cordes entre les jambes de l'enfant, près de son sexe, comme une masturbation bien contrôlée. De la main droite, la maîtresse a pris une mèche de cheveux, en place de ruban, et semble tirer dessus comme on tiendrait le manche de la guitare. Le professeur a l'air de jouir de cette maîtrise, sûre d'elle, elle tient bien en main son élève. Sur le visage de l'enfant se lit l'expression de l'extase et de la soumission, peut-être une douleur qui confine à la jouissance. Une main de l'enfant est en abandon voluptueux, posée au sol. De l'autre main, l'en-

1. Joseph-Marie Lo Duca, *Une aventure : « Les Larmes d'Éros », Georges Bataille et J.-M. Lo Duca*, Paris, EPEL, coll. « atelier », à paraître.

fant, comme par un geste désordonné de nourrisson, dévoile le sein dressé de la femme adulte. On peut imaginer que la modulation du plaisir de la petite a remplacé le son de la guitare. On dirait que l'adulte se sert du corps lumineux de la fille pour l'humilier, en en révélant la promesse de jouissance, trop tôt éprouvée. Et la petite, émue, semble répondre à la femme adulte que c'est elle qui a la puissance d'un corps voluptueux, qu'elle s'y accroche. Le corps éblouissant est là, sur chacune, et, entre elles, le bas de la petite est offert au regard, son visage, déjà ailleurs, est devancé par la jouissance, et du côté de la femme le haut est déjà acquis. Ce spectacle, leçon d'érotisme jusqu'à la mort, expose l'éclat voluptueux qui éclaire leurs corps et les excède.

Le ravage survient quand une fille grandit, et que se dessinent en son corps les signes annonciateurs de la future femme. À ce moment-là, sa mère est aux prises avec des remous qui signalent un renoncement en elle. Non pas qu'elle va devoir renoncer à son propre pouvoir de séduction pour le céder à sa fille, en ce cas il n'y aurait qu'une seule femme : ou la mère, ou la fille. Lorsqu'une mère voit sa fille devenir femme, qu'elle voit monter en elle la lumière du désirable, c'est aux plaisirs érotiques maternels de la première enfance qu'elle va devoir renoncer, ceux du nourrissage, de la surveillance, de l'enveloppement, de la présentation de sa fille, pour laisser place à la mutation vers l'érotique du désir sexuel avec des partenaires à venir, les amants, amantes, maris. Cette cession est un arrachement qui laisse la mère blessée.

Il arrive que le lien mère-fille soit tempéré et qu'apparemment aucun ravage ne les secoue ; ce qui ne signifie nullement que les termes du ravage soient absents, ils sont atténués. Parfois la fille n'a ni la force ni la possibilité d'entrer dans le ravage. Certaines esquivent à l'extrême : c'est le cas du ravissement. Ou bien, n'y entrant pas, elles le réaliseront en acte sur une autre femme, dans un passage à l'acte fou. Ou encore, une fille peut entrer dans le ravage et ne jamais en sortir, si elle ne trouve pas les moyens de réaliser l'entame qui, croit-elle, l'aurait elle-même détruite. Le ravage non effectué, le lien au partenaire sexuel et amoureux s'en trouve grandement contaminé.

Il arrive que la relation d'une femme et d'un homme, surtout lorsqu'elle est conjugale, soit ravageante, que s'y éprouve un cercle infernal, violent, dévastateur où les preuves d'amour se renversent en imputations de rejet, que la relation s'empoisonne dans les reproches et accusations sans issue, selon des termes équivalents au rapport mère-fille. Il est juste de dire que se poursuit, ou se joue, avec le mari le ravage avec la mère. Freud s'en était aperçu, c'est pourquoi il prétendait que les seconds mariages étaient en général plus satisfaisants que les premiers. Le premier mariage hériterait du rapport à la mère, où le mari essuierait les plâtres du ravage, tandis que le second hériterait du rapport au père...

Cet essai ne prétend pas être une étude exhaustive du rapport mère-fille. Je me suis laissé personnellement attraper par six différentes histoires de filles avec leurs mères qui déclinent le ravage. Sont-elles plus significatives que d'autres ? Le lecteur est invité à suivre chacune de ces aventures comme un parcours ouvert qui lui offre des occasions de trouver des résonances et de les ordonner. Ces couples mère-fille sont hétérogènes autant sur le plan du contexte historique et culturel que sur la teneur des documents utilisés pour les aborder.

La correspondance de Mme de Sévigné à sa fille, la comtesse de Grignan, sera notre première étude. Mère et fille connaissent la redoutable expérience de l'impossibilité de s'aimer jusqu'à l'excès, comme la mère l'exige. Malgré la certitude de s'aimer en pleine réciprocité, ce sont les malentendus, les reproches et les impossibilités qui vont torturer les deux femmes, jusqu'à ce que morts d'enfants et maladies les amènent aux pires accusations. On doit alors les séparer. Le secret de la fille sur sa sexualité conjugale fait apparaître que l'amour sans bornes de la mère pour sa fille est animé d'un désir érotique ardent. L'imbrication de leurs maladies respectives montre à la mère que sa passion est impossible à tempérer. Détruite par le constat de son propre pouvoir de destruction sur sa fille, Mme de Sévigné consent à renoncer à vouloir son bien.

Quant à Maria Riva, fille de Marlène Dietrich, elle est, dès sa naissance, instrumentalisée par l'amour de sa mère. Le mari et la fille de la star, chacun dans sa position respective, servent d'étai au succès de son image d'artiste. L'image de scène de Dietrich fascine Maria. Elle sera soumise à cette emprise toute sa vie.

Camille Claudel est, elle, très tôt saisie par le talent de la sculpture. Son père la soutient dans son art, malgré l'hostilité de sa mère. Elle vit ensuite un amour passionné avec Rodin. Cette liaison, quoique stimulante pour son art, échoue sur l'impossibilité de la légitimer, elle et les enfants qui en naîtraient. On comprendra que le rapport persécutif qu'elle connut avec Rodin, à partir de l'échec de l'œuvre *L'Âge mûr*, n'était autre que la scène d'une impossibilité d'affronter la haine de sa mère et de lui adresser la sienne.

Et Lol V. Stein, personnage de fiction de Marguerite Duras, ravie par la femme mûre qui emporte son fiancé lors d'un bal, reste suspendue à l'instant où l'apparition de la femme désirable a frappé le jeune homme. Elle est maintenue dans le « ravissement », tout particulièrement par sa mère, qui l'isole de toute réminiscence du bal et la marie sans son consentement. À la mort de sa mère, Lol part à la recherche de la vision du corps éblouissant de la femme saisie par le désir de l'homme, espérant voir la fin du bal dont elle a été privée. Lol quête ainsi la définition de son « identité de nature indécise[1] ». Elle s'appuie sur l'amant de son amie pour aller jusqu'au lieu même de l'événement du bal et tente de trouver où mettre son propre corps.

Marguerite Anzieu, le « cas Aimée » de la thèse de Lacan, occupe pour sa mère la place de remplaçante d'une sœur aînée, morte brûlée à cinq ans. Sa mère lui réserve un amour sans tache et confie l'éducation de la petite Marguerite à l'aînée survivante. Marguerite trouve protection et direction auprès de sa sœur. Elle tente de s'émanciper d'elle, se marie, puis recueille chez elle cette sœur devenue veuve et stérile. C'est une fois enceinte que les idées délirantes de persécution la saisissent. Après la mort d'un enfant à la naissance, elle met au monde un fils qu'elle sent menacé de mort par des persécuteurs, choisis parmi des artistes. Elle écrit deux romans qui ne sont pas

1. Marguerite Duras, *Le Ravissement de Lol V. Stein*, Paris, Gallimard, 1964, p. 46.

publiés. Poussée par son délire, elle commet alors un attentat manqué contre une actrice qui la persécutait parce qu'elle mettait en scène les œuvres d'un romancier dans lesquelles Marguerite avait reconnu son jardin secret.

Christine Papin forme avec sa sœur Léa un couple de domestiques modèles au service de bourgeois de province. Elles défraient la chronique en accomplissant un crime atroce sur leur patronne et sa fille. Cet acte fou trouve son origine en Christine, qui est captive d'un vœu de sa mère. Cette capture lui interdit toute émancipation, que ce soit dans la vie religieuse, encore moins dans le mariage et la maternité[1].

L'ordre de présentation des cas est agencé par degrés de moindre résolution du ravage. Pour chaque cas, il nous faudra distinguer une entrée (ou non) dans le ravage, puis l'épreuve du ravage (a-t-elle eu lieu, avec qui ou avec quelle image ?), son effectuation et sa sortie. Il s'agit d'un affrontement direct entre fille et mère, à travers leurs corps, sur les questions de féminité. L'épreuve se situe à l'endroit même où l'identification est impossible : là surviennent la rage, l'affolement, l'excès qui se cristallisent en événements persécutifs. Nous supposons que le ravage se résoudra lorsque, au sein de l'épreuve douloureuse, la fille atteindra l'image qui la persécute au point que la persécution s'évanouisse. Le détachement qui s'opérera par la suite ouvrira-t-il sur de nouveaux modes de faire et d'exister ?

1. Rappelons que ce crime des sœurs Papin a largement inspiré Jean Genet pour sa pièce de théâtre intitulée *Les Bonnes*.

Il peut paraître paradoxal, voire provocateur, qu'une expérience aussi dévastatrice soit pensée par Lacan en termes de *subsistance* qu'une fille attend de sa mère. Cette affirmation est d'une grande portée clinique, si nous situons l'expérience du ravage précisément comme l'expérience de ce qui échappe à l'arpentage phallique. Le ravage n'est pas de l'ordre du don, il est l'épreuve d'une impossible transmission du sexe. Il concerne une jouissance errante, qui se manifeste sous la forme d'une image persécutrice. L'atteinte du corps par l'attentat fait à cette image est une épreuve de consistance. Nous faisons l'hypothèse que la chute marquée du caractère persécutif de l'image, quand elle a lieu, inscrit le corps comme lieu où adviendra une jouissance, non plus errante, mais « sienne », après l'épreuve du ravage. Cette consistance du corps serait-elle la *subsistance* que la femme *comme femme* attend de sa mère ? Lorsque le ravage sera éprouvé et effectué, les identifications secondaires, entre autres à la mère et au père, pourront-elles alors avoir lieu et chacune des deux femmes aura-t-elle sa peau à son propre compte ?

Autant de questions à mettre à l'épreuve avec ces femmes devenues célèbres pour avoir souffert de leur mère à la folie. Femmes qui ont laissé des traces, dont la lecture nous permettra d'établir qu'entre une femme et sa mère il ne s'agit ni de transmission d'un savoir, ni d'initiation à un quelconque mystère, mais de l'expérience d'une épreuve à traverser. Et d'en sortir.

LA CORRESPONDANCE
DE MADAME DE SÉVIGNÉ À SA FILLE :
PARADIGME DU RAVAGE

Le cas que je vais examiner maintenant porte directement sur la clinique du rapport d'une mère à sa fille : il s'agit de Mme de Sévigné, prise dans la violence de l'amour ravageant pour sa fille, Mme de Grignan. Le cas est singulier puisque nous avons le témoignage de la mère elle-même. L'immense correspondance à sa fille, si célèbre, a la réputation d'être paradigmatique des affres qui agitent le lien entre mère et fille[1].

L'expérience subjective de la fille sera lue par ricochet dans les lettres de la mère. Les deux protagonistes sont impliquées, mais leurs positions ne sont pas les mêmes. Chacune, engagée à l'extrême, cherche à résoudre une question différente. Leurs questions se croisent obligatoirement en un lieu d'impossible départage.

Cette correspondance, si particulière par son abondance, son brio, sa rare vitalité et son tempo, commence après le départ de la jeune comtesse de Grignan : un arra-

1. Les annexes (repères biographiques et publications posthumes) se rapportant à cette correspondance se situent à la fin de l'ouvrage, p. 405.

chement inouï dont sa mère ne se remettra jamais. L'écriture des lettres constitue la pratique même de l'« excessive tendresse » qui submerge la mère. Il serait inexact de dire que Mme de Sévigné aimait tant sa fille avant la séparation que l'écriture viendrait pallier l'absence. Il semble plutôt que l'élan amoureux se soit révélé, et n'ait trouvé son existence qu'en l'absence de l'aimée, qu'il n'ait pu s'épanouir que dans l'écriture des lettres. L'inaccessibilité de Mme de Grignan, due à son éloignement, permet à Mme de Sévigné de maintenir la tension d'un amour passionné. Lettre après lettre, elle déclare les remous de la folie de son amour, elle connaît les désordres du manque et souffre de la nostalgie d'un paradis perdu. L'amour transi, malheureux, haletant, qui s'écrit, a trouvé son lieu dans les lettres régulières, au rythme de deux envois par semaine. Mme de Sévigné commence à écrire une lettre souvent trois jours avant l'envoi, aussi sa correspondance fonctionne-t-elle comme un journal. Aux yeux de la mère, la fille paraît sans cesse menacée de mort, terme obligé de son amour. Mme de Sévigné traverse des moments de bascule bouleversants où elle passe de l'amour habité de bonheur au vertige de l'angoisse de la disparition. Elle est torturée par un élan dévorant qui se veut éternel et absolu. Chaque bonne nouvelle déclenche en elle un flot de larmes, comme s'il s'agissait d'une insulte. Elle est persécutée par le manque de sa fille comme on peut l'être par la disparition d'un défunt.

C'est un amour d'écriture à l'absente, sa réalité est dans la lettre : « écrire en détail » est « le style de l'amitié ». À sa fille elle dira : « lire vos lettres et vous écrire font la première affaire de ma vie[1] ». Si les lettres restent sans réponse, elle s'affole ; chaque missive de sa fille relance l'écriture. « Ce plaisir d'écrire est uniquement pour vous, car à tout le reste du monde on voudrait avoir écrit, et c'est parce qu'on le doit[2]. » « Je n'aime point à m'enivrer d'écriture. J'aime à vous écrire ; je parle à vous, je cause avec vous. Il me serait impossible de m'en passer. Mais je ne multiplie point ce goût. Le reste va parce qu'il le faut[3]. » « Pour moi, si quand je vous ai écrit, il fallait écrire encore une grande lettre, je vous l'ai déjà dit, je m'enfuirais[4]. » Écrites au fil de l'urgence, ses lettres n'ont pas d'autre public que la destinataire et ne sont jamais relues avant l'envoi. Dès que les deux femmes se retrouvent, le feu de l'élan est perdu.

GENÈSE

La mort frappe la famille de Mme de Sévigné avant sa naissance. Un frère aîné, âgé de quelques mois, meurt en juillet 1624, suivi d'une sœur qui mourra en naissant au début de 1625. Mme de Sévigné, née Marie de Rabutin-Chantal, troisième enfant de Clese Bénigne de Rabutin-Chantal et Marie de Coulanges, voit le jour à Paris le 5 février 1626. Elle porte le même prénom que sa mère.

1. Madame de Sévigné, *Correspondance*, Paris, Gallimard, « Bibliothèque de la Pléiade », 1996, le 18 mars 1671, tome I, p. 189. Toutes les références à la correspondance renvoient à cette édition.
2. Le 28 août 1675, tome II, p. 77.
3. Le 9 octobre 1675, tome II, p. 121.
4. Le 4 avril 1689, tome III, p. 567.

Son père meurt au combat lorsqu'elle a un an, et sa mère mourra six ans plus tard. Elle reste l'orpheline unique de cette famille.

Lors de la mort de sa mère, les deux familles se disputèrent en justice la charge de l'éducation de la petite Marie. Elle vivait déjà avec ses parents dans sa famille maternelle de Coulanges, riches architectes, de noblesse récente, mais renommée pour la construction de la place Royale, aujourd'hui place des Vosges à Paris. La branche paternelle de la famille de Marie avait désapprouvé le mariage de ses parents, sa mère étant considérée comme issue d'une famille « bourgeoise ». À côté des grands seigneurs Rabutin, liés aux Montagu, les Coulanges n'étaient que gens « élevés par la finance », « qui se souviennent encore de leur première pauvreté[1] ». Marie était donc issue d'une mésalliance intéressée. C'est Jeanne de Chantal, sa grand-mère paternelle, qui avait conclu le mariage des parents de la petite, contre les Rabutin. Et pour l'éducation de la « pouponne », c'est encore sa grand-mère de Chantal qui arbitra et fit pencher pour les Coulanges, non sans surveiller à distance les progrès de la « mignonne ». Marie recevra une instruction religieuse sans pour autant s'y consacrer, contrairement au souhait de sa grand-mère[2]. Une enfance heureuse, selon Roger

1. Roger de Bussy-Rabutin, *L'Histoire amoureuse des Gaules*, cité par Roger Duchêne, in *Madame de Sévigné ou la chance d'être femme*, Paris, Fayard, 1982, rééd. 1996, p. 13.

2. Une fois veuve, Jeanne de Chantal entra en religion et fonda l'ordre de la Visitation. Elle fut canonisée sous le nom de sainte Chantal.

Duchêne, son biographe[1], qui insiste sur l'entourage chaleureux des Coulanges, où les générations se mêlent. Dans cette maison joyeuse, pleine de vie, Marie sera, de façon sérieuse et libérale, « élevée dans l'innocence et la souplesse ». Plus tard, elle préconisera les mêmes principes auprès de sa fille pour l'éducation de ses petits-enfants : « une petite société », avec « une bonne conversation », « ne pas éduquer par la force, ni la certitude ».

Jeune fille, Marie est réputée pour « le brillant de son esprit et pour son enjouement[2] ». À dix-huit ans, elle fait son entrée dans le monde en quittant l'église des Minimes en présence de la reine. On la marie au marquis Henri de Sévigné, à deux heures du matin, le 4 août 1644, en l'église Saint-Gervais[3]. Henri est entouré de noblesse d'épée. La famille de Sévigné brille par ses alliances. Lui, séduisant, ne manque pas d'esprit, qualité fort recherchée. Elle, « héritière belle, riche et très vertueuse », est « la perle des demoiselles et un riche parti[4] ». Cette alliance de richesse et de bonne maison leur donne de quoi « paraître en cour ». La veille de la négociation du mariage, Henri est blessé en duel, ce qui ne compromet pas la signature des contrats.

1. Roger Duchêne, *Madame de Sévigné ou la chance d'être femme, op. cit.*

2. *Ibid.*, p. 23.

3. « On croyait tromper le diable grand noueur d'aiguillettes, en unissant les futurs la nuit. Tout paraissait bon pour empêcher l'impuissance et la frigidité », concessions faites à d'obscures croyances populaires. *Ibid.*, p. 32.

4. *Ibid.*, p. 35.

Les premiers temps de la vie de ce couple sont brillants, marqués par la plaisanterie, la galanterie, la gaillardise, la provocation, l'esprit de bande. Mme de Sévigné évoquera souvent les inénarrables parties de rire de cette époque. La première Fronde sépare les joyeux amis en deux camps. Le couple Sévigné est frondeur et canaille, Henri passe pour galant et dévergondé. Dans ce contexte naît leur fille, Françoise-Marguerite, la future comtesse de Grignan, dans une étrange solitude. En effet, Mme de Sévigné accouche seule, le 10 octobre 1646, sans l'aide d'aucune tante ni cousine. Les Coulanges ont dû certainement désapprouver quelque attitude ou fait, puisqu'ils ne viendront pas non plus au baptême de l'enfant, dix-huit jours après – délai exceptionnel pour l'époque ; l'usage voulait qu'on ondoie les enfants le jour même, afin de leur assurer, quoi qu'il arrive, une mort chrétienne. Françoise-Marguerite sera nommée et parrainée par les familles Chantal et Sévigné. Pourquoi Françoise-Marguerite a-t-elle été ainsi mise dans l'incertitude de sa destination, écartée de sa chaleureuse famille maternelle ?

Deux ans plus tard, Mme de Sévigné met au monde un garçon aux Rochers, le château de son mari en Bretagne. Baptisé le jour même, on attendit cependant quatre ans pour remplir les cérémonies de nomination et de parrainage. Il recevra son prénom Charles de son parrain, alors que son père est mort depuis un an déjà. Tous ces atermoiements indiquent certainement une brouille entre le couple et leurs familles, qu'on peut imputer aux écarts d'Henri, qui avait mauvaise réputation : « Il passait presque partout pour fâcheux. »

Fait marquant, en 1650, Mme de Sévigné renonce à son logement de Paris, rue des Lions, pour aller s'installer en

Bretagne, où l'on prétend que son mari a voulu l'« exiler », peut-être pour pouvoir mener plus facilement joyeuse vie dans la capitale. En 1651, Henri de Sévigné meurt des suites d'un duel à Paris alors que son épouse est en Bretagne avec leurs deux enfants. Un amoureux de sa maîtresse, Mme de Gondran, croyait savoir qu'Henri avait tenu à la belle « des discours à son désavantage[1] ». Le duel lui fut fatal.

On a présenté souvent Mme de Sévigné comme une femme d'honneur bafouée par un mari libertin, qui, pour finir, l'exile et l'abandonne en Bretagne. Cette version ne fut jamais confirmée par elle. Il est certain que, lors des six années de mariage, elle passa plus de temps en Bretagne qu'à Paris. Tous s'accordent pour dire qu'elle ne se présenta pas comme la victime des galanteries bruyantes de son mari, et qu'elle-même savait plaire et s'amuser avec beaucoup d'esprit. Tallemant fit dire à Mme de Sévigné : « M. de Sévigné m'estime et ne m'aime point ; je l'aime et ne l'estime point. » Après la mort d'Henri, elle traversa une période d'affliction où on l'a dite « inconsolable ». Elle sut reprendre en main des affaires que son mari avait négligées, en confiant à son oncle l'abbé de Coulanges la charge d'y mettre de l'ordre, de régler la succession de ses enfants. L'abbé s'acquitta fort bien de cette tâche et, grâce à lui, Mme de Sévigné put vivre de façon aisée toute sa vie, avoir des affaires saines dont elle sera déchargée, offrir à sa fille une bonne dot à son mariage, et à son fils une charge militaire de guidon auprès du roi.

1. *Ibid.*, p. 75.

Elle habite Paris avec une tante, sœur de sa mère, Henriette de La Trousse, avec qui elle élève ses enfants. Elle apparaît comme une belle jeune veuve respectable et chaste. Elle fréquente les salons, échappe aux travers des femmes savantes ou précieuses ridicules et en impose à son entourage par un talent incomparable : « Elle parle juste, elle parle bien, elle a même quelquefois certaines expressions naïves et spirituelles qui plaisent infiniment[1]. » Mme de Sévigné fut l'objet de nombreux portraits[2] élogieux, elle sera cependant blessée de celui, ironique, que son cousin Bussy-Rabutin publiera d'elle dans son *Histoire amoureuse des Gaules*[3]. Roger Duchêne écrit : « Elle fait agréablement passer pour ses amis beaucoup de gens qui voudraient, s'ils l'osaient, passer pour ses amants[4] » ; ce fut certainement le cas de son cousin, qui en garda une amertume. Quant à elle, Mme de Sévigné dira, en une formule lapidaire, que « le veuvage emporte le nom de liberté » : la virulente liberté de dire non aux courtisans séduits.

On ne sait presque rien sur l'éducation de ses enfants. Cet aspect de sa vie ne fut pas public et n'émerge pas, même plus tard, dans la correspondance. Certains ont dit qu'elle était une mère attentive et aimante ; d'autres ont affirmé que seule l'intéressait la conversation mondaine, savante et galante. Les enfants sont absents des portraits d'elle, alors que pour d'autres femmes la dimension

1. *Ibid.*, p. 144.

2. *Madame de Sévigné vue par des écrivains, de Bussy-Rabutin à Philippe Sollers*, Paris, L'École des lettres, 1996.

3. *Ibid.*, p. 53.

4. Roger Duchêne, *op. cit.*, p. 143.

maternelle et éducative est souvent représentée. Cependant, pourquoi vouloir opposer ces deux aspects – mondanité et maternité – quand il est fort probable qu'en elle ils cohabitaient ? Néanmoins, il semble qu'elle ait volontairement séparé sa famille de Coulanges, avec laquelle elle gérait ses affaires et élevait ses enfants, des cercles où elle avait ses activités mondaines et prolongeait la joyeuse vie qu'elle avait connue avec son mari. Elle protégeait ainsi ses enfants des retombées de la réputation scandaleuse de leur père. Elle-même était indemne du scandale qui pesait sur son époux : on l'avait dite « bafouée » et « exilée » par lui ; veuve, elle apparaît brillante, digne et chaste. Ce clivage avec la désastreuse réputation d'Henri réitère les clivages antérieurs entre les familles paternelle et maternelle, celui du mariage de ses parents, celui de la décision de la famille adoptante, celui des baptêmes. Plus tard, lorsqu'elle élèvera la première de ses petites-filles, Marie-Blanche, les soins qu'elle lui prodiguera feront l'objet de nombreuses discussions avec l'entourage : Mme de Sévigné n'est pas contrainte au clivage face au public pour la génération de ses petits-enfants, comme elle l'avait été pour l'éducation de ses enfants.

FRANÇOISE-MARGUERITE : « PRINCESSE CHASSÉE DE CHEZ SON PÈRE »

Le seul et unique écho de Françoise-Marguerite enfant n'est pas évoqué par les nombreuses chroniques et gazettes qui ont parlé de Mme de Sévigné, mais par la marquise elle-même dans une lettre à sa fille, le 15 janvier

1674. À cette date, l'une est à Paris, l'autre en Provence, et elles s'écrivent régulièrement deux fois par semaine. La mère écrit :

> M. de Pomponne se souvient d'un jour que vous étiez petite fille chez mon oncle de Sévigné. Vous étiez derrière une vitre avec votre frère, plus belle, dit-il, qu'un ange ; vous disiez que vous étiez prisonnière, que vous étiez une princesse chassée de chez son père. Votre frère était beau comme vous ; vous aviez neuf ans. Il me fit souvenir de cette journée[1].

C'est un souvenir d'un moment dans la famille paternelle Sévigné ; l'oncle est Renaud de Sévigné, qui habitait près de Port-Royal à Paris. La même journée fut racontée dans les *Mémoires* du frère de Pomponne, l'abbé Arnauld, où il décrit sa première vision de Mme de Sévigné comme un tableau :

> [...] je la vois encore, [...] telle qu'elle me parut [...] arrivant dans le fond de son carrosse tout ouvert, au milieu de monsieur son fils et de mademoiselle sa fille, tous trois tels que les poètes représentent Latone au milieu du jeune Apollon et de la petite Diane, tant il éclatait d'agréments et de beauté dans la mère et dans les enfants[2].

La petite princesse est admirée avec son frère derrière la vitre de son carrosse. Frère et sœur entourent leur mère, si belle et si célèbre. Du carrosse tout ouvert éclate tant de beauté. C'est celle de la mère qui rayonne sur les enfants. Dans la lettre, Mme de Sévigné omet de parler d'elle-

1. Le 15 janvier 1674, tome I, p. 668.
2. *Ibid.*, note, p. 1386.

même, alors que c'est elle qui est vantée par ses admirateurs ; Pomponne n'a sûrement pas manqué de le lui rappeler. Mais, comme à son habitude, elle transfère les compliments sur sa fille pour la rassurer et surtout pour qu'elle ne lui fasse pas grief de ce qui pourtant est l'évidence : c'est elle, Mme de Sévigné, qui était toujours mise en avant. À neuf ans, chez son oncle Sévigné, alors qu'elle est dans la famille de son père, Françoise-Marguerite n'y est pas, elle est « prisonnière » derrière une vitre, elle se dit « princesse chassée de chez son père » : ainsi se formule le fantasme de la petite fille. « Princesse chassée de chez son père », certes, elle est « princesse », mais elle ne peut rejoindre le royaume de son père décédé. Elle en aurait été chassée, mais par qui ? par son père ou par sa mère ? Par son père elle fut chassée, car en mourant scandaleusement il abandonna sa fille et, même avant cela, il n'accomplit pas correctement les cérémonies de nomination de ses enfants. Par sa mère aussi, elle fut chassée de chez son père car, avec ses efforts d'assainissement de ses affaires et de sa réputation, Mme de Sévigné retire ses enfants de l'influence de leur père, de sa fâcheuse réputation d'homme dispendieux, trompeur, noceur. Elle les a retenus dans le réseau serré de sa famille Coulanges, les coupant de la mondanité brillante. Cette formule dit le double exil de la fille : « prisonnière » [de sa mère], « princesse chassée de chez son père ». L'un étant le revers de l'autre, la princesse est chassée de chez son père, parce que est chassée la réputation sexuelle scandaleuse de celui-ci ; l'effort de chasser ces traits paternels constitue l'emprisonnement même de la fille. En clivant ses enfants de sa vie mondaine, en renonçant à une vie sexuelle active, Mme de Sévigné était indemne de tout scandale.

L'ÉCLAT DE « LA PLUS JOLIE FILLE DE FRANCE »

Au moment de son adolescence, Françoise-Marguerite est très poussée en avant par sa mère, au point qu'elle fut chantée par de petits et grands poètes. La jeune fille apparaît aux yeux du monde comme une beauté naissante, tout issue de la brillance de sa mère. On dira d'elle : « C'est un soleil qui ne fait que de naître / Dans le sein d'un autre soleil[1]. » En 1663, Ménage, dans un de ses *Poemata*, écrit :

> Vous n'aimez point votre fille
> Ce miracle de nos jours.
> Par l'éclat incomparable
> De votre teint, de vos yeux,
> Par votre esprit adorable,
> Vous l'effacez en tous lieux[2].

Mme de Sévigné fera censurer cette version désobligeante pour sa fille ; le poète se rattrapera en écrivant une autre version du poème : « D'une mère toute belle, fille plus belle encore. » Là est le mensonge maternel.

Mlle de Sévigné ou « la plus jolie fille de France » : le compliment galant, déjà évoqué de multiples façons à propos de la mère, semble prendre pour la fille le carac-

1. Roger Duchêne, *op. cit.*, p. 170.
2. *Ibid.*

tère officiel d'un nom établi. Mlle de Sévigné est, à l'âge de dix-huit ans, « la plus jolie fille de France ».

Trois fois, elle danse avec le roi, lors des bals de la cour. Tout de suite, les médisants voient dans le succès de « la belle Lionne » (comme on la surnomme) la possibilité d'être choisie comme maîtresse du roi. La petite « princesse », devenant officiellement la maîtresse du « Lion amoureux[1] », digne fille de son père, fait-elle ainsi retour au royaume de son père ? Occuper la couche du roi, voilà le sommet de la débauche publique ! Ce destin si envié est possible, mais Mme de Sévigné ne saurait ignorer que c'est un établissement précaire, voué à s'effacer dans le mépris. Elle a beau avoir réussi pour sa fille au-delà de ce qu'elle voulait, elle ne peut se défaire de ses convictions profondes, elle ne perd pas les valeurs de la légitimité, elle ne saurait entraîner Françoise-Marguerite dans une telle aventure. Effarouchée certainement par l'audace des ambitions que les courtisans prêtent à sa fille, Mme de Sévigné prend une position de recul et retire sa fille des bals de cour.

Cette manœuvre brusque n'est pas sans retombées, car avoir séduit le roi empêche les autres prétendants de la cour de s'approcher, et sa fille devient difficile à marier. Épouser Mlle de Sévigné, c'est s'exposer au risque du ressentiment du roi, et peut-être tomber en disgrâce. Les jaloux insinuent aussi que la jeune fille a eu des amants. Sa réputation compromise, les prétendants se détournent d'elle. Le célibat était impensable hors du couvent. Or,

1. Titre d'une fable de La Fontaine dédiée à Mlle de Sévigné, à propos de laquelle les courtisans s'amusèrent. Cf. Roger Duchêne, *op. cit.*, p. 199.

Mme de Sévigné revendique pour son enfant un mariage comportant les garanties de noblesse et de fortune au plus haut niveau. Elle s'est elle-même déclarée à l'occasion des nombreuses négociations comme étant « la reine des incidents », ce qui montre bien qu'à vouloir le mieux pour sa fille elle faisait rater ses chances d'établissement.

Finalement, les négociations se concluent avec un noble, doublement veuf, âgé de trente-sept ans, père de deux filles. On peut comprendre que la marquise ait voulu faire des concessions pour marier sa fille. Cette union se règle comme une affaire d'argent. La marquise consent à de grands sacrifices financiers pour réunir une dot énorme. Cette fois, elle veut aboutir et elle néglige délibérément de s'informer de la situation de fortune réelle du futur mari, le comte de Grignan, laquelle se révélera si précaire que la maison Grignan s'acheminera vers la ruine au fil de ce mariage. À son cousin Bussy-Rabutin, elle décrit son gendre ainsi : « Toutes ses femmes sont mortes pour faire place à votre cousine [ma fille], et même son père et son fils par une bonté extraordinaire, de sorte qu'étant plus riche qu'il n'a jamais été..., nous ne marchandons point[1]. » La marquise semble vouloir à tout prix sortir d'intrigue.

La conception que l'on a du mariage à l'époque implique que seuls les critères de naissance et de fortune comptent dans les négociations que mènent les deux familles et leur entourage. Cependant, les deux jeunes gens se sont plu. Le contrat préliminaire note : « M. de Grignan [...] désirant passionnément l'épouser » ; et

1. Le 4 décembre 1668, tome I, p. 105.

Mme de Sévigné soulignera, deux ans plus tard, combien de « facilité » et de « disposition » elle avait trouvé pour Grignan dans le cœur de sa fille.

Françoise-Marguerite épouse donc François de Grignan le 29 janvier 1669, elle a vingt-trois ans. C'est un mariage d'amour. On raconte avec raillerie que la nuit de noces fut un échec : comment ne pas être défait devant « le plus beau pucelage du monde[1] », courtisé par le roi lui-même ? Le couple s'installe en avril chez Mme de Sévigné, rue de Thorigny, à Paris, dans un nouvel appartement loué par elle. Une naissance s'annonce. Alors que tout est en ordre, on peut peut-être penser que le deuil de son mari Henri pèse moins sur la marquise.

Six mois plus tard, Mme de Grignan apprend la nomination de son mari comme lieutenant général en Provence, ce qui va entraîner un bouleversement dans leur vie. Pour occuper sa charge, le comte devra partir vivre dans son château provençal, certainement accompagné de sa femme. Par cette nomination prestigieuse, Louis XIV punissait-il Grignan d'avoir épousé la « belle Lionne », en l'éloignant de Paris ? La « belle Lionne » devra envisager de quitter sa mère et Paris.

À cette même époque, Mme de Grignan assiste à la chute de cheval de son beau-frère, Charles-Philippe de Grignan, et s'en trouve mal au point de perdre l'enfant qu'elle attend. Les mauvaises langues se déchaînent à nouveau, attribuant l'accouchement de la jeune comtesse au bouleversement provoqué par la vision de la chute de son amant. Une chanson court bientôt : *d'avoir choisi*

1. Selon la formule de Bussy, le 16 mai 1669, tome I, p. 111.

votre beau-frère, il vous fera l'amour sans bruit[1]. Ainsi, la scandaleuse réputation d'Henri, activement maintenue en dehors du cercle familial par les soins de Mme de Sévigné, fait retour sur sa fille à la première occasion.

La scène de la chute de cheval du beau-frère vient cristalliser pour la jeune femme à la fois l'arrachement qui s'annonce d'avec sa mère et la naissance de l'enfant qu'elle attend. Or le premier héritier mâle meurt en naissant. Pour Françoise-Marguerite, l'excès de séduction manœuvré par sa mère aura produit non pas un « plus », mais un « moins » : le retour de la réputation scandaleuse de son père, la perte d'attrait des prétendants, les méchantes rumeurs et la mort de son premier enfant.

Il fallut quelques mois pour que le comte de Grignan réunisse l'argent du paiement de sa charge et mette au point les conditions de son départ. Lorsqu'il envisage de partir, sa femme commence une deuxième grossesse. Il quitte Paris seul pour la Provence, le 19 avril 1670. Sa femme, enceinte de deux mois, est retenue par sa mère à Paris, pour « y faire ses couches ». Les médisants profitent de cette séparation pour railler encore la jeune femme. Duchêne écrit que « pour rassurer son époux et désarmer l'opinion publique elle adopta une attitude irréprochable en s'enfermant dans sa chambre[2] ». En juin, Mme de Sévigné écrit au comte pour lui vanter l'amour que sa fille a pour lui : « Je ne crois point qu'on puisse plus aimer qu'elle vous aime[3]. » Françoise-Marguerite

1. Roger Duchêne, *op. cit.*, p. 218.
2. *Ibid.*, p. 223.
3. Le 25 juin 1670, tome I, p. 126.

l'étonne par son impeccable conduite, elle a changé. À son gendre elle écrit :

> Est-ce qu'en vérité je ne vous ai pas donné la plus jolie fille du monde ? Peut-on être plus honnête, plus régulière ? Peut-on vous aimer plus tendrement ? Peut-on avoir des sentiments plus chrétiens ? Peut-on souhaiter plus passionnément être avec vous ? Et peut-on avoir plus d'attachement à tous ses devoirs ? Cela est assez ridicule que je dise tant de bien de ma fille, mais c'est que j'admire sa conduite comme les autres[1].

La nouvelle réputation de Mme de Grignan se forge : elle passe pour austère, régulière, exacte, amoureuse de son époux. « Si elle voulait après cela devenir folle et coquette, elle le serait un an avant qu'on le pût croire, tant elle a donné bonne opinion de sa sagesse », écrit sa mère. Le mariage, la perte de son premier fils, l'éloignement de son mari l'ont perturbée.

On apprendra plus tard qu'à cette époque Françoise-Marguerite, enceinte, ne supportait absolument plus sa mère ; elle devait la haïr en silence. Dans ce fragment de lettre, nous pouvons percevoir le désarroi de la mère devant ce qu'elle pensait être l'hostilité de sa fille :

> Vous me dites ma bonne que j'ai été injuste sur le sujet de votre amitié. Ah ! ma bonne, je l'ai été encore bien plus que vous ne le pensez ; je n'ose vous dire jusqu'à quel point a été ma folie. J'ai cru que vous aviez de l'aversion pour moi, et je l'ai cru parce que je me trouvais, pour des gens que je haïssais, comme il me semblait que vous étiez pour moi ; et songez que je croyais cette épouvantable chose au milieu du désir extrême de découvrir le contraire, et comme malgré moi. Dans ces

1. Le 6 août 1670, tome I, p. 129.

moments ma bonne, il faut que je vous dise toute ma faiblesse : si quelqu'un m'eût tourné un poignard dans le cœur, il ne m'aurait pas plus mortellement blessée que je l'étais de cette pensée[1].

Mme de Sévigné était envahie par la supposition de l'« aversion » de sa fille, torturée par le doute avec le désir de ne pas y croire. Cette cruelle pensée la blessait « plus mortellement » qu'un vrai poignard ne l'aurait fait. Elle peut l'avouer seulement lorsque sa fille sera loin, et celle-ci tentera, lettre après lettre, de persuader sa mère du contraire, c'est-à-dire de sa tendresse.

Après avoir accouché d'une fille, nommée Marie-Blanche et baptisée le jour même (novembre 1670), Mme de Grignan quitte Paris, en février 1671, pour rejoindre son mari en Provence. Elle laisse à sa mère sa fille de deux mois et demi. Au moment du départ, Mme de Sévigné lui offre un diamant qu'elle accompagne d'un petit billet déclaratif : « Qu'il vous fasse souvenir de moi et de l'excessive tendresse que j'ai pour vous, et par combien de choses je voudrais vous la pouvoir témoigner en toutes occasions, quoi que vous puissiez croire là-dessus. » La petite Marie-Blanche, nouveau-née, est peut-être laissée en compensation du vide du départ. Avec cet échange de présents s'amorce la correspondance.

Aujourd'hui, nous avons accès à une correspondance à une seule voix, n'ayant plus aucune lettre de la fille à sa mère. En effet, après le décès de Mme de Grignan, sa fille Pauline, héritière des lettres, un jour de colère, détruisit toutes les lettres de sa mère à sa grand-mère, mais elle ne

1. Le 15 avril 1671, tome I, p. 219-220.

réussit pas, malgré ses dernières volontés, à faire disparaître celles de sa grand-mère à sa mère. Nous verrons dans le détail l'histoire rocambolesque de la publication controversée des *Lettres* de Mme de Sévigné.

Les lettres couvrent essentiellement les périodes de séparation. Nous avons quelques renseignements sur les périodes de vie commune soit par les lettres aux tiers, peu nombreuses, soit par les commentaires après coup, lors des séparations suivantes. Sur la période de 1671 à 1694, vingt-quatre ans qui vont du premier départ de Paris de Mme de Grignan à la dernière installation de Mme de Sévigné à Grignan, où elle mourut en 1696, elles ont été séparées environ la moitié du temps : il y a une douzaine d'années de correspondance assidue.

Divisons la correspondance en trois périodes. La première : « Déclaration d'amour flamboyant », couvre le temps des deux premières séparations, soit de février 1671 à septembre 1675. La deuxième période : « L'impossible rivé au corps », au cours de laquelle tout est obstacle, maladies et malentendus, qui va de 1675 à 1680. La troisième période : « Sérénité et Providence », qui va de 1680 à la fin (en 1694), au cours de laquelle Mme de Sévigné accède à un certain renoncement en s'appuyant sur une soumission à la Providence et où sa fille acquiert une nouvelle maturité.

1 - DÉCLARATION D'AMOUR FLAMBOYANT DE LA MÈRE, FROIDEUR DE LA FILLE

Le ravage : « un mal de corps »

J'ai beau chercher ma chère fille, je ne la retrouve plus, et tous les pas qu'elle fait l'éloignent de moi. Je m'en allai donc à Sainte-Marie, toujours pleurant et toujours mourant. Il me semblait qu'on m'arrachait le cœur et l'âme [...]. Je demandai la liberté d'être seule. [...] J'y passai jusqu'à cinq heures sans cesser de sangloter ; toutes mes pensées me faisaient mourir. [...] je revins enfin à huit heures [...]. Cette chambre où j'entrais toujours, hélas ! j'en trouvai les portes ouvertes, mais je vis tout démeublé, tout dérangé, et votre pauvre petite fille qui me représentait la mienne[1].

Il n'y a lieu dans cette maison qui ne me blesse le cœur. Toute votre chambre me tue ; j'y ai fait mettre un paravent tout au milieu pour rompre un peu la vue d'une fenêtre sur ce degré où je vous vis monter dans le carrosse [...] et par où je vous rappelai. Je me fais peur quand je pense combien alors j'étais capable de me jeter par la fenêtre, car je suis folle quelquefois ; ce cabinet où je vous embrassai sans savoir ce que je faisais ; [...] ces larmes qui tombaient de mes yeux à terre[2] [...].

Je reçois vos lettres, comme vous avez reçu ma bague. Je fonds en larmes en les lisant ; il me semble que mon cœur veuille se fendre par la moitié. Il me semble que vous m'écriviez des injures ou que vous soyez malade ou qu'il vous soit arrivé quelqu'accident, et c'est tout le contraire. Vous m'aimez ma chère

1. Le 6 février 1671, tome I, p. 149-150.
2. Le 3 mars 1671, tome I, p. 175.

enfant, et vous me le dites d'une manière que je ne puis soutenir sans des pleurs en abondance [...]. Vous vous amusez à penser à moi, vous en parlez, et vous aimez mieux m'écrire vos sentiments que vous n'aimez à me les dire[1].

Ce que je souffris est une chose à part dans ma vie, qui ne reçoit nulle comparaison. Ce qui s'appelle déchirer, couper, déplacer, arracher le cœur d'une pauvre créature, c'est ce qu'on me fit ce jour-là ; je vous le dis sans exagération[2].

Le départ de Mme de Grignan laisse sa mère effondrée, meurtrie. La douleur aiguë, sauvage, que ressent Mme de Sévigné s'exprime continûment pendant les mois qui suivent cet événement capital. C'est un arrachement vécu dans le corps. Elle hallucine le départ de sa fille : « Je vois ce carrosse qui avance toujours et qui n'approchera jamais de moi. » Elle ne dit pas que le carrosse s'éloigne, non, « il avance ». Elle voudrait le retenir, mais chaque jour le carrosse emporte et emporte sa fille loin d'elle, c'est une des visions qui la tourmentent le plus. Elle décrit à sa fille le trou laissé par son départ, sa hantise d'y sombrer, son besoin de cacher cette béance, de la dérober à sa vue pour qu'elle cesse d'être meurtrie. L'acuité de la vision de cet espace fatal véritablement la tue.

En place de sa fille, sa petite-fille : unique et dérisoire réplique de l'absente. Marie-Blanche, restée avec sa grand-mère, n'atténue rien, elle ne se substitue pas à sa mère, elle matérialise la présence de l'absente, sa grimace. À qui ou à quoi imputer cette douleur ? Mme de

1. Le 9 février 1671, tome I, p. 151-152.
2. Le 18 mai 1671, tome I, p. 255.

Grignan, enceinte de Marie-Blanche, retenait une violente hostilité envers sa mère lorsqu'elles cohabitaient à Paris. Elle avait hâte d'être délivrée pour partir rejoindre son mari. Une fois dégagée de sa mère, Mme de Grignan peut lui écrire des mots apaisants, lui donner de bonnes nouvelles de son état, de sa santé. Mais Mme de Sévigné les reçoit d'abord comme des injures : elle ne peut pas imaginer sa fille autrement que malade, en danger, atteinte comme elle par la cruauté de la séparation.

Loin de sa mère, Mme de Grignan se sent tout de suite mieux, elle retrouve l'allant qu'elle avait perdu auprès d'elle. Cette attitude ne changera pas avec le temps. Seulement, à distance, elle peut déclarer son amour pour sa mère, la calmer et se libérer du poids de l'avoir haïe et de l'avoir fait souffrir.

En s'efforçant de « glisser » et de faire diversion, Mme de Sévigné réussit à atténuer l'emprise totalitaire de la souffrance du départ de sa fille pour laisser place à l'élan de la vie qui l'entoure. Elle flatte sa fille, elle fait la chronique des événements parisiens, ainsi que de ceux qui intéressent les intérêts politiques ou financiers du couple Grignan. Elle passe sans transition d'un sujet à l'autre avec une respiration vive qui donne à chaque lettre un rythme qui n'est jamais lassant. La langue éclate entre l'écrit et le parler direct. Elle ne termine jamais une lettre sans une phrase ou un paragraphe d'extrême tendresse. Cependant revient toujours lancinante la douleur : « Cette séparation me fait une douleur au cœur et à l'âme que je sens comme un mal du corps[1]. »

1. Le 18 février 1671, tome I, p. 162.

Un « rideau », un « préservatif »

Nous sommes à la mi-février 1671, Françoise-Marguerite vient d'arriver à Grignan. Dans les lettres adressées à sa mère, elle s'explique sur son attitude maussade d'avant son départ de Paris, elle rend sa mère responsable de ses accès de mauvaise humeur. Mme de Sévigné réplique :

> Mais je ne veux point que vous disiez que j'étais un rideau qui vous cachait. Tant pis si je vous cachais ; vous êtes encore plus aimable quand on a tiré le rideau. Il faut que vous soyez à découvert pour être dans votre perfection ; nous l'avons dit mille fois. Pour moi, il me semble que je suis toute nue, qu'on m'a dépouillée de tout ce qui me rendait aimable. Je n'ose plus voir le monde, et quoi qu'on ait fait pour m'y remettre, j'ai passé tous ces jours-ci comme un loup-garou, ne pouvant faire autrement. Peu de gens sont dignes de comprendre ce que je sens[1].

Le sujet était rebattu depuis longtemps, la fille se plaignait de ce que sa mère lui faisait de l'ombre. Dès son apparition dans le monde, le public a prétendu que l'éclat de la fille naissait de l'éclat de la mère, qui, tout en voulant la mettre en valeur, l'effaçait. Mme de Sévigné, même bouleversée et désireuse de plaire à sa fille, ne se laisse pas reprocher son propre éclat. La réponse est saine, si rideau il y a, il ne fait que cacher une perfection qui se révèle si on la découvre. Il n'y a donc rien à déplorer. La marquise sait qu'il n'y a pas de perfection sans un rideau pour la

1. Le 11 février 1671, tome I, p. 155.

couvrir. Sa fille est donc ce joyau qui ne se montre que voilé, ne lui en déplaise.

Il y a deux fonctions du rideau : cacher et protéger (couvrir). Pour la fille, la mère était un rideau qui la cachait et atténuait sa valeur, alors que, pour la mère, ce même rideau protégeait, en la couvrant, la perfection de sa fille, pour mieux la parfaire, la conserver et la faire valoir une fois découverte. La levée du rideau a aussi deux fonctions : découvrir l'une, dénuder l'autre. La perfection de la fille est révélée, la mère est mise à nue, écorchée. La marquise se dit rendue à l'état sauvage, « un loup-garou », elle ne peut se montrer, ni soutenir le regard. Elle est dépouillée, elle n'a plus de peau. Si la mère était le rideau, cacher et couvrir sa fille la rendait elle-même aimable. Cette jeune fille « cachée » fonctionnait pour sa mère comme une parure, un vêtement, une protection nécessaire à son éclat. L'écran retiré, l'une devient joyau qui brille, l'autre devient écorchée. La présence de la fille sous la houlette de sa mère donnait à la mère la sécurité du lien affectif le plus essentiel à sa vie, ce qui lui permettait de pouvoir se présenter, vivre et briller en société. C'est sûrement cette fonction vitale qu'occupait Françoise-Marguerite pour Mme de Sévigné qui rendait la mère insupportable à la fille. Le fait était réputé, La Rochefoucault avait dit de Mlle de Sévigné qu'« écu elle ne valait maille » derrière sa mère. « Maille », c'est la moitié d'un écu. Une « moitié » d'éclat et de valeur était logiquement soustraite à la fille pour rendre la mère plus éclatante. En partant, la fille récupérait cette moitié qui soudain s'arrachait à la mère.

La brillance de l'écu est la métaphore du charme, de l'éclat de la féminité d'une femme appréciée par le monde.

Une moitié de féminité était, par l'effacement, soustraite à la fille pour faire valoir la mère, et la fille s'en sentait diminuée. Voilà qu'en partant la fille arrache ce « maille » à la mère pour son propre profit de femme : briller au château de son mari et dans la noble société provençale. La mère en est atteinte jusque dans son corps : « un mal de corps ».

> Si vous êtes mon préservatif, comme vous le dites, je vous suis obligée, et je ne puis trop aimer l'amitié que j'ai pour vous. Je ne sais de quoi elle m'a gardée, mais quand ce serait de feu et d'eau, elle ne me serait pas plus chère. Il y a des temps où j'admire qu'on veuille seulement laisser entrevoir qu'on a été capable d'aimer et d'être aimée[1].

Curieuse métaphore, Mme de Grignan « préservatif » de Mme de Sévigné. Dans le contexte de leurs liens, en quoi donc la fille est-elle un remède pour sa mère ? C'est l'« amitié » qu'elle porte à sa fille qui aurait préservé la mère des incendies et des inondations ; on pense au feu du désir et aux flots de larmes de la douleur de deuil. Grâce à sa fille, la mère ne s'est abandonnée ni à l'acte sexuel, ni à la douleur du deuil, mais elle a pu laisser entrevoir sa capacité d'aimer et d'être aimée. Contrairement à sa fille, qui donne à sa déclaration une nuance de reproche, une fois de plus, la marquise n'y voit rien à redire, plutôt même un avantage.

Françoise-Marguerite aurait servi à une gloire maternelle sans risque. L'« amitié » pour la fille protège et fait

1. Le 13 novembre 1675, tome II, p. 160.

briller la mère, érige la fille. Comme si le préservatif faisait la brillance même. Dans des lettres tardives, Mme de Sévigné confirmera cette élévation : « Jamais rien n'a paru à mon goût et à mes yeux comme Mlle de Sévigné. Le monde me fit sa cour en vous élevant à la dignité où je vous avais mise[1]. » Comme on l'a vu, cette position n'était pas si avantageuse pour Françoise-Marguerite, puisqu'il fallait sans cesse « la rassurer en l'élevant toujours au-dessus des autres beautés[2] ».

Le dépouillement, l'écorchage de la mère par le départ de sa fille, la prive d'un écran, d'une peau indispensable, et ouvre une blessure cruelle qui inaugure son écriture. Le préservatif enlevé, c'est l'amour d'écriture qui va s'y substituer. Ou plutôt la blessure ouverte par l'arrachement du préservatif a trouvé dans la correspondance le lieu de son érotique, la nervure d'un incomparable talent. L'écriture, c'est la « vie » de Mme de Sévigné, sa « respiration » même. Mme de Grignan ne pouvait pas ne pas suivre sa mère sur ce chemin, elle y a trouvé, elle aussi, son élan, mais toujours en écho, en réponse à sa mère. Ce qui faisait force vitale pour l'une valait injonction pour l'autre.

Un amour transi

À présent c'est par et pour sa fille que Mme de Sévigné vit, elle le dit ainsi. Son amour est total, plus que tout, jusqu'à la mort, il est sa douleur même. Lisons les termes

1. Le 24 mai 1690, tome III, p. 882.
2. (4 janvier 1690). Roger Duchêne, *op. cit.*, p. 172.

de déclarations d'amour éternelles, présentes en chaque lettre et mêlées à des considérations actuelles souvent enjouées, parfois ironiques, toujours lucides et spirituelles :

> Je suis absolument et si entièrement à vous qu'il n'est pas possible d'y ajouter la moindre chose. Je vous prie que je baise vos belles joues et que je vous embrasse tendrement, mais cela me fait pleurer[1].

Ou encore :

> Vous seule pouvez faire la joie de ma vie ; je ne connais que vous et hors de vous, tout est loin de moi.
> Tout ce qui me vient de vous et par vous me va uniquement au cœur.
> Je vous aime au-delà de ce qu'on peut imaginer[2].
>
> Je vous aime avec une tendresse infinie. Vous m'êtes chère par mille endroits. Je suis tout occupée de vous et de votre santé. Jamais il ne s'est vu un attachement si naturel et si véridique que celui que j'ai pour vous[3].
>
> Je vivrai pour vous aimer et j'abandonne ma vie à cette occupation et à toute la joie et à toute la douleur, à tous les agréments et à toutes les mortelles inquiétudes et enfin à tous les sentiments que cette passion me pourra donner[4].
>
> Sentir vos ennuis et vos peines, les vouloir souffrir pour vous, s'il était possible, écumer votre cœur [...] comprendre vivement

1. Le 13 mars 1671, tome I, p. 183.
2. Le 24 avril 1671, tome I, p. 234.
3. Le 6 mai 1671, tome I, p. 243.
4. *Ibid.*, p. 245.

ce que c'est que d'aimer quelqu'un plus que soi-même : voilà comme je suis [...] on abuse de cette expression [...] je la sens tout entière en moi, et cela est vrai[1].

Et, en réponse aux signes de tendresse que lui manifeste sa fille :

la petite circonstance d'être persuadée que vous m'aimez, et jugez de l'excès de mes sentiments[2].

Je souhaite ma petite que vous m'aimiez toujours, c'est ma vie, c'est l'air que je respire [...].
Vous me baisez et m'embrassez si tendrement ! Pensez-vous que je ne reçoive point vos caresses à bras ouverts ? Pensez-vous que je ne baise point aussi de tout mon cœur vos belles joues et votre belle gorge ? Pensez-vous que je puisse vous embrasser sans une tendresse infinie ? Pensez-vous que l'amitié puisse aller plus loin que celle que j'ai pour vous[3] ?
Ma bonne, savez-vous que je vous aime plus que ma vie[4] ?

On n'a point de repos quand on aime[5].
Je vous aime si passionnément que j'en cache une partie, afin de ne vous point accabler. Je vous remercie de vos soins, de votre amitié, de vos lettres ; ma vie tient à toutes ces choses-là[6].

Vous savez avec quelle passion je vous aime, et quelle inclination j'ai eue toute ma vie pour vous. Tout ce qui peut m'avoir

1. Le 1er avril 1671, tome I, p. 207.
2. Le 18 février 1671, tome I, p. 160.
3. Le 9 avril 1671, tome I, p. 215. (Ce passage fut le plus censuré dans les publications successives.)
4. Le 13 septembre 1671, tome I, p. 342.
5. Le 16 septembre 1671, tome I, p. 345.
6. Le 21 octobre 1671, tome I, p. 366.

rendue haïssable venait de ce fonds ; il est en vous de me rendre la vie heureuse ou malheureuse[1].

Je suis à vous sans aucune exagération ni fin de lettre *hasta la muerte* inclusivement[2].

Mme de Sévigné sait très bien que c'est à cause de ce « fonds » d'amour exclusif et passionné qu'elle se rend « haïssable » à sa fille.

Mme de Grignan était sûrement touchée, inquiète et aussi coupable de savoir sa mère si bouleversée, elle n'avait jamais entendu de telles déclarations maternelles puisque cet amour est né de la blessure de la séparation, d'une douleur inconnue auparavant. Maintenant qu'elle est sous la protection de son mari à deux cents lieues de sa mère, elle peut dire à sa mère qu'elle l'aime à son tour.

Cette folie amoureuse ira fort loin puisque, la première année de leur séparation, un prêtre refusera l'absolution à Mme de Sévigné, étant une « jolie payenne » qui s'enfonce dans la douleur et « idolâtre » sa fille.

Les revers de l'« amitié »

Un tourbillon de vent vous jette violemment sous une arche ! et quel miracle que vous n'ayez pas été brisée et noyée dans un moment ! Ma bonne, je ne soutiens pas cette pensée ; j'en frissonne, et m'en suis réveillée avec des sursauts dont je ne suis pas la maîtresse. Trouvez-vous toujours que le Rhône ne soit que de l'eau ? de bonne foi n'avez-vous point été effrayée d'une

1. Le 25 octobre 1671, tome I, p. 370.
2. Le 4 novembre 1671, tome I, p. 376.

mort si proche et si inévitable ? avez-vous trouvé ce péril d'un bon goût ? [...] Je ne l'oublierai de ma vie, et suis plus obligée à Dieu de vous avoir conservée dans cette occasion que de m'avoir fait naître, sans comparaison[1].

Je vous prie ma bonne de ne point faire des songes si tristes de moi ; cela vous émeut et vous trouble. Hélas ! ma bonne, je suis persuadée que vous n'êtes que trop vive et trop sensible sur ma vie et sur ma santé [...]. J'ai une santé au-dessus de toutes les craintes ordinaires ; je vivrai pour vous aimer[2]...

Vous me dites que vous êtes fort aise que je suis persuadée de votre amitié, et que c'est un bonheur que vous n'avez pas eu quand nous avons été ensemble. Hélas ! ma bonne, sans vouloir vous rien reprocher, tout le tort ne venait pas de mon côté. À quel prix inestimable ai-je toujours mis les moindres marques de votre amitié ! En ai-je laissé passer aucune sans en être ravie ? Mais aussi combien me suis-je trouvée inconsolable quand j'ai cru croire le contraire[3] !

Hantée par le doute de n'avoir pas ému l'aimée et de n'être pas aimée d'elle, Mme de Sévigné se saisit de toute occasion pour imaginer un accident mortel, et elle en frémit. Elle expose ses frayeurs comme une jouissance.

De son côté, Mme de Grignan rêve de la maladie et de la mort de sa mère. Ainsi ses vœux de mort répondent-ils aux idées de mort de sa mère – réplique à l'exigence totalitaire de l'« amitié » de la mère. La marquise ne voit pas que sa fille est habitée par un autre doute infernal : la

1. Le 4 mars 1671, tome I, p. 176.
2. Le 6 mai 1671, tome I, p. 245.
3. Le 18 mars 1671, tome I, p. 187.

comtesse imagine que toute cette luxuriance amoureuse pourrait bien travestir le contraire.

Le malentendu est entier : chacune impute à l'autre de ne pas avoir reçu comme il faut ses propres marques de tendresse, en somme d'avoir boudé ou négligé l'autre, faisant mine de ne pas se sentir suffisamment aimée. Tout se renverse, c'est Mme de Grignan qui semble se féliciter que sa mère reçoive enfin les preuves de son « amitié », elle précise que, si elles ne s'entendaient pas quand elles vivaient ensemble à Paris, ce n'est pas parce qu'elle n'aimait pas sa mère, c'est parce que sa mère ne recevait pas son amour. La fille revendique une autonomie d'aimer activement, et pas seulement de rendre l'amour qu'elle reçoit. Dans le même temps, elle peut se montrer jalouse de l'amour que sa mère voue à d'autres, à Marie-Blanche, sa propre fille par exemple. Mme de Grignan manifeste que l'élection superlative dont elle est l'objet est impraticable, insupportable, menaçante.

Cependant Mme de Sévigné ne s'enfonce pas dans les explications ; elle dit ce qu'elle a à dire, et passe. Elle préfère flatter sa fille en suivant les moindres mouvements de sa vie et, au passage, envoyer naïvement une petite pique comme : « Où est passée votre paresse d'antan ? » Cette fameuse « indifférence » qui tenait Françoise-Marguerite à l'écart et faisait écran aux assiduités de sa mère ? Comment cette précieuse paresse s'arrange-t-elle de M. de Grignan ? Mme de Sévigné oublie que, sans elle, sa fille n'a plus besoin de sa « paresse ». Préfère-t-elle insinuer que sa fille devrait s'absenter aussi de son mari ?

Le retrait, l'absence, la paresse, la bouderie étaient les modes par lesquels la fille manifestait sa résistance et son refus des assiduités de sa mère. Plus tard, nous le verrons, elle tombera malade, pour manifester l'impossibilité de cohabiter avec elle.

La fille est quelque peu persécutée par la finesse de sa mère. Françoise-Marguerite suppose que sa mère pense qu'elle ne s'entend pas bien avec son mari. Mme de Sévigné nie absolument, et s'étonne que sa fille puisse avoir une telle idée. Elle lui rappelle que le seul souci de sa vie est le bonheur de sa fille, particulièrement son bonheur conjugal. Elle ajoute perfidement qu'elle voudrait seulement en avoir confirmation. Il n'y a pas de lieu où la marquise ne s'insinue pas.

De son côté, Mme de Grignan, pour se venger, montre à des amis les lettres de sa mère où celle-ci expose son désarroi. La fille cache volontairement les tendresses et présente ainsi un tableau tronqué d'une folie maternelle. Mme de Sévigné s'insurge :

> Vous êtes bien plaisante, Mme la Comtesse, de montrer mes lettres ? Où est donc ce principe de cachoterie pour ce que vous aimez ? Vous souvient-il avec combien de peine vous vous résolviez enfin à nous confier les dates de celles de M. de Grignan ? Vous pensez m'apaiser par vos louanges et me traiter toujours comme la *Gazette de Hollande* ; je m'en vengerai. Vous cachez les tendresses que je vous mande, friponne ; et moi je montre quelquefois à certaines gens, celles que vous m'écrivez. Je ne veux pas qu'on croie que j'ai pensé mourir, et que je pleure tous les jours, *pour quoi ? pour une ingrate.* Je veux qu'on voie que vous m'aimez, et que si vous avez mon cœur tout entier, j'ai une place dans le vôtre[1].

1. Le 11 mars 1671, tome I, p. 181-182.

Ce manque de pudeur de la fille envers sa mère, à l'opposé de sa discrétion envers son mari, compromet la mère. La fille montre à d'autres les débordements maternels, elle fait voir ses faiblesses, son indécence. Ainsi, en faisant semblant de se défausser elle-même de sa part réciproque d'« amitié » dans ce rapport, elle ternit l'image de sa mère.

Maintenant que la fille a une sexualité, soustraite à la vue de sa mère, celle que sa mère contenait grâce à la brillante érection de sa fille se trouve peut-être libérée et s'exprime de façon affolante dans les lettres. La fille la reçoit comme excessive et dangereuse, comme une obscénité qui la dérange.

Aux premières loges de la vie sexuelle de ses enfants

Le fils de Mme de Sévigné, Charles, vit à Paris. Sa mère lui a acheté une charge militaire de guidon du roi, juste après le mariage de sa sœur, pour compenser et équilibrer les dépenses de la dot, dans un esprit d'équité entre ses deux enfants. C'est un jeune homme léger et drôle. Leur relation semble affectueuse et joyeuse. Le thème de Charles et de ses aventures sexuelles court d'une lettre à l'autre. La sexualité de son fils amuse la marquise, celle de sa fille l'inquiète par les grossesses qui s'ensuivent.

> Il veut se faire bouillir dans une chaudière avec des herbes fines pour *se ravigoter* un peu. Il me conte toutes ses folies. Je le gronde et je fais scrupule de les écouter ; et pourtant je les écoute. Il me réjouit, il cherche à me plaire. Je connais la sorte

d'amitié qu'il a pour moi. Il est ravi, à ce qu'il dit, de celle que vous me témoignez. Il me donne mille attaques de l'attachement que j'ai pour vous. Je vous avoue, ma bonne, qu'il est grand, quand même je le cache[1].

Je suis sa confidente, et je conserve cette vilaine qualité, qui m'attire de si vilaines confidences, pour être en droit de dire mes sentiments sur tout. Il me croit autant qu'il peut il me prie [que] je le redresse ; je le fais comme une amie[2].

Mme de Sévigné relate les frasques de son fils : « il est tombé sous les lois de Ninon », la fameuse Ninon de Lenclos, qui avait été la maîtresse d'Henri de Sévigné. Si « elle a gâté son père », la dame ne semble pas non plus faire grand bien au fils, qui attrape vite la maladie. Mme de Sévigné raconte à sa fille de façon crue et ironique les impuissances de Charles : il est « un cœur de citrouille fricassé dans la neige », « son dada demeura court à Lérida... Le cavalier en désordre sortit en déroute, croyant être ensorcelé... Nous rîmes fort. » Charles reproche à sa mère de lui avoir donné sa « glace », qu'elle aurait mieux fait de donner à sa fille, qui, étant enceinte tous les ans, passe pour avoir un chaud tempérament. Mme de Sévigné était réputée frigide au temps de son mariage – du moins c'est ce qu'avait fait croire son mari. Elle a « beau l'assurer que l'empire amoureux est rempli d'histoires tragiques, il ne peut se consoler », ce qui la fait beaucoup rire.

Charles, très présent auprès de sa mère, pallie l'absence de sa sœur. Il accompagnera volontiers sa mère lors de ses

1. Le 17 avril 1671, tome I, p. 223.
2. Le 22 avril 1671, tome I, p. 228.

voyages en Bretagne et la séduit surtout avec les récits de ses défaites sexuelles. Serait-ce son moyen de se faire aimer par une mère qui adore sa fille plus que tout, même si elle s'efforce de le cacher ? Mme de Sévigné l'a deviné, elle ne peut pas s'empêcher de s'amuser des trébuchements d'homme de son fils, cela fait son commerce avec lui.

Elle préconisait une partition entre une sexualité conjugale juste nécessaire pour engendrer l'héritier, et une autre, libertine, pour s'amuser, sachant que celle-ci peut être mortelle. Elle a systématiquement voulu s'en protéger et protéger ses enfants de ces dangers. S'il est vrai qu'elle a déposé en sa fille la part refusée de son érotisme, on peut comprendre ses émois lorsqu'elle est confrontée à la sexualité effective de sa fille, hantée qu'elle est par le risque mortel des grossesses. Selon la logique subtile de son « excessive tendresse », Mme de Sévigné fait équivaloir beauté avec santé de sa fille, puis santé de la fille avec santé de la mère, enfin conservation de la vie de la fille avec la vie même de la mère. En somme, la conservation de la beauté de la fille, c'est la vie de la mère. Chaque grossesse de sa fille inquiétera démesurément la marquise, le corps de la comtesse déformé par la maternité, menacé dans sa vie, met en danger la vie de la mère, ce qui justifiera son ingérence dans l'intimité du couple Grignan. Le ventre lourd de sa fille lui pèsera comme s'il s'agissait du sien. Elle préconise l'abstinence.

> Ne sentez-vous point la pesanteur de votre charge ? J'en suis accablée. [...]

Mon Dieu, ma bonne, que votre ventre me pèse ! et que vous n'êtes pas seule qu'il fait étouffer[1].

À son gendre, le comte de Grignan :

Si, après ce garçon-ci vous ne lui donnez pas quelque repos, je croirai que vous ne l'aimez point, que vous ne m'aimez point aussi, et je n'irai point en Provence. [...] Et de plus j'oubliais ceci, c'est que je vous ôterai votre femme. Pensez-vous que je vous l'ai donnée pour la tuer, pour détruire sa santé, sa beauté, sa jeunesse ? Il n'y a point de raillerie ; je vous demanderai cette grâce à genoux en temps et lieu. En attendant admirez ma confiance de vous faire une menace de ne point aller en Provence[2].

Vous êtes une jolie femme de n'être point grosse, mais vous avez sur cela des pensées qui me font trembler. Votre beauté vous jette dans des extrémités, parce qu'elle vous est inutile. Vous trouvez qu'il vaut autant être grosse ; c'est un amusement. Songez, ma bonne, que c'est vous détruire entièrement et votre santé et votre vie. Continuez donc cette bonne coutume de coucher séparément, et vous remettez un peu, afin que je vous trouve belle[3].

Consolez-vous d'être belle *inutilement*, par le plaisir de n'être pas toujours mourante[4].

Si vous avez seulement la pensée (c'est bien peu) de coucher avec M. de Grignan, comptez que vous êtes grosse[5].

1. Le 21 octobre 1671, tome I, p. 366.
2. Le 18 octobre 1671, tome I, p. 365.
3. Le 9 mars 1672, tome I, p. 452.
4. Le 16 mars 1672, tome I, p. 460.
5. Le 13 janvier 1672, tome I, p. 413.

Mme de Sévigné est aux aguets des aléas de la santé de sa fille, mais différemment d'avec son fils. Elle l'interroge particulièrement sur la date prévue pour ses règles, en fait il s'agit de grossesse. « Si au huitième de ce mois, vous êtes en bonne santé [pas de règles], c'est que vous êtes malade [enceinte] ; si vous êtes malade [règles] c'est que vous êtes en bonne santé [pas enceinte]. » En effet, Mme de Grignan, à peine arrivée en Provence auprès de son mari, n'a plus revu ses règles, elle est donc possiblement enceinte. « Si un tel malheur devait se confirmer... », la marquise affirme qu'elle renoncerait à lui demander de revenir à Paris, elle se soumettrait aux plans de sa fille. Celle-ci ne manquera pas de se servir de cet argument pour retarder un éventuel voyage à Paris, instamment requis par sa mère. Quelques piques mesurées à l'adresse de M. de Grignan, grand coupable du « malheur » de l'engrossement de sa fille, s'égrènent au fil des lettres : « Je suis en colère contre M. de Grignan, sans cela je l'aimerais. » « J'embrasse mille fois M. de Grignan, malgré toutes ses iniquités. Je le conjure au moins que *puisqu'il fait les maux, il fasse les médecins*[1]. »

Chaque séparation et chaque retrouvaille entre mère et fille seront ponctuées par une grossesse. L'intensité de l'enjeu érotique est tel qu'à chaque choc des corps entre elles (séparation ou retrouvaille) surgit cet événement somatique aux multiples significations croisées entre mère et mari. Pour Françoise-Marguerite, la grossesse peut à la fois : compenser le vide produit par la sépara-

1. Le 8 mai 1671, tome I, p. 248.

tion ; faire exister un terme tiers entre elles deux ; présenter la preuve de sa sexualité et de la présence vivante de son mari et produire une nouvelle génération, selon les exigences du mariage. Chaque annonce de grossesse atteint la mère en son corps.

En avril 1671, Mme de Sévigné part pour la Bretagne avec son fils sachant sa fille enceinte pour la troisième fois. L'augmentation de la distance entre elles aggrave son souci. Persuadée que sa fille attend un garçon, elle s'en réjouit, mais la harcèle de recommandations pour conserver sa santé et être belle. Elle-même souffre : non seulement la grossesse l'obsède, mais aussi le risque à venir d'une prochaine grossesse. Le thème de l'abstinence sexuelle est récurrent, chaque lettre le ressasse.

C'est de Bretagne que Mme de Sévigné apprendra l'heureuse naissance d'un fils, Louis-Provence, filleul de tous les députés du Parlement, qui reçoit ses prénoms du roi et de la Provence, gouvernée par son père. Mme de Sévigné y voit de très bons augures, et, au comble de la joie, pleure « des larmes d'une douceur qu'on peut comparer à rien, pas même aux joies les plus brillantes[1] ». Tout ce qui arrive à sa fille est incomparable. Elle est soulagée :

> Je suis étonnée de ne plus trouver sur mon cœur, ni le jour, ni la nuit, ce caillou que vous y aviez mis par l'inquiétude de votre accouchement[2].

Elle répète qu'elle reprendra sa fille si M. de Grignan ne s'exécute pas en cessant tout commerce sexuel avec sa

1. Le 29 novembre 1671, tome I, p. 384.
2. Le 2 décembre 1671, tome I, p. 385.

femme, car ce serait la tuer. Elle insiste, après la naissance de l'enfant, il faudra non seulement séparer les lits, mais encore faire chambre à part, et faire dormir quelqu'un dans la chambre. Elle est obnubilée : « Vous me donnez à deviner ce que vous avez fait la nuit. J'ai tremblé des pieds jusqu'à la tête ; je croyais que tout fût perdu[1]. » On imagine ce à quoi la mère a pensé, elle a frémi à l'idée d'un acte sexuel, donc au risque d'une grossesse, d'un nouveau « malheur ». N'oublions pas qu'à l'époque on risquait fort de mourir en accouchant. Elle dialogue avec sa fille, qui ne partage pas son avis : Mme de Grignan a sûrement dit à sa mère qu'elle aimait « être grosse ». Beaucoup plus tard, elle affirmera à sa propre fille, Pauline, qu'il n'y a « rien de plus souhaitable à [ses] yeux que la fécondité[2] ». Mme de Sévigné ne l'accepte pas, elle veille, et surveille assidûment l'abstinence du jeune couple.

Deux économies s'opposent, la fille préfère que sa beauté serve au plaisir avec son mari, à leur satisfaction, et à la venue possible d'un enfant, sinon cette « beauté » reste « inutile ». Tandis qu'aux yeux de Mme de Sévigné, l'« inutile » beauté de sa fille est utile pour sa santé : elle est sommée de préférer renoncer à la satisfaction sexuelle avec son mari pour, en conservant sa propre vie, conserver celle de sa mère.

Peut-on dire qu'une grossesse de Mme de Grignan vient occuper la place de ce « maille », de cette « moitié » commune, maintenant arrachée à la mère ? Chaque gros-

1. Le 29 janvier 1672, tome I, p. 423.
2. *Ibid.*, note, p. 1072.

sesse blesse physiquement la mère comme on remue un couteau dans la plaie.

L'amour maternel, Marie-Blanche en otage

Vous savez comme je suis à vous, et que l'amour maternel y a moins de part que l'inclination[1].

Il y a aujourd'hui bien des années, ma chère bonne, qu'il vint au monde une créature destinée à vous aimer préférablement à toutes choses ; je prie votre imagination de n'aller ni à droite, ni à gauche : *ce monsieur-là, Sire, c'était moi-même.* Il y eut hier trois ans que j'eus une des plus sensibles douleurs de ma vie[2]...

Je m'amuse à votre fille. Vous n'en faites pas grand cas, mais croyez-moi, que nous vous le rendrons bien. On m'embrasse, on me connaît, on me rit, on m'appelle. Je suis *Maman* tout court, et de celle de Provence, pas un mot[3].

Ne vous mettez nullement en peine d'elle ; j'en ai des soins extrêmes, et je l'aime assurément beaucoup plus que vous ne l'aimez[4].

Mme de Sévigné, en « monsieur » devant son seigneur, reconnaît que son amour pour sa fille est un amour à part du sentiment maternel habituel. Une « inclination »

1. Le 23 août 1671, tome I, p. 328.
2. Le 5 février 1674, tome I, p. 690. Adaptation d'un vers de Marot dans *Épître du Roi pour avoir été dérobé.*
3. Le 23 décembre 1671, tome I, p. 399.
4. Le 3 juillet 1672, tome I, p. 545.

unique s'est révélée lors de l'atroce arrachement de la séparation, une blessure qui ne peut se refermer.

En revanche, pour sa petite-fille dont elle a pris la charge éducative, la marquise commence à ressentir les effets d'un attachement viscéral : « C'est une chose ridicule que les *petites entrailles* que je sens pour cette petite personne. » Et lorsque, en 1672, Mme de Grignan demandera à sa mère, qui est en Bretagne, de lui renvoyer sa fille restée à Paris, Mme de Sévigné refuse. Elle la conjure de lui laisser « prendre ce petit plaisir », « un amusement tendre et agréable », comme « une espèce de petite consolation ». « Ne vous mettez en peine de rien », dit-elle. « Elles vont être habillées ; cela est joli des *petites entrailles* avec une robe. » La formule fait choc par le contraste entre des *entrailles* et une robe.

Mme de Sévigné ne rate pas une occasion pour glisser, mine de rien, une parole critique à sa fille, mais jamais directement : « Votre enfant pince tout comme vous ; elle est méchante. » Même si à cette époque les enfants étaient souvent élevés loin de leurs parents, Marie-Blanche semble avoir été retenue par sa grand-mère, qui se substitue bien volontiers à sa mère, non sans humour.

Fille et petite-fille ne sont pas du tout l'objet des mêmes sentiments, l'une est au-delà de tout, l'autre divertit. Avec l'une c'est la jouissance torturante, avec l'autre, le plaisir. Mme de Sévigné se laisse prendre par l'amour maternel et le charme de l'enfant qui grandit. Marie-Blanche ne sera presque pas élevée par sa mère qui n'osa pas exiger fermement qu'on lui envoie sa fille à Grignan. Lorsque Mme de Sévigné se rendra à Grignan, en juillet 1672, elle n'emmènera pas sa petite-fille, contrairement à ce qu'elle avait promis. Puis, à deux ans et demi, l'enfant sera reprise et ramenée à Grignan par son père. Mme de Sévigné gardera pour Marie-Blanche un souci constant, demandant explicitement à la comtesse d'en prendre soin pour l'amour d'elle. Quand à six ans la petite partira au couvent, « en prison », sa grand-mère s'émouvra de cette « barbarie » et félicitera sa fille de son « courage » pour supporter la douleur d'une telle séparation (n'avait-elle pas, elle aussi, mis sa fille à l'âge de six ans au couvent de la Visitation à Paris ?) Plus tard, Marie-Blanche choisira de se faire religieuse, ce qui arrangera fort bien les affaires financières de son père.

Devant la sorte de froideur de sa fille dans ses sentiments envers ses enfants, appelée volontiers « courage », Mme de Sévigné replace sa propre inclination dans la catégorie de l'« amour maternel », mais à l'excès :

> Vous ne comprenez point encore trop bien l'amour maternel ; tant mieux ma fille. Il est violent, mais à moins d'avoir des raisons comme moi, ce qui ne se rencontre pas souvent, on peut à merveille se dispenser de cet excès[1].

Quant aux raisons particulières de cet « excès », elle y reconnaît une destinée de sa propre naissance.

« *Envoyez-moi ma mère* »

> La tendresse de mes sentiments me tue [...]. J'ai compris que rien ne me remplirait votre place, que votre souvenir me serait toujours sensible au cœur, que je m'ennuierais de votre absence, que je serais en peine de votre santé, que jour et nuit je

1. Le 3 novembre 1675, tome II, p. 150.

serais occupée de vous. Je sens tout cela comme je l'avais prévu[1].

> Mais ne croyez pas que je sois tout à fait la maîtresse de partir, quand je le voudrai. Je voudrais que ce fût demain, par exemple ; et mon fils a des besoins de moi très pressants présentement. J'ai d'autres affaires pour moi [...]. Ainsi, mon enfant, on est la maîtresse, et l'on ne l'est point, et l'on pleure[2].

> C'est donc ainsi que vous voulez que l'on soit, c'est-à-dire dans une profonde tranquillité... Et tout d'un coup alors que je vous aimerai le plus tendrement, je vous trouverai toute froide et toute reposée. Ma bonne, ne venez pas me donner de cette léthargie en arrivant en Provence ; j'aurais grand regret à mon voyage, si j'y trouvais de telles glaces[3].

Aux Rochers, en Bretagne, Mme de Sévigné avait beau être occupée par ses affaires et trouver une vie rythmée par les activités de la campagne, elle ne s'habituait pas à l'absence de sa fille. Lorsqu'une lettre n'arrivait pas, elle croyait que les puissances démoniaques s'étaient déchaînées, « c'est de cela que je crie comme une aigle », à moins que ce soit la négligence de sa fille. « Je trouvais que vous étiez cruelle de ne me pas répondre. [...] Je m'étais fait un petit chagrin fichu dans la pensée que vous n'y auriez pas pris garde[4]. » Ce « petit chagrin fichu dans la pensée » devait opérer comme une petite persécution permanente

1. Le 9 août 1671, tome I, p. 315.
2. Le 17 février 1672, tome I, p. 441.
3. Le 20 avril 1672, tome I, p. 483.
4. Le 9 décembre 1671, tome I, p. 391.

qui n'avait de cesse d'imaginer que la fille agissait avec cruauté envers sa mère.

De Bretagne, Mme de Sévigné ne se lassait pas de demander sa fille, ou sinon de promettre de venir elle-même en Provence. Mais, arrivant à Paris en décembre 1671, elle trouva sa chère tante Henriette de La Trousse (avec laquelle elle a élevé ses enfants), gravement malade. Cet événement entrava son projet de départ. Sa fille, qui jusque-là avait dressé des obstacles à leurs retrouvailles, sachant maintenant sa mère réellement retenue à Paris, soudain se minimisa elle-même, comme si elle ne valait pas le déplacement. « Quel plaisir prenez-vous à dire du mal de votre personne, de votre esprit, à rabaisser votre conduite, à trouver qu'il faut avoir bien de la bonté pour songer à vous[1] ? », lui répondit sa mère. N'ayant plus les moyens, elle-même, de refuser sa mère, la fille explosa de jalousie.

Pour la première fois, Mme de Sévigné, dans les motifs qui la retiennent à Paris, tient compte aussi de son fils Charles, à côté de la maladie de sa tante. Elle appelle sa fille « mon enfant » pour lui signifier qu'en cette occasion Mme de Grignan doit s'incliner devant la décision d'une mère qui n'est pas toute à elle.

Étonnée et perturbée, Mme de Grignan interroge alors sa mère pour savoir si elle aime toujours la vie. À juste titre, la fille se met à la place de l'amour de sa mère pour la vie, puisque jusqu'à présent sa fille était tout pour elle, sa vie même. Mme de Sévigné lui fit alors une longue réponse le 16 mars 1672 :

1. Le 13 janvier 1672, tome I, p. 414.

> [...] je trouve la mort si terrible que je hais plus la vie parce qu'elle m'y mène que par les épines qui s'y rencontrent. Vous me direz que je veux vivre éternellement. Point du tout, mais si on m'avait demandé mon avis, j'aurais bien aimé à mourir entre les bras de ma nourrice[1]

– comme ses frère et sœur disparus avant sa naissance.

En mai 1672, Mme de Sévigné apprend que sa fille, désespérée de savoir sa mère encore retenue à Paris, a écrit à des proches : « Envoyez-moi ma mère. » Ce cri d'amour alla droit au cœur de l'intéressée qui ne cessa de répéter qu'elle voudrait pouvoir partir immédiatement, mais qu'elle en était empêchée par ses devoirs envers sa tante mourante. Puisqu'il en était ainsi, Mme de Grignan en rajouta de son côté en faisant à sa mère une leçon de morale. Celle-ci répondit :

> Vous me dites qu'il faut se désaccoutumer de souhaiter quelque chose ; ajoutez-y : et de croire être parfaitement contente. Cet état n'est pas réservé pour les mortels[2].

La fille, prise au mot, reçoit une interprétation bien envoyée. Qui parmi les mortels peut prétendre « être parfaitement content[e] » ? Françoise-Marguerite devrait se contenter d'être vivante, quoique mécontente. La tante agonisante, le voyage vers la Provence s'annonce proche. Déjà, la marquise voit sa fille avec plus de réalisme, et la comtesse, de son côté, anticipe l'arrivée de sa mère avec appréhension. Le thème de la froideur revient. Les

1. Le 16 mars 1672, tome I, p. 459.
2. Le 2 juin 1672, tome I, p. 527.

obstacles habituels sont annoncés. Plus s'approche l'échéance effective des retrouvailles, plus l'éclat de l'amour et le désir de se revoir se ternissent.

Les premières retrouvailles se soldent par un échec

Mon absence ne vous a-t-elle point un peu réchauffée pour moi ? Je souhaite à vous revoir comme s'il y avait longtemps que je vous eusse quittée. Je vous cache mon amitié avec autant de soin que les autres ont accoutumé de la montrer. [...] Adieu, trop chère et trop aimée[1].

Je songe à tous les pas que vous faites et à ceux que je fais, et combien il s'en faut qu'en marchant toujours de la sorte, nous puissions jamais nous rencontrer. [...] Ma fille, plaignez-moi de vous avoir quittée[2].

J'avais toujours espéré vous ramener ; vous savez par quelles raisons et par quels tons vous m'avez coupée court là-dessus. Il a fallu que tout ait cédé à la force de votre raisonnement, et prendre le parti de vous admirer, mais croyez que la chose du monde qui paraît la moins naturelle, c'est de me voir retourner toute seule à Paris[3].

Je ne veux pas qu'on puisse m'accuser d'être une mère folle, injuste et frivole, qui dérange tout, qui ruine tout, qui vous empêche de suivre la droiture de vos sentiments, par une tendresse de femme[4].

1. Le 11 décembre 1672, tome I, p. 568.
2. Le 5 octobre 1673, tome I, p. 593-594.
3. Le 10 octobre 1673, tome I, p. 596.
4. Le 28 décembre 1673, tome I, p. 649.

Vous êtes aise que ce ne soit pas à vous à résoudre, car une résolution est une étrange affaire pour vous, c'est votre bête. Je vous ai vue longtemps à décider d'une couleur ; c'est la marque d'une âme trop éclairée, qui voit si clairement les difficultés qu'elle demeure comme suspendue, comme le tombeau de Mahomet[1].

Pendant le voyage de sa mère vers Grignan, Mme de Grignan est enceinte pour la quatrième fois. En arrivant le 30 juillet 1672[2], après le décès de sa tante, Mme de Sévigné, dont la santé était florissante, tombe malade à son tour. On imagine son désappointement de voir sa fille à nouveau enceinte et les réprobations qu'elle contient. Les courts éloignements nécessaires pour les consultations médicales lui permettent d'exhorter sa fille à se réchauffer le cœur, la comtesse s'était montrée froide à l'arrivée de sa mère. Pour la première fois, mère et fille vivent à nouveau sous le même toit. Elles mesurent les leurres de l'amour d'écriture, et le comte de Grignan prend du poids entre elles.

L'automne et l'hiver seront occupés par les soucis politiques du comte. Il s'employa à ce que la Provence se montrât docile aux demandes du roi, mais M. de Grignan rencontrait l'opposition de puissantes familles de la

1. Le 12 janvier 1674, tome I, p. 667.

2. Nous ne savons que peu de choses du séjour de Mme de Sévigné à Grignan puisque la correspondance s'interrompt quand les deux femmes vivent sous le même toit. Cependant, nous avons les lettres aux tiers et aussi les lettres entre elles lors des quelques courts séjours où elles sont séparées.

région. Mme de Sévigné prenait parti pour son gendre et donnait des nouvelles de cette situation à ses amis de la capitale. Elle joua de la politesse pour faire de la politique.

En mars 1673, rien ne va : de Paris, la chère Mme de La Fayette rappelle à Mme de Sévigné que son fils Charles a besoin d'argent pour assumer sa charge militaire et réclame un équilibrage : « La grande amitié que vous avez pour Mme de Grignan fait qu'il en faut témoigner à son frère[1]. » La marquise s'exécute. En mars aussi, M. de Grignan ramena de Paris sa fille Marie-Blanche. Et le 27 mars, Mme de Grignan mit au monde un fils qui meurt étouffé pendant l'accouchement.

La comtesse une fois remise de ses couches, sa mère n'a de cesse de vouloir la ramener avec elle à Paris, et aussi d'espérer que les affaires des Grignan les obligeront à s'installer définitivement près d'elle dans la capitale. Mme de Grignan, « agitée » et « maigre », reporte sans cesse la date du départ programmée par sa mère, à tel point qu'on n'ose plus lui en parler ouvertement. Et lorsque les dates des assemblées arrivèrent, Mme de Grignan sortit de son ambiguïté et parvint à dire tout net à sa mère qu'elle ne partirait pas avec elle : elle restait auprès de son mari pour le seconder dans ses affaires politiques. La marquise, ainsi congédiée par sa fille, s'inclina devant les raisons de fidélité conjugale, et quitta Grignan la mort dans l'âme, le 5 octobre 1673, tandis que le comte et la comtesse partaient ensemble le même jour dans la direction opposée.

1. Roger Duchêne, *op. cit.*, p. 276.

On peut ajouter que la comtesse devait craindre le tête-à-tête avec sa mère, et qu'elle ne souhaitait pas laisser son mari mener en célibataire une vie sociale très animée et très en vue. Elle vient de perdre, pour la deuxième fois, un fils à la naissance et elle ne peut quitter son mari. Cependant, dès que mère et fille sont séparées, Mme de Grignan peut à nouveau aimer sa mère. Et recommencer la litanie amoureuse et les lamentations douloureuses au milieu des considérations politiques et amicales. Devant les signes de tendresse de sa fille, Mme de Sévigné la supplie de venir à Paris, ce qui serait une « restauration » naturelle. Faut-il penser que la fautive « tendresse de femme » entre mère et fille s'oppose à la « droiture » des sentiments d'épouse ? La question est posée, mais le débat se rabat sur des justifications financières. Mme de Grignan voit une « excessive dépense » à se déplacer à Paris. Mme de Sévigné rétorque que venir à Paris leur serait très utile pour faire des économies. Mais, puisque sa fille trouve tout cela « ni bon, ni vrai », elle cède à la force de ses raisons. Elle en prendra son parti comme une pénitence que Dieu lui impose. « Mes sentiments sont simples et sincères », dit-elle, elle en fera « sacrifice pour son salut[1] ». La marquise, humiliée, préfère contourner la violence qui l'assaille. Ainsi elle évite les accusations et les interprétations, esquive l'hostilité, et peut continuer d'admirer et d'aimer sa fille. On remarquera que Mme de Sévigné critique néanmoins sa fille en enrobant ses propos de compliments : sa dureté avec ses enfants devient « courage », ses éternels atermoiements les mani-

1. Le 28 décembre 1673, tome I, p. 650.

festations d'une « âme éclairée ». Ces modes de contournement de l'agressivité directe entre elles entretiennent un sourd climat persécutif.

De son côté, l'indécise Mme de Grignan choisit enfin de s'en remettre entièrement à son mari : elle se rendra à Paris lorsque celui-ci le décidera. On imagine une femme meurtrie par la mort de son enfant, tiraillée et pétrifiée par les assauts de sa mère, se tenant accrochée à son mari. Mère et fille ont échoué leurs premières retrouvailles, un enfant ne vécut pas. C'est le comte de Grignan qui devient alors le repère essentiel pour arbitrer les oscillations paradoxales de la fille et les exigences angoissées de la mère.

« L'héroïque signature »

De Bussy à la comtesse de Grignan :

> Comment vous portez-vous de votre grossesse, Madame, et du mal de votre mère ? [...] Voilà ce que c'est d'avoir des maris et des mères ; si on n'avait pas tout cela, on ne serait pas exposée à tant de déplaisirs, mais d'un autre côté on n'aurait pas toutes les douceurs qu'on a[1].

De la comtesse de Grignan à Bussy :

> Je vous remercie d'avoir pensé *en moi* pour me plaindre du mal de ma mère. Je suis très contente que vous connaissiez combien

1. Le 5 septembre 1674, tome I, p. 697.

mon cœur est pénétré de tout ce qui lui arrive. Il me semble que c'est mon meilleur endroit[1].

De mère à fille :

Il y a des gens qui m'ont voulu faire croire que l'excès de mon amitié vous incommodait, que cette grande attention à vouloir découvrir vos volontés, qui tout naturellement devenaient les miennes, vous faisaient une grande fadeur et un grand dégoût. Je ne sais, ma chère enfant, si cela est vrai ; [...] assurément je n'ai pas dessein de vous donner cette sorte de peine. J'ai un peu suivi mon inclination, je l'avoue [...], mais je ne crois point vous avoir été pesante[2].

La rage de M. de Grignan pour emprunter, et pour des tableaux et des meubles, est une chose qui serait entièrement incroyable si on ne la voyait. Comment cela se peut-il accorder avec la naissance, sa gloire et l'amitié qu'il vous doit ? Croit-il ne point abuser de votre patience, et qu'elle soit intarissable ? N'a-t-il point pitié de vous ? Qu'avez-vous fait pour être misérable et abîmée ? Et il croit que nous croirons qu'il vous aime ! Ah, la plaisante amitié ! Comptez sur la mienne, ma chère enfant, qui assurément ne vous manquera jamais. Éprouvez-la dans l'excès de votre douleur, et jetez-vous dans les bras qui vous seront toujours ouverts[3].

Ce sont des affaires financières familiales qui ramènent « presque inopinément » le couple Grignan à Paris. Le comte est sommé par voies de justice de rembourser à ses deux filles aînées (du premier lit) des sommes qu'il avait

1. *Ibid.*, p. 698.
2. Le 7 juin 1675, tome I, p. 726.
3. Le 24 juillet 1675, tome II, p. 20.

empruntées à leur défunte mère sur le montant de sa dot. Comme à l'accoutumée, Mme de Grignan est encore enceinte, pour la cinquième fois, au moment où elle retrouve sa mère à Paris. M. de Grignan rentre en Provence pour son gouvernement sans elle, qui devient « languissante » et « triste », en attendant que son « héros » revienne. Et Mme de Sévigné a des vapeurs peu de temps avant l'accouchement de sa fille. Le cousin Bussy s'inquiète de la santé de la mère auprès de la fille enceinte, qui a *en* elle les deux maux : celui de son mari et celui de sa mère. Peut-être le souci du mal de sa mère est-il noué à l'enfant qu'elle porte *en* elle ? Le possible lapsus dit ce dont il s'agit : le souci du mal de sa mère serait, avec la grossesse, logé *en* elle à son « meilleur endroit ».

Mme de Grignan accouchera heureusement auprès de sa mère, à Paris, d'une deuxième fille, Pauline. Le cardinal de Retz sera son parrain, Mme de Sévigné ayant repris avec lui le fil d'une amitié et d'une admiration anciennes.

Ce joyeux événement donne de la force à Mme de Grignan, qui s'engage aux côtés de son mari pour sauver leur maison de la ruine. Il s'agissait d'éviter le procès avec les demoiselles de Grignan, supportées par leur famille maternelle, et surtout d'éviter au comte d'avoir à vendre sa prestigieuse charge de conseiller général auprès du roi. Mme de Grignan dénoua la situation en renonçant aux droits qu'elle avait sur les biens de ses belles-filles pour la part de sa dot qui avait servi à rembourser les dettes cautionnées par leur mère, et engageait ses propres biens pour garantir le paiement aux créanciers. Ainsi les deux filles se trouvaient-elles totalement « indemnisées ». Le sacrifice de la comtesse était l'unique chance de voir conserver à son mari « la considération de sa maison »,

Mme de Sévigné et ses amis s'étaient prononcés contre cette « héroïque signature », mais elle s'inclina devant le courage et la grandeur de sa fille : « N'êtes-vous pas plus aise de ne devoir qu'à vous une si belle résolution ? » Après avoir signé, Mme de Grignan n'était plus du tout sûre d'avoir bien fait. Sa mère la rassura : « Si vous n'eussiez point signé, vous faisiez comme tout le monde aurait fait ; en signant vous faites au-delà de tout le monde[1]. »

En parant à l'impuissance de son mari à solder les affaires avec sa première femme, la comtesse s'impose dans la maison de son époux. Cette « héroïque » intervention a certainement tempéré les remous et les assombrissements avec sa mère qui s'efforce de croire, malgré des doutes, que le geste de sa fille a effectivement sauvé la maison Grignan de la ruine qui la menaçait.

Mais, à peine séparées, le 24 mai 1675, la correspondance reprend par des mises au point : Mme de Sévigné a reçu de mauvais échos, sa fille se serait plainte de l'« excès d'amitié » de sa mère à Paris, auprès de certaines personnes qui cherchent à mettre de l'huile sur le feu. Comme à l'accoutumée, dès qu'elle s'éloigne, la comtesse assure sa mère de sa tendresse. Mme de Sévigné n'est plus dupe : « Je vous remercie de la peine que vous prenez de vous défendre si bien d'avoir jamais été oppressée de mon amitié ; il n'est pas besoin d'une explication si obligeante. » Elle sait qu'en se défendant, sa fille avoue son malaise. Cependant, elle ne cherche pas à la coincer : « Je crois de votre tendresse pour moi tout ce que vous pouvez souhaiter que je pense. »

1. Le 6 novembre 1675, tome I, p. 151.

La solitude plonge la marquise dans la tristesse ; elle est hantée par le temps qui passe et emporte avec lui « notre » jeunesse, « notre » beauté et apporte inévitablement la mort, voilà ce à quoi elle médite.

Les nouvelles ne sont pas bonnes, la signature « héroïque » a sauvé les filles aînées de la ruine de leur père, mais ne semble pas avoir guéri Grignan de sa propre pente à la dépense. Mme de Sévigné dit avec virulence à quel point son gendre abuse de sa femme. Sa fille se rend-elle compte qu'il la détruit avec ses caprices et ses dépenses, l'« amitié » de l'époux ne vaut pas celle qu'elle-même lui porte ? Elle voit maintenant sa fille « abîmée » par le commerce avec son mari, elle sait avoir définitivement perdu la fierté de la beauté intacte de « la plus jolie fille de France », elle rivalise ouvertement avec son gendre. Elle suggère à sa fille de préférer les bras maternels à ceux de son mari. Cependant, jamais elle ne raidit ses argumentations, elle critique fermement et préfère ne pas insister, car elle ne veut rompre, au grand jamais. Elle reprend sa chronique truffée de déclarations amoureuses à l'aimée, qui lui rend bien ses tendresses. Elle semble avoir acquis une certaine distance avec les assauts de sa douleur d'aimer l'absente, l'humour ne manque pas : elle va tenter de se satisfaire du portrait de sa fille exécuté par Mignard... à défaut de la présence en chair et en os de sa chère enfant.

Septembre 1675 : Mme de Sévigné part pour la Bretagne. Mère et fille sont maintenant averties que l'« excessive tendresse » qui les lie est ravageante. Certes, la naissance de Pauline a démontré que Paris et la mère ont été favorables à la naissance heureuse de deux filles. Cette conjoncture, avec l'« héroïque signature », n'a pas empêché que soit définitivement entamée l'illusion de l'heureuse mise en avant de la fille par la présence d'une mère. L'arrachement du « préservatif » s'est avéré irréversible, il n'y aura plus de « moitié » commune. La brèche est ouverte. Encore faudra-t-il que la nouvelle disposition – rivalité entre mère et mari –, dès lors amorcée, devienne effective et produise ses effets.

2 - L'IMPOSSIBLE RIVÉ AU CORPS

Un rêve choc

Voici le vrai jour pour vous conter mon songe. Vous saurez ma très chère que vers les huit heures du matin après avoir songé à vous la nuit sans ordre et sans mesure, il me sembla bien plus fortement qu'à l'ordinaire que nous étions ensemble, et que vous étiez si douce, si aimable, et si caressante pour moi que j'en étais toute transportée de tendresse. Et sur cela je m'éveille, mais si triste et si oppressée d'avoir perdu cette chère idée que me voilà à soupirer et à pleurer d'une manière immodérée que je fus contrainte d'appeler Marie et avec de l'eau froide et de l'eau de la reine de Hongrie, m'ôter le reste de mon sommeil et débarrasser ma tête et mon corps de l'horrible oppression que j'avais. Cela me dura un quart d'heure et voilà tout ce que je vous en puis dire, sinon que jamais en ma vie je ne m'étais trouvée en un tel état[1].

Quel dommage d'avoir perdu encore un pauvre petit garçon ! [...] C'est dommage la perte de cet enfant ; je la sens, et

1. Le 8 janvier 1676, tome II, p. 216.

j'ai besoin de vos réflexions chrétiennes pour m'en consoler, car quoi qu'on vous dise, vous ne le sauverez pas à huit mois[1].

Le chevalier de Mirabeau a conté ici de quelle manière vous avez été touchée de mon mal, et comme en six heures de chagrin votre beau visage fut méconnaissable. Vous pouvez penser mon cher enfant, combien je suis touchée de ces marques naturelles et incontestables de votre tendresse, mais en vérité j'ai eu peur pour votre santé, et je crains qu'une si grande émotion n'ait contribué à votre accouchement[2].

Voilà comme on fait une visite à sa maman que l'on aime, voilà le temps que l'on lui donne, voilà comme on la console d'avoir été bien malade, et d'avoir encore mille incommodités, et d'avoir perdu la jolie chimère de se croire immortelle, comme elle le croyait effectivement ; présentement, elle commence à se douter de quelque chose, et se trouve humiliée jusqu'au point d'imaginer qu'elle pourrait bien passer un jour dans la barque comme les autres[3].

C'est une grande vérité, ma bonne, que l'incertitude ôte la liberté. Si vous étiez contrainte vous seriez toute déterminée [...]. Ainsi je conclus qu'il n'y a rien qui soit si opposé à la liberté que l'indifférence et l'indétermination[4].

En mai 1675, dès qu'elle quitte sa mère, une fois de plus Mme de Grignan est enceinte. Elle cachera cette sixième grossesse à sa mère jusqu'à la naissance de l'enfant. En décembre, en Bretagne, la marquise apprend que sa fille

1. Le 23 février 1676, tome II, p. 241.
2. Le 10 avril 1676, tome II, p. 265.
3. Le 10 avril 1676, tome II, p. 266.
4. Le 4 novembre 1676, tome II, p. 438.

souffre d'un torticolis et, dans une lettre, elle joue sur le thème de la métamorphose des corps sous l'emprise de l'amour, elle s'amuse avec la fantaisie poétique que sa fille était, dans une précédente vie, un « amant » « allemand ».

Début janvier 1676, elle connaît, en dormant, une expérience physique de jouissance « sans mesure », « plus forte qu'à l'ordinaire », avec sa fille « douce », « caressante ». Mme de Sévigné en est « toute transportée de tendresse ». Peut-être qu'un orgasme la réveilla, mais persiste la sensation bouleversante suivie d'une horrible oppression et la douleur d'avoir perdu cette « chère idée ».

Les jours qui suivent cette expérience érotique affolante, Mme de Sévigné souffre elle-même d'un torticolis qui l'empêche d'écrire. « À force de me parler d'un torticolis vous me l'avez donné. » Mais bien vite c'est une fièvre, puis un rhumatisme totalement invalidant qui s'emparent d'elle. Pour l'anniversaire de ses cinquante ans, elle est clouée au lit avec des douleurs épouvantables, heureusement assistée par le dévouement et la drôlerie de son fils. Charles, devenu secrétaire, rédige les lettres à sa sœur, sous la dictée de sa mère. Toutes les lettres, qui se veulent rassurantes, trahissent un état de souffrance extrême de la marquise. Lorsque Mme de Grignan apprend la nouvelle de la maladie de sa mère, elle est saisie de frayeur et réagit à « grands cris ». Si l'on examine les dates dans le détail avec le délai du courrier entre Grignan et Les Rochers, on peut reconstituer que c'est l'annonce de l'état de souffrance et de l'infirmité de Mme de Sévigné qui cause une sorte de panique à sa fille, qui accouche prématurément (à huit mois) d'un fils, Jean-Baptiste, dont la marquise ignorait la venue et qui fut baptisé le jour même. La marquise, heureuse que sa fille soit saine et sauve, est persuadée que l'enfant ne vivra pas. Elle conseille vivement de renoncer à le voir vivre. Aucun commentaire sur le secret de la grossesse n'apparaît dans les lettres venant de Mme de Sévigné, écrites de la main de Charles.

Par Charles, on apprend que Mme de Sévigné s'est ouvertement réjouie de l'annonce de l'heureux accouchement de sa fille, mais en fait, « quelque douce pourtant que fut la manière » de lui apprendre, « elle ne put s'empêcher d'avoir une émotion extraordinaire ». La marquise voulut vérifier que les quelques mots écrits sur l'envoi du comte étaient bien de la main de sa fille. Puisqu'on lui avait menti sur un événement si essentiel qu'une grossesse, elle nourrissait des doutes sur la vie même de sa fille. Mère et fille s'auto-accusent alors chacune d'être responsable des maux de l'autre : Mme de Grignan, en dissimulant sa grossesse, craint d'avoir insidieusement blessé sa mère ; Mme de Sévigné, par sa maladie, craint d'avoir provoqué un choc qui a déclenché l'accouchement prématuré de sa fille.

La nouvelle conjoncture de sa position dans la maison Grignan avait permis à Mme de Grignan de soustraire volontairement sa vie intime avec son mari aux investigations de sa mère. Elle cache son jardin secret à sa mère. Lors des précédentes grossesses, n'avait-elle pas reçu mille critiques et recommandations ? Pour cette sixième grossesse « inutile », elle devait appréhender les réactions réprobatrices de sa mère. Mais, lorsqu'il s'agit d'une grossesse avancée, cette dissimulation se transformait en grossier mensonge. La fille fut assommée par la terreur d'imaginer qu'à cause de son mensonge sa mère vienne à mourir. Croit-elle que ce serait là une punition ? Une fois de plus, la sexualité réalisée s'avère dangereuse. Mme de

Grignan n'arrivera pas à rejoindre sa mère et parlera sans cesse du « repentir » comme unique guide de ses décisions.

Dans ses lettres, elle avait certainement laissé entrevoir entre les lignes qu'elle dissimulait quelque chose de vibrant dans son corps, puisque l'annonce d'un simple torticolis mit la mère en feu. Mme de Sévigné, qui élargissait ses émois corporels à ceux présumés de sa fille, vibra en rêve d'une jouissance érotique bouleversante éprouvée avec sa fille en position d'« amant ». De ce rapport sexuel onirique, elle reçoit le torticolis de sa fille, élément émergeant de la grossesse dissimulée. Mme de Sévigné s'en trouve tordue, invalide, enflée de toutes parts et surtout privée du seul moyen de contact avec sa fille : l'écriture. L'usage d'un secrétaire l'oblige à une certaine censure, à une retenue, ainsi qu'à écourter les missives. Charles est mis au-devant de la scène, il se félicite d'être devenu un partenaire indispensable au réseau des deux dames.

Le rêve-cauchemar érotique est l'indice de la présence en la mère d'une sexualité qui la lie à sa fille. Avec Françoise-Marguerite, en « amant » de sa mère, fait retour la sexualité que la marquise a refoulée pour elle-même, fait peut-être retour la mémoire d'Henri, son mari libertin. Mme de Sévigné, à l'âge de la ménopause, révèle son lien érotisé à sa fille, au moment où ce lien est effectivement entamé.

Commence une période extrêmement difficile où tout est malentendu, Mme de Sévigné tire avantage de son infirmité pour exiger encore de revoir sa fille à Paris, « vous viendrez me redonner la vie ». Mme de Grignan y voit des inconvénients qui ne viennent pas, cette fois, des obligations de son mari. Mme de Sévigné médite sur l'éternelle privation, cette permanente impossibilité d'être ensemble et d'être bien ensemble.

« Au nom de Dieu ne me trompez pas », s'exclamera la marquise après une lettre réticente de sa fille. Mme de Grignan, « toute dragonnée[1] », tergiverse. De juillet à décembre 1676, se succèdent les fausses annonces de départ et les réconciliations stratégiques... Mme de Sévigné se voit « destinée à périr par les absences » : « Je regrette ma vie et me plains de la passer sans vous. »

C'est Charles, de retour à Paris, qui ordonne à sa sœur de venir sur-le-champ. Enfin, en décembre 1676, Mme de Grignan se décide à se mettre en route vers Paris, soudain sa mère n'a plus de goût à lui écrire, elle craint une volte-face de dernière minute. Sachant sa fille en voyage, elle déclare qu'elle ne vaut pas l'extrême peine que sa fille prend pour elle, affronter les fatigues et les froids d'un tel voyage en plein hiver. Le cercle vicieux s'est aggravé.

« Vous vous tuez l'une l'autre »

C'était un crime pour moi que d'être en peine de votre santé. Je vous voyais périr devant mes yeux, et il ne m'était pas permis de répandre une larme ; c'était vous tuer, c'était vous assassiner. Il fallait étouffer. Je n'ai jamais vu une sorte de martyre plus cruel, ni plus nouveau. Si au lieu de cette contrainte qui ne faisait qu'augmenter ma peine, vous eussiez été disposée à vous tenir pour languissante, et que votre amitié pour moi se fût tournée en complaisance, et à me témoigner un véritable désir de suivre les avis des médecins, à vous nourrir [...], c'est cela qui m'eût véritablement consolée, et non pas d'écraser tous nos sentiments.

1. Le *dragon* est un mot du vocabulaire privé entre mère et fille, très souvent utilisé. Il signifie un reproche obsédant, cela peut être une hantise, ou un remords, une préoccupation persécutante.

Ah ! ma fille, nous étions d'une manière sur la fin qu'il fallait faire comme nous avons fait[1].

Mais quand on ne peut jamais rien dire qui ne soit repoussé durement ; quand on croit avoir pris les tours les plus gracieux et que, toujours ce n'est pas cela, c'est tout le contraire ; qu'on trouve toutes les portes fermées sur tous les chapitres qu'on pourrait traiter ; que les choses les plus répandues se tournent en mystère ; qu'une chose avérée est une médisance et une injustice ; que la défiance, l'aigreur, l'aversion sont visibles et sont mêlées dans toutes les paroles ; en vérité cela serre le cœur et franchement cela déplaît un peu. On n'est point accoutumé à ces chemins raboteux, et quand ce ne serait que pour vous avoir enfantée, on devrait espérer un traitement un peu plus doux. Cependant ma fille j'ai souvent éprouvé ces manières si peu honnêtes. [...]

Je saute aux nues quand on vient me dire : « Vous vous faites mourir toutes deux, il faut vous séparer[2]. »

Dieu nous montrait sa volonté par cette conduite, mais il faut tâcher de voir s'il ne veut pas bien que nous nous corrigions, et qu'au lieu du désespoir auquel vous me condamniez par amitié, il ne serait point un peu plus naturel et plus commode de donner à nos cœurs la liberté qu'ils veulent avoir et sans laquelle il n'est pas possible de vivre en repos[3].

Et que vous vous résolviez [...] à ne plus voir les choses que comme elles sont, ne les point augmenter et ne les point grossir dans votre imagination, ne point trouver que je suis malade quand je me porte bien, ne point retourner sur un passé qui est passé, ni voir un avenir qui ne sera point. Si vous ne prenez cette

1. Le 30 juin 1677, tome II, p. 477-478.
2. Le 15 juin 1677, tome II, p. 464.
3. Le 30 juin 1677, tome II, p. 478.

> résolution on vous fera un régime et une nécessité de ne me jamais voir [...] pour moi il serait indubitable pour finir ma vie[1].

> Corrigeons-nous, revoyons-nous, ne donnons plus à notre tendresse la ressemblance de la haine et de la division[2].

De la comtesse à son mari :

> Eh mon Dieu ! ne viendra-t-il pas une année où je puisse voir mon mari sans quitter ma mère ? En vérité je le souhaiterais fort, mais quand il faut choisir, je ne balance pas à suivre mon très cher comte que j'aime et que j'embrasse de tout mon cœur[3].

Mme de Grignan fera deux séjours à Paris, l'un de six mois (de décembre 1676 à mai 1677), l'autre de deux ans (fin 1677 à 1679). La comtesse, en répondant à l'injonction de Charles, satisfait la demande suppliante de sa mère après son rhumatisme invalidant. Sous le même toit, les deux femmes sont ravagées : chacune impute à l'autre des inquiétudes immodérées sur la santé de l'autre qui ne font qu'alimenter les malentendus déjà largement installés par la venue si longtemps différée de la comtesse. Celle-ci devient très nerveuse, jusqu'à tomber véritablement malade. Elle ne supporte en rien les sollicitations tendres de sa mère. Elle n'accepte ni sa compassion, ni ses soins, ni son inquiétude. Elle prétend vouloir à tout prix prendre soin de la santé de sa mère et la protéger de tout danger, alors qu'elle refuse pour elle-même les remèdes, fait taire

1. Le 16 juin 1677, tome II, p. 466.
2. Le 27 juin 1677, tome II, p. 477.
3. Le 20 mai 1678, tome II, p. 1392.

sa mère qui se désespère d'inquiétude en la voyant dépérir à vue d'œil. Sous prétexte de venir restaurer sa mère, la comtesse lui fait supporter, impuissante, le spectacle de sa propre destruction. En s'accusant elle-même et en infligeant son propre sacrifice, elle semble vouloir lui faire payer de s'être montrée blessable et mortelle – accusation suprême. Dans l'incapacité de reconnaître une haine qui les submerge, c'est dans l'excès de sollicitude qu'elles compensent les mouvements de rejet et que s'exprime l'insupportable.

L'entourage, effrayé de voir la tournure dramatique que prend leur relation, peut dire ce qu'elles ne sauraient accepter : « Vous vous tuez l'une l'autre. » L'état de Mme de Grignan empire de jour en jour, il faut les séparer sans tarder. Mme de Sévigné, mortifiée, préfère disculper sa fille et accuser les témoins qui conseillent qu'elles ne se revoient jamais. Pour s'innocenter l'une l'autre, Mme de Sévigné finit par affirmer que leur séparation est la volonté de Dieu et de la Providence.

Sur le chemin du retour vers Grignan, la comtesse se sent déjà mieux : « Vous n'avez retrouvé de repos et de santé que dès que vous m'avez quittée [...] je ne pense pas à vous faire un méchant procès là-dessus. » Toutefois, Mme de Sévigné en profite pour montrer à sa fille que c'est l'imagination qu'il faut guérir, qu'elle se crée elle-même une idée exagérée de la mauvaise santé de sa mère. Il faut qu'elle sache que si elle continue à se détruire ainsi devant sa mère, elle ne devra jamais la revoir, or cela, la marquise ne l'accepte pas.

À peine Mme de Grignan est-elle rentrée chez elle que son dernier né, Jean-Baptiste, meurt. Rien sur lui n'était apparu dans la correspondance depuis sa naissance. Il a seize mois quand il meurt, le 26 juin 1677, à Grignan.

La marquise, qui s'y connaît en développements détaillés sur les émois des événements de la vie et les troubles de la tendresse, n'a jamais commenté la perte des enfants de sa fille. Cette rareté est significative, au regard de la prolifération sur tout le reste des facettes de l'amour et de l'amitié. La marquise semble avoir refusé de considérer la douleur du deuil des enfants disparus de sa fille. Elle met en avant les exigences des chrétiens qui doivent se réjouir que ce petit ait trouvé « le bonheur de ces petits anges[1] » devant Dieu. Une telle affirmation étonne venant de la « jolie payenne » qui a toujours préféré reconnaître les remous des passions, et émis des doutes sur les préceptes de la religion chrétienne en la matière. Il semble plutôt qu'elle ne veuille pas que sa fille s'abîme de la perte de ses enfants. Elle veut garder sa fille en santé, c'est déjà beaucoup de la partager avec les vivants, elle refuse de la partager avec les morts.

Elle exhorte sa fille à s'amuser avec ceux qui lui restent et à détourner sa pensée de ce petit garçon mort. En revanche, les médecins conseillent plutôt à Mme de Grignan de détourner sa pensée de sa mère pour retrouver sommeil et appétit. En effet, c'est en oubliant sa mère, « cet article essentiel », que Mme de Grignan se félicite de s'être remise en santé. Sa mère doit conclure :

> Il ne m'est pas permis de vous aimer, et je dis qu'on veut de moi des choses monstrueuses et si opposées que n'espérant pas d'y

1. Le 7 juillet 1677, tome II, p. 484.

pouvoir parvenir, je n'ai que la ressource de votre santé pour me tirer de cet embarras[1].

Le décès de son fils permet à Mme de Grignan de porter le coup de grâce à sa mère en lui faisant la réputation d'être la fautive de son mal, pourquoi pas de la mort de son enfant ? Mme de Sévigné rendue dangereuse, responsable de « tuer » sa fille et son enfant, est écartée. Ainsi Mme de Grignan s'autorise à se détourner de sa mère – ce qu'elle avait tenté sans succès depuis l'« héroïque signature ».

Mais Mme de Sévigné ne se laisse pas faire, elle déplace alors ses intérêts sur la petite Pauline qui devient l'enjeu. Elle ordonne à sa fille d'aimer Pauline comme remède pour réparer tout sentiment détérioré entre elles deux : la douleur de la mort du petit pour l'une, la douleur d'avoir perdu l'« amitié » de sa fille pour elle. Citant Corneille, elle s'écrie : *« Aimez, aimez Pauline »*, « faites-en votre jouet ». Mme de Grignan refuse l'injonction d'aimer Pauline puisque c'est une tentative d'atténuer l'expression de son ressentiment, de différer la conclusion de la haine. Ainsi, face à une mère qui plie mais ne rompt pas, Mme de Grignan poursuit en se mortifiant elle-même. Sa mère écrit : « Les derniers mots de votre lettre. Ils sont assommants. » Elle la cite :

« Vous ne sauriez plus rien faire de mal, car vous ne m'avez plus : j'étais le désordre de votre esprit, de votre santé, de votre maison ; je ne vaux rien du tout pour vous[2]. »

1. Le 19 juillet 1677, tome II, p. 494.
2. Le 11 août 1677, tome II, p. 1621.

En même temps qu'elle s'est soustraite à sa mère, elle perdit son enfant. Mme de Sévigné est perturbée par cette interprétation : sa fille s'accuse elle-même d'être la cause de la destructivité maternelle. Une telle accusation est exactement ce que la marquise ne peut supporter, parce qu'elle la laisse totalement sans recours.

Pour reconquérir sa fille, qui lui intime de partir en cure à Vichy, Mme de Sévigné s'incline « pour rassurer » son « imagination pour jamais ». Sa soumission enjouée à supporter les terribles « douches » contre son gré n'arrange pas la santé de Mme de Grignan qui, en rêve, voit sa mère lui faire du mal. Le vœu de sa fille serait-il de pouvoir accuser sa mère de lui faire du mal et ainsi l'atteindre ? La mère avait préconisé de renoncer à la vie du garçon prématuré, dont la gestation lui avait été dissimulée. L'enfant est mort effectivement, et elle préfère ignorer combien sa fille en est affectée.

Malgré l'insupportable expérience parisienne de l'hiver, Mme de Grignan doit revenir à Paris, non pour sa mère cette fois, mais pour alléger la charge financière qui pèse sur son mari, elle va s'occuper de ses deux belles-filles. Elle arrive à Paris sans ses enfants, qu'elle préfère soustraire aux assauts de sa mère. Pendant deux années (de novembre 1677 à septembre 1679), la cohabitation à l'hôtel Carnavalet est désastreuse, la santé de la comtesse se détériore à nouveau. « Maigre », « abîmée », « défigurée », « c'est une autre personne », elle perd la voix, elle arrive à peine à respirer et refuse tout remède. L'entourage est en émoi, Mme de Sévigné, au comble de la tristesse, ne sait comment s'y prendre. Sa fille rejette toute attention, toute déclaration apitoyée, tout conseil venant d'elle. Pour la première fois, Mme de Sévigné s'avoue malheureuse.

D'intenses querelles explosent : Mme de Grignan, au désarroi, accuse sa mère de ne pas l'aimer autant que l'air de Livry, que ses propres enfants, que son frère. Elle la soupçonne de préférer son absence, croit que les amis de sa mère veulent « l'ôter du cœur de sa mère ». Mme de Sévigné s'épuise à nier toutes ces « cruelles injustices », à assurer sa fille de son « infinie tendresse », à lui demander de veiller sur sa santé en la pressant de ne pas s'en aller avant une amélioration. Elle réussit à la garder jusqu'en septembre 1679.

Apparemment, Mme de Grignan cache à son mari son mauvais état de santé, et poursuit avec lui en secret une correspondance tendre. Dans une lettre à la marquise, sa cousine, Bussy accuse le comte de Grignan d'« assassiner » sa femme en l'engrossant sans cesse. Il suppose que la comtesse « préfère le mal plutôt que le remède ». Tant qu'elle était « la plus jolie fille de France, elle était saine », il voit en elle l'opiniâtreté de quelqu'un qui se croit persécuté et qui lutte. Voilà qui doit toucher Mme de Sévigné à l'endroit le plus juste. Le spectacle de la dégradation du corps de sa fille est la monstration épouvantable de ce à quoi l'érection de la « plus jolie fille de France » devait parer : la ruine du corps soumis à la loi du sexe.

Aussi, Mme de Sévigné se décide à adresser une longue lettre accablée à son gendre sur le déplorable état de santé de sa fille. Elle est obligée de faire appel aux témoins craignant qu'il ne croie qu'elle distord la réalité à des fins d'intérêt sentimental. Elle expose les évaluations médicales et avertit le comte que la santé de sa femme est alarmante, que celle-ci lui a maquillé la vérité. Il est, dit-elle, maintenant l'unique recours : « Ainsi, Monsieur, c'est vous seul qui êtes le maître d'une santé et d'une vie qui est à vous[1]. » Elle lui cède sa fille.

Le comte est le responsable désigné : « Pluton aime mieux que Cérès »

> Assurément dans ce dernier voyage vous n'avez considéré uniquement que sa satisfaction [celle de M. de Grignan], qu'il a même cachée longtemps sous ses manières polies. Vous l'avez approfondie, vous l'avez observée et démêlée, et dès que vous l'avez aperçue un peu plus d'un côté que de l'autre vous y avez sacrifié votre santé, votre repos, votre vie, la tendresse et le repos de votre mère et, enfin vous avez parfaitement accompli le précepte de l'Évangile qui veut qu'on quitte tout pour son mari. Il le mérite bien ; mais il faut aussi qu'il le connaisse et que cela l'engage encore davantage à prendre soin d'une santé que vous exposez si librement et si courageusement pour lui plaire. Pour moi, c'est mon unique pensée, quoique très inutilement à mon grand regret[2].

Mme de Sévigné a observé que seule la satisfaction du comte guide la conduite de sa fille. Elle se voit sacrifiée par sa fille au dévouement à la satisfaction de l'époux. Sa fille lui paraît prête à tout, à y perdre sa santé et sa mère. Le fait de pouvoir le déclarer et, dans le même pas, renoncer au souci pour la santé de sa fille, lui permet de se détacher d'elle. Elle amorce l'éloignement, se dit prête à changer son

1. Le 14 juin 1678, tome II, p. 609.
2. Le 27 septembre 1679, tome II, p. 687-688.

« amitié » pour sa fille. Maintenant, dans un grand état de désolation, « je jette les jours à la tête de qui les veut, je les remercie d'être passés ». Elle préfère s'intéresser aux autres avec humour et parfois avec mépris, elle évoque les succès mondains de son fils (« il brillote »), elle souhaiterait recevoir sa petite-fille Pauline à titre de consolation.

Un spectacle lui offre l'interprétation qui les délivre. Lorsque *Proserpine* fut donné à l'opéra de Paris, bien des gens ont pensé que cette légende s'attribuerait exactement à la relation dramatique entre elle et sa fille. Proserpine est enlevée par Pluton à sa mère, Cérès, qui la chérissait, il l'emmène aux Enfers où il l'épouse. Mme de Sévigné ajoute qu'elle n'a pas voulu assister à cet opéra « quoiqu'elle n'en n'eût point été embarrassée ». Suivant le livret, elle écrit :

Une mère
Vaut-elle un époux ?
[...]
Pluton aime mieux que Cérès[1].

C'est joliment cité. Ce n'est pas que Pluton aime plus Proserpine que Cérès ne l'aime, ni que Proserpine aime plus Pluton qu'elle n'aime sa mère. Non. C'est que la satisfaction que Proserpine reçoit de Pluton est meilleure que celle reçue de Cérès : il sait « mieux » aimer. Voilà en quoi une mère ne vaut pas un époux. Cette jouissance du sexe, ruineuse pour la santé, et à laquelle Mme de Grignan se sacrifie en sacrifiant sa mère, ce sont « les Enfers », certes

1. *Proserpine*, de Quinault et Lully. Le 1er mars 1680, tome II, p. 857.

avalisés par l'Évangile ! Plus tard, lorsqu'elle aura effectivement renoncé à l'érection de sa fille, Mme de Sévigné dira du comte : « Il a su vous emmener aux Indes » – formule plus heureuse pour dire la jouissance sexuelle.

La tyrannie de l'« excessive tendresse » maternelle persécutait Mme de Grignan, qui craignait d'y perdre l'intérêt que lui portait son mari. Menacée d'être aspirée par sa mère, elle redoublait de soins pour satisfaire son époux, tout en craignant de perdre sa mère et de la voir se détruire. La fille était déchirée entre ces deux impératifs qui s'excluaient au point de l'érotique. Lorsque fut ouvert l'enjeu érotique que contenait l'excès de l'excessive tendresse maternelle dans le rêve où la fille-amant fait jouir sa mère d'une jouissance sexuelle oubliée, c'est le corps de la marquise qui fut directement touché : sa capacité d'écrire se trouva paralysée. Du côté de la fille, les grossesses avaient témoigné de l'impossible accord de leurs tendresses. Quand la fille vit qu'elle avait atteint sa mère et envisagea qu'elle puisse en mourir – ce qui valait comme l'avoir détruite –, son enfant mourut, et la maladie s'empara d'elle, offrant à sa mère le spectacle d'une destruction, comme si celle-ci en était la cause, tout en s'accusant elle-même de telles extrémités. La vision du sacrifice du corps de la fille réussit enfin à attaquer la mère au point qu'elle s'arrache à la préoccupation constante de la santé de sa fille, emboîtée dans sa propre santé, et qu'elle fournisse l'interprétation qui les délivre : le comte « aime mieux » qu'elle n'aime, elle. Ce « mieux », c'est la jouissance sexuelle reçue de l'époux, celui qui donne le nom, elle est autre que celle proposée, voire imposée, par la mère. « Mieux », n'est pas « plus », ni « moins ». Apparemment mises en rivalité, ces deux jouissances sont d'un ordre différent, et Mme de Grignan préfère celle que lui donne son mari. En désignant le comte, la marquise se désiste de sa revendication érotique et délivre sa fille. Elle seule était en position de faire efficacement cette interprétation et cet acte de désistement volontaire.

En mars 1680, la marquise écrit : « Tout ce que je veux, c'est pour la première fois de ma vie penser à mes intérêts. » « Laissons faire la Providence », « elle est la maîtresse de tout ». « Il me semble que tout m'échappe. » « Il me faut l'auteur de l'Univers comme raison de tout ce qui arrive. » Mme de Sévigné repart pour la Bretagne dans un état de désarroi à peine contenu, inquiète pour la santé de sa fille sur laquelle elle est maintenant mal informée : « ce feu secret n'est-il point revenu ? » Qu'est devenue cette sourde maladie en place de jouissance clandestine, maintenant qu'elle ne fait plus barrage contre la mère ?

Dans la solitude des Rochers, elle approfondira sa conception de la Providence par la lecture de saint Paul, traduit par saint Augustin, et la réflexion pour trouver un nouvel équilibre et une nouvelle sagesse. « Dieu dispose de ses créatures tel le potier. »

Mme de Sévigné progresse en sérénité : « L'amour est une passion trop violente pour durer », « je deviendrai parfaite sur la fin de ma vie ». Une autre amitié entre elles pourrait-elle se former ? C'est la question à laquelle elle travaille. « Il me semble que rien ne peut plus jeter des ombres et des chagrins sur notre société ; [...] je crois que de mon côté je n'aurai plus de ces attentions importunes. » La Providence est là pour garantir le mystère de telles « injustices », de tels renoncements, et faire supporter le désert qui s'ouvre à elle.

3 - SÉRÉNITÉ ET PROVIDENCE

Le séjour de quatre années en Bretagne (1680-1684) semble avoir permis à Mme de Sévigné de dépasser sa désolation. Elle connaît une paix nouvelle et dit préférer rester à l'écart des activités mondaines. Une allée sera plantée et nommée *La Solitaire* (souvenons-nous que dans les années 1670, elle avait planté successivement *Humeur de ma mère* et *Humeur de ma fille*). La correspondance avec sa fille s'adoucit. Mme de Grignan peut s'occuper de ses affaires.

Sortie du ravage, la comtesse restaure la maison Grignan

À Bussy :

> Ma fille a gagné son procès tout d'une voix, avec tous les dépens. Cela est remarquable. Voilà un grand fardeau hors de dessus les épaules de toute la famille ; c'était un *dragon*[1] qui les persécutait depuis six ans.

À sa fille :

> Vous êtes pour moi toutes choses, et jamais on a été aimée si parfaitement d'une fille bien-aimée que je le suis de vous. Ah ! quels trésors infinis m'avez-vous quelquefois cachés ! Je vous assure pourtant, que je n'ai jamais douté du fond, mais vous me

1. Voir note 1, p. 82. Le 13 août 1688, tome II, p. 346.

comblez présentement de toutes ces richesses et je n'en suis digne que par la très parfaite tendresse que j'ai pour vous, qui passe au-delà de tout ce que je pourrais vous en dire[1].

Je ne crois pas qu'il y ait au monde une personne plus aimable que vous [...] Où en trouve-t-on une qui soit occupée de sa mère, qui aime sa santé, sa vie, son commerce et qui en fasse mention avec ses amis comme vous faites[2] ?

Ah ! je comprends bien les sincères admirations de Pauline ! [...] Que je la crois jolie ! Que je lui crois un esprit qui me plaît ! Il me semble que je l'aime et que vous ne l'aimez pas assez. Vous voudriez qu'elle fût parfaite. Vous n'êtes point juste [...]. Vous vouliez donc qu'elle soit un prodige prodigieux, comme il n'y en a jamais eu. [...]
Il n'y a que Pauline qui gagne à votre mal de tête, car elle est trop heureuse d'écrire tout ce que vous pensez, et d'apprendre à haïr sa mère comme vous haïssiez la vôtre. Elle voit que vous me déclarez que pour vous bien porter il faut nécessairement que vous ne m'aimiez plus. Que n'entend-elle point de bon et d'agréable depuis qu'elle écrit pour vous[3] ?

La comtesse de Grignan arrive à Paris en début décembre 1680, elle y restera huit ans – c'est le plus long séjour qu'elle fait à Paris depuis son mariage. Cette fois, la cohabitation avec sa mère sera harmonieuse et douce. On sait, par des lettres aux tiers, qu'elle fut malade pendant l'année 1682, mais on est loin des tourments des périodes passées. Son mari la rejoindra périodiquement. À Paris, elle excellera comme du temps de l'« héroïque signature »

1. Le 20 septembre 1684, tome III, p. 139.
2. Le 28 janvier 1685, tome III, p. 172.
3. Le 24 avril 1689, tome III, p. 584.

à restaurer les intérêts de la maison Grignan. Tout d'abord, elle contribue à la « petite manœuvre » de la vocation religieuse de Louise-Catherine, la fille aînée du comte. On se réjouit de ce choix qui diminuera de moitié l'énorme dette du comte envers ses filles.

Et surtout un interminable procès maintiendra Mme de Grignan à Paris, le fameux procès d'Aiguebonne, une vieille affaire qui courait depuis cinq générations dans la lignée Grignan qui lui demandera beaucoup d'énergie et le concours de nombreux appuis. Un certain Aiguebonne avait reçu en legs une terre Grignan en récompense d'une protection faite à Gaucher d'Adhémar de Grignan, accusé de trahison. Mais cette terre n'était pas disponible, il fut convenu qu'une autre terre de même valeur viendrait en substitution. C'est au sujet de cette égale valeur, qu'après de longues années les descendants d'Aiguebonne se sentant lésés attaquèrent la maison Grignan. Le couple, et particulièrement la comtesse, décida de se défendre âprement et triompha à l'unanimité après six années de procédure. En 1689, quand Aiguebonne fera recours en cassation, c'est Mme de Sévigné qui devra mener la bataille pour sa fille et son gendre. La requête fut rejetée, « il faut aller remercier les juges... », la cause des Grignan est définitivement gagnée.

Notons dès à présent que Mme de Grignan est parfaitement à son affaire lorsqu'elle met son talent à profit pour consolider le nom et la fortune de son époux, dont on sait que la seconde est grandement menacée. Cette étape est le fruit de la sortie des tourments entre mère et fille. « Par votre conduite et vos actions vous avez acquis un droit sur tout ce nom. » C'est en effet le nom Grignan qui devient le foyer organisateur des liens dans la famille. Mme de Sévigné eut une fin de vie sous le signe des Grignan.

En septembre 1684, Mme de Sévigné quitta Paris pour la Bretagne, en y laissant sa fille. La correspondance reprit à son rythme habituel de deux envois hebdomadaires. De part et d'autre, une douce conversation se poursuit sur tous les sujets qui occupent la famille et l'entourage. Chaque lettre est ponctuée de paroles affectueuses selon les thèmes que l'on a toujours connus, une admiration de la mère pour la fille, des compliments de la fille sur la mère, qui en est touchée jusqu'au fond du cœur, et la certitude de la rareté de cette tendresse et des incroyables qualités de droiture dont dispose Mme de Grignan. Le tout sur un ton acquis avec la distance qui convient à n'indiquer aucun remous du cœur.

La situation est presque inversée, car Mme de Grignan ne se défend plus des assiduités de sa mère, leur tendresse se montre nécessaire et réciproque. Dans une brillante société, Mme de Grignan, voyant le temps passer, aurait dit : « Tout est perdu si je n'écris point à ma mère. » Il arrive même que Mme de Grignan « badine ». Nous sommes aux antipodes des périodes passées où elle faisait voir aux autres une mère abusive et possessive. Les formules délicieuses se poursuivent au fil des lettres de Bretagne et bientôt de Bourbon. « Vous me rendez trop heureuse », répond la mère.

Mme de Sévigné rentre à Paris où elle retrouve sa fille occupée à obtenir la « survivance » de la charge du comte pour son fils, Louis-Provence. Cela demande des visites à Versailles pour recevoir une acceptation du roi, qui a récompensé le comte pour ses dépenses, mais ne semble pas décidé à céder cette « survivance ». Elle assistera sa fille dans les inquiétudes que lui procure de savoir son fils de dix-sept ans combattre brillamment pour le roi. L'adolescent héroïque sera légèrement blessé dans la prise de Philsbourg. À son retour, il sera récompensé par le roi et reçu à la cour.

C'est à propos de Pauline qu'elles divergent. Mme de Grignan critique sa propre fille qui est violente avec elle. Mme de Sévigné prend le parti de sa petite-fille et exhorte sa fille à la tolérance. Elle veut calmer ses foudres contre la jeune adolescente qui, à quinze ans, se fait la secrétaire de sa mère afin de la soulager de la fatigue d'écrire. C'est donc de la main de Pauline que s'écrivent alors les lettres de la comtesse à sa mère. Avec beaucoup d'humour, la grand-mère reconnaît une sorte de récurrence des manifestations de haine entre mère et fille. Le dispositif de la petite-fille se faisant la secrétaire d'une « haine » qui court entre les lignes de sa mère à sa grand-mère est tel qu'en écrivant chaque phrase dans sa matière langagière, Pauline touche sa propre haine pour sa mère à elle.

« Aimez Pauline ! » avait été le cri de la marquise qui ordonnait à sa fille d'aimer sa propre fille. Cet ordre servait sa volonté active de méconnaître les graves accusations dont elle était l'objet dans le ravage. La fonction de secrétaire qui échoit à Pauline devait être un puissant révélateur d'interprétation entre les trois femmes, parce qu'elle touche au corps de la lettre plus qu'au corps lui-même.

Apparemment Mme de Grignan va se radoucir avec Pauline, Mme de Sévigné dit à sa petite-fille qu'elle serait ingrate de ne pas être heureuse d'être enfin digne d'être aimée de sa maman. Plus tard, c'est Pauline qui héritera de la charge de la correspondance.

Il semble que les dernières années de la marquise se soient déroulées dans une entente tendre avec sa fille et « tous ses Grignan ». Elle vint directement de Bretagne à Grignan en octobre 1690 et ne quittera pas sa fille, ou presque pas, jusqu'à sa mort en avril 1696. Un séjour à Carnavalet de deux ans avec sa fille et son gendre lui permit de revivre la vie parisienne (1692 à 1693). Puis elle revint à Grignan où elle se trouvait dans une brillante société très animée. Grignan est décrit comme magnifique, majestueux et beau : « un autre monde, à côté de la misère qui règne partout », particulièrement à Paris. Mme de Sévigné s'emploie à payer ses dettes. Les dernières années furent marquées par le mariage des deux enfants Grignan. Elle participera avec Charles à tous ces « heureux » événements.

Mme de Grignan tomba gravement malade après les noces de son fils. Sa mère l'assista jour et nuit, elle souffrit d'inquiétude et de grande fatigue. Disant toujours se soumettre à la volonté de la Providence. On raconte que, lorsque Mme de Grignan fut mieux, sa mère qui n'en pouvait plus tomba malade et mourut de fièvre en dix jours. Elle se serait épuisée à soigner sa fille.

La rumeur courut que sa fille n'assista pas à sa mort, que la marquise aurait réclamé d'être seule pour expirer. D'autres médisants affirmèrent qu'étant fâchée avec sa mère la comtesse ne voulut pas l'honorer de sa présence à sa mort. Des lettres des Coulanges à Pauline, et d'autres du comte aux Coulanges, décrivent une mort très chrétienne entourée des siens, et une Mme de Grignan profondément atteinte par la disparition de sa mère. Il est intéressant de noter que la rumeur retient le conflit violent qui déchira publiquement la mère et la fille et ne voulut rien savoir de l'apaisement des dernières années.

Mme de Sévigné fut enterrée à Grignan – son tombeau fut ouvert et profané à la Révolution. Les habitants s'emparèrent des restes de la marquise comme de précieuses reliques, on envoya faire analyser son crâne à Paris !

Après le décès de Mme de Sévigné, le comte de Grignan fut admis à la cour. Pour éviter la guerre en Flandre à son fils, le comte voulut le faire nommer dans un bataillon de Provence. Le ministre refusa. Louis-Provence partit donc se battre à Hochstaedt. Ses parents en furent affligés. Heureusement, il sortit vainqueur et honoré par le roi. Mais, au moment où le comte et la comtesse se réjouissaient du succès de leur fils, ils apprirent sa mort : leur fils unique fut brutalement emporté par la petite vérole, le 10 octobre 1704 à Thionville, sur le chemin du retour de guerre. Ce deuil effondra les Grignan. Leur peine fut d'autant plus cruelle que, n'ayant pas d'autre descendant mâle, le roi donna immédiatement sa charge à l'héritier d'une autre maison. Les Grignan reçurent ce geste comme un coup de grâce. De surcroît, selon le contrat de mariage de Louis-Provence, ses parents devaient rembourser la moitié de la dot de son épouse. Ils durent s'exécuter, alors que leur situation financière était catastrophique. Mme de Grignan sombra dans une forme de désespoir, elle attrapa elle aussi la petite vérole, qui l'emporta le 13 août 1705[1]. Restaient en vie le comte et Pauline.

1. Jacqueline Duchêne, *Françoise de Grignan ou le Mal d'amour*, Paris, Fayard, 1985.

Remarquons cependant que les aléas, heurs et malheurs de la famille Grignan furent largement ponctués par l'accueil que réserva le roi à leurs services totalement dévoués. Un brin de malédiction pesait sur eux du fait que « la plus jolie fille de France » avait été soustraite par la plus brillante femme de France, sa mère, aux désirs érotiques du souverain.

C'est le roi qui, le premier, reçut un échantillon publié des lettres de la marquise à son cousin Bussy, celui-ci s'était servi de sa correspondance avec elle pour retrouver les faveurs royales. Bussy savait mieux que quiconque que le talent épistolaire de sa cousine avait le pouvoir de séduire le roi lui-même.

LA PUBLICATION DES *LETTRES*, PAULINE SECRÉTAIRE DU RAVAGE

Quand le compte de Grignan meurt en 1714, Pauline se sent libre d'ouvrir les malles pleines des lettres de sa grand-mère à sa mère. Pour le centenaire de la naissance de la marquise, son cousin Bussy, fils du comte, lui proposa une publication restreinte pour « les amis lecteurs ». Pauline accepta avec enthousiasme. Elle envoya une sélection de 137 lettres à laquelle elle ajouta une Préface pour en assurer l'authenticité. Pauline poursuivit ses envois à son cousin, mais, en 1720, elle engagea un copiste en Provence.

En 1726, date anniversaire du centenaire, soudainement surgissent deux éditions pirates, l'une à Rouen, l'autre à La Haye, qui font exploser Pauline, « outrée de douleur » par la trahison supposée de son cousin. Elle tente de faire saisir les exemplaires. Celui-ci nie publiquement dans *Le Mercure de France*, racontant une histoire de vol des lettres par des amis, dont Voltaire. Pauline alors se raidit et décide de réaliser elle-même une version autorisée des *Lettres* à partir des originaux. Elle engage un lettré, Perrin, à qui elle donne de strictes consignes de censure : « Supprimer les passages chagrinants pour les personnes encore vivantes, ou pour les défunts à cause de leur famille, ou pour la mémoire des grands politiques du règne, supprimer les fusées trop gaillardes, supprimer tout ce qui pourrait paraître hardi en matière religieuse, supprimer les querelles entre la mère et la fille, certaines expressions gênantes et presque impudiques de la passion maternelle, supprimer les vulgarités domestiques [...], et supprimer la dernière période où l'on voyait M. et Mme de Grignan s'enfoncer dans une misère grandiose[1]... » Pauline ordonne de détruire les autographes, lorsque la tâche sera terminée. En somme, elle voulait publier un relief de la correspondance, désossée de son vif, c'est-à-dire de tout ce qui fut animé par le ravage entre mère et fille.

En 1734, c'est la parution des quatre premiers volumes de 402 lettres de Mme de Sévigné à sa fille[2]. Pauline, avant même de la lire, expédie un exemplaire de ce « petit amusement » à son ami d'Harcourt. Bientôt des milliers de lettres l'envahissent, « je n'en puis plus », gémit-elle. Et parmi ces lettres, que de murmures, que de plaintes,

1. Selon les termes de Gérard-Gailly, « Introduction », *in* Madame de Sévigné, *Lettres*, Paris, Gallimard, « Bibliothèque de la Pléiade », 1953.

2. Mal datées, chez Simart, éditeur à Paris.

que d'explosions ! En dépit de sa censure, Perrin n'avait pas réussi à soustraire tous les passages dangereux ici et là. Pauline explose à nouveau, elle espérait probablement une réception plus tranquille et qui lui rapporterait de la gratitude. Alors que cette publication provoque un véritable raz-de-marée, y transparaît, au-delà de la censure, le lien passionné et lumineux qui unissait la mère à la fille, un incendie ! La vivacité du style et la brillance de la formule pour décrire le tableau des mœurs et des personnes réaniment les intérêts de tous ordres pour les descriptions souvent si justes, et parfois fort salées, de la marquise. En bref, Pauline voyait qu'elle avait entre les mains un détonateur qui n'avait pas grand-chose à faire de sa personne et dont les effets échappaient à son contrôle.

Pauline réagit en détruisant immédiatement (1734) la totalité des lettres de sa mère à sa grand-mère. Ces lettres, qu'elle n'envisageait cependant pas de publier, disparurent à jamais. Il est difficile d'interpréter ce geste sans aucun élément de son témoignage. Elle a dû craindre qu'elles aussi, passant obligatoirement un jour à l'impression, ne déclenchent des vagues de passion d'autant qu'elles étaient toutes imbriquées dans celles de la marquise. On peut aussi imaginer que les lettres de sa mère montraient une femme accidentée, ombrageuse, qui n'avait pas eu de facilité à aimer sa fille Pauline. Étant fille, elle soustrait rageusement aux prédateurs le côté fille de la correspondance. Peut-être la préférence de sa grand-mère lui a-t-elle fait choisir de la rendre célèbre elle, et non sa mère ? Pour avoir été elle-même actrice ou témoin, elle n'imaginait pas que les lettres de sa grand-mère écrites à une seule destinataire, sa mère, puissent concerner un si grand nombre. Pauline fut submergée par un sentiment de dépossession qui la dévasta. Elle fut prise par le flot communiquant que le ravage embarque avec ses remous passionnels, lumineux, torturés, véridiques et si communs. Le ravage rebondissait avec Pauline comme un feu qui trouve son second souffle dans la publication elle-même. En ce cas, apprenons à nos dépens que toute lettre envoyée peut circuler, qu'elle est déjà un acte de publication quels que soient les lois et les droits moraux qui la protègent.

Pauline décida d'arrêter la publication des *Lettres* et de tout détruire, elle exigea de Perrin qu'il lui remette tous les originaux, publiés ou non. Perrin résista, arguant que les éditeurs s'étaient engagés envers leur clientèle à produire encore deux volumes. Pauline voulait tout brûler immédiatement. Perrin promit de redoubler de vigilance dans sa prochaine activité de censeur. Il jura de renvoyer tous les autographes lorsqu'il aurait terminé. Chacun de son côté usa de subterfuges pour tourner les exigences de l'autre. Pauline ordonna qu'il écrive un Avertissement qui marque qu'elle désavouait cette édition. Perrin refusa en louvoyant, lui expliquant qu'elle le regretterait. En juin 1737 parurent les deux volumes supplémentaires comportant 212 lettres[1]. Dans cette dernière livraison « la marquise y est transformée, rabotée, édulcorée, mais peu son style[2] ». Pauline se mourait, elle ne les vit pas. Elle n'eut le temps que d'ob-

1. Chez David à Paris.

2. Selon Gérard-Gailly, « Introduction », *in* Madame de Sévigné, *Lettres*, *op. cit.*

tenir de son gendre Castellane-Esparron le serment de détruire tous les autographes.

Pauline décédée, Perrin recommença son œuvre. Il voulut offrir un travail plus ample, plus généreux et plus soigné, il gardait cependant des pudeurs et censura de lui-même les excès de la marquise, par exemple quand elle dit à sa fille : « Pensez-vous que je ne baise point [...] votre belle gorge ? »

Une nouvelle édition générale parut d'un bloc en huit volumes en 1754[1], elle recueillait 772 lettres, Perrin mourut d'indigestion [!] après avoir signé le bon à tirer, il ne vit pas l'objet imprimé. Décidément ces *Lettres*, une fois publiées, étaient brûlantes.

Le marquis Castellane-Esparron, rentré en possession de toutes les lettres autographes, ne se précipita pas pour exécuter le funeste serment accordé à sa belle-mère mourante. Il les conserva. En 1784, « voyant sa fin approcher, il fit venir son cousin, lui remit les liasses et lui commanda de les brûler devant lui ». Le jeune comte plaida en faveur d'une conservation et prétendit que tant de scrupules après presque cent ans ne s'imposaient pas. Il lui décrivit l'horreur d'un tel geste, mais le vieillard pensait qu'il fallait craindre ce que « ces originaux contenaient de malséant puisqu'il avait fallu les retailler ». Il avait donné sa parole d'honneur que cette correspondance disparaîtrait avec lui, il ordonna la destruction. Avant de brûler les autographes, le jeune comte déroba une lettre du lot[2].

1. Chez Rollin à Paris.

2. Le hasard voulut que ce fût une lettre de Mme de Grignan à son mari. Cette lettre (22 décembre 1677), curieusement rescapée d'un lot

L'édition Perrin permit que pullulent des rééditions de plus en plus fautives, et fassent émerger d'autres lettres venant d'autres correspondants de la marquise[1]. Enfin, en 1818-1819, parut une grande édition moderne, critique, due à Monmerqué : elle comprenait le maximum de lettres originales trouvées entre-temps. Cette édition fit sortir de sa cachette un gros in-folio[2] que possédait un certain marquis de Grosbois en son château de Bourgogne. Cet exemplaire venait incontestablement en droite ligne des originaux. Grâce à cette trouvaille, parurent en 1862[3] quatorze gros volumes des *Lettres*, avec note biographique, appareil critique et annexes.

Voilà qu'en janvier 1872 le professeur Capmas de la faculté de Dijon découvre par hasard un lot de 2 500 pages des *Lettres*, exposé aux intempéries dans une vente aux enchères[4]. Ce texte comparé aux autres contenait une mine d'inédits et annonçait un texte authentique.

de lettres de Mme de Sévigné, montre aujourd'hui comment la comtesse écrivait à son « cher comte ».

1. Par exemple les lettres haletantes à Pomponne sur le procès Fouquet, puis sortirent les lettres à Guitaut, etc.

2. De 1 055 pages, à belle reliure pleine portant en caractères d'or *Lettres de Madame de Sévigné*, datant de la première moitié du XVIIIe siècle. Le texte était « boulé », sans division, heurté, compact. Le précieux manuscrit renfermait environ un tiers des lettres de la mère à la fille.

3. À la librairie Hachette, les *Lettres de Madame de Sévigné, de sa famille et de ses amis*. Cette édition meilleure et disparate avait quatre sources, Bussy, Perrin, Grosbois, et des originaux surgis d'ici ou là.

4. À Semur-en-Auxois, on dispersa aux enchères publiques une bibliothèque jadis florissante, une brocanteuse s'est trouvée encombrée de six in-folio dont elle n'avait que faire, qui portaient à leur dos

Était-ce la copie générale entreprise par Pauline vers 1720, poursuivie longtemps, puis peut-être oubliée ? Le professeur s'aperçut que la copie Grosbois dépendait entièrement de cette copie de Dijon. Il publia en 1876 un supplément de deux volumes accompagnés d'une longue Introduction[1].

En 1953, la collection « La Bibliothèque de la Pléiade » publie, sous la direction de Gérard-Gailly, une édition complète qui s'enrichit du « trésor » découvert par Capmas à Dijon, mais ne produit que des lettres de Mme de Sévigné, et aucune de ses correspondants. En 1995, Roger Duchêne propose une nouvelle édition dans « La Pléiade » : il publie toutes les lettres de la marquise et celles de ses correspondants, y compris les billets des tiers insérés à l'intérieur des lettres. Il critique la première version de « La Pléiade » de Gérard-Gailly, à partir d'une découverte essentielle. En effet, Duchêne eut l'idée géniale d'identifier l'écriture du « correcteur » de la fabuleuse copie Capmas (Dijon), qui s'avéra n'être autre que celle du cousin de Pauline, Amé-Nicolas de Bussy. Les différents chercheurs n'avaient pas tenu compte du fait que Pauline avait deux cousins Bussy : Amé-Nicolas, fils aîné du comte, qui mourut en 1719, et l'abbé Celse de Bussy, celui qu'on désigne comme « le cousin de Pauline ». Cette découverte, très importante, obligeait à

Lettres de Madame la marquise de Sévigné. C'était une copie du début du XVIIIe siècle.

1. Puis Capmas remit les six in-folio à la Bibliothèque nationale, faisant savoir que ce manuscrit devrait servir à une édition générale ultérieure plus complète des *Lettres.*

modifier la fable qui avait couru pendant des siècles. Amé-Nicolas, l'aîné, avait établi l'édition des *Mémoires* de son père et son écriture était parfaitement identifiable. Duchêne put établir que c'est avec lui que Pauline avait formé le projet de la première publication restreinte pour les « amis lecteurs ». La copie Capmas fut donc précisément datée entre 1715 (mort de Louis XIV) et 1719 (mort d'Amé-Nicolas) et effectuée au château de Bussy. À la mort d'Amé-Nicolas, le cadet, Celse, s'est emparé des copies des fameuses premières « 137 lettres » que possédait son frère, il a joué de l'équivoque du même nom pour publier les *Lettres* en maintenant intacte la Préface de Pauline qui évoquait son « cousin Bussy ». On comprend mieux la volte-face de Pauline ; à la mort de l'aîné de ses cousins, elle a dû saisir que l'édition lui échappait, elle a rompu avec son second cousin. Elle a pris ses dispositions et engagé un copiste dès 1720. Celse fournissait, de son côté, les éditions pirates.

Duchêne constate qu'il n'y a aucun lien (erreurs, ratures, écritures, datation) entre les éditions Perrin de Provence et la copie Capmas de Bourgogne. La colère de Pauline, après la mort de son premier cousin, prend un sens nouveau : elle consomma une rupture définitive entre les copies du premier projet de la source Bussy en Bourgogne et celles qu'elle a fait censurer par Perrin en Provence. Le caractère totalement séparé de ces deux sources signale une fois encore la rupture qui exista dès avant la naissance de Mme de Sévigné à l'intérieur de la famille entre les Bussy-Rabutin, arrogants aristocrates bourguignons toujours prêts à tirer un profit public des autres, et les Coulanges-Sévigné-Grignan, généreux, parfois joyeux, qui se sont fait exploiter par les premiers. Dans cette fracture familiale, la marquise avait toujours voulu, malgré les blessures, ménager un pont : elle cherchait toujours à recevoir l'assentiment de son cousin Bussy. Dans un mouvement de rage, Pauline mit en acte la rupture. Duchêne, avec la dernière édition, restaure le lien.

CONCLUSION : UNE FILLE « UNIQUE »

Pour conclure, il faut remarquer d'abord que, dans ce cas, le ravage s'est effectué directement entre la fille et la mère. La mère n'a esquivé ni l'agressivité ni les reproches, elle a même souhaité s'y confronter en présence de sa fille. Il me semble que nous avons ici non seulement l'expérience du ravage, mais aussi l'épreuve de sa traversée jusqu'à sa résolution.

Le ravage s'est clairement déclaré lorsque Mme de Grignan, mariée, dut rester « faire ses couches » chez sa mère, en l'absence de son mari. Puis, il se manifesta lors des cohabitations successives. Il se prolongeait dans la correspondance, où il tentait de se tempérer par le jeu de la distance et des lettres. Le ravage, c'est l'apparition torturante de la haine sourde présente dans l'amour exclusif entre mère et fille. Il révèle l'impossible harmonie de cet amour qui se heurte sur l'impossible activité sexuelle.

Le ravage s'exprime par les malentendus qui surgissent dans les tentatives de donner et de recevoir des preuves d'amour. Ces écueils se traduisent par des imputations souvent démenties par l'autre. Nous avons suivi les différentes étapes : Mme de Grignan fut à l'adolescence mise en avant, érigée, par sa mère comme un phallus qui brille en faisant briller sa mère, alors qu'elle tenait son éclat de l'éclat de sa mère. Ainsi, grâce à sa fille, Mme de Sévigné se préserva d'une sexualité considérée comme dangereuse, à laquelle elle avait renoncé à la mort de son mari.

Cette mise en avant fut couronnée de succès, la fille fut nommée « la plus jolie fille de France », et sexuellement désirée par le Roi-Soleil. Ce succès déclencha la panique maternelle. De mauvaises rumeurs coururent sur la jeune fille, ainsi faisait retour la « fâcheuse réputation » du père sur la fille. Mme de Sévigné dut la marier au plus vite avec un veuf, couvert de dettes – en somme, elle brada sa fille. Le roi se vengea sur l'époux d'avoir été privé de l'accomplissement de son désir, en le nommant loin de Paris. La jeune comtesse de Grignan dut quitter sa mère pour suivre son époux en Provence. Elle perdit son premier fils à la naissance. Mère et fille sont atteintes dans leurs corps, la fille est mutilée de la perte de ce premier fils, la mère se tord de douleur du départ de sa fille.

Mme de Grignan se sent ternie par la beauté et l'éclat de sa mère, elle refuse la réciprocité de la tendresse, elle se renferme dans une hostilité rageuse. Le thème du rideau, qui cachait la fille et paraît la mère, explicite le nœud de leur enfer. Sans sa fille, Mme de Sévigné est blessée, écorchée. En présence de sa mère, Mme de Grignan est effacée. La fille, éloignée de sa mère, respire mieux, et la mère souffre du manque. En place d'enveloppe vitale, parure et protection, c'est la beauté et la santé de Mme de Grignan qui deviennent les thèmes obsédants de sa mère. Métaphoriquement, cette enveloppe vitale (cette peau) occupe la place d'une « moitié » de féminité commune à elles deux : si l'une en dispose, l'autre en est privée et réciproquement. Sauf que le mode d'en jouir ou d'en être privée ne fonctionne pas de la même façon pour chacune.

Mme de Grignan justifiera son hostilité en reprochant plus tard à sa mère de ne pas avoir su recevoir son amour. Mme de Sévigné en sera mortifiée, elle qui n'avait de cesse de déclarer un amour inédit, fou. Chaque rupture de présence entre elles (séparation ou retrouvailles) est vécue comme un choc au niveau du corps, et sera ponctuée par l'apparition d'une nouvelle grossesse de la fille – les grossesses occupent le terrain de l'impossible réciprocité de l'amour. Plus tard, les séparations ou retrouvailles s'accompagneront de maladies pour chacune. Mme de Sévigné n'accepte pas que leur cohabitation soit impossible. Mme de Grignan voudrait trouver un équilibre, certes illusoire, en maintenant la tension d'une mère tout amour, exclusivement dévouée à elle, mais à distance, hors la présence physique. La mère refuse, elle veut avoir en permanence sa fille sous ses yeux, ne pas faire séparation de leur « amitié » et de leur « aimable vue ». Et, lorsque la mère n'est pas toute dévouée à sa fille parce que d'autres obligations l'empêchent de la rejoindre, la fille se minimise elle-même, fait des scènes de jalousie, accuse sa mère et se ruine la santé. Quand elles se retrouvent, la fille, en présence de sa mère, s'assombrit, dépérit sous ses yeux, comme empoisonnée et dévorée de l'intérieur. Quand elles se séparent, immédiatement la fille se sent revivre.

Puis, vient le rêve érotique, qui ouvre l'enjeu. Il survient après que Mme de Grignan a posé un acte juridique qui sauve son mari d'un procès ruineux avec ses deux premières filles. En rêve, Mme de Sévigné jouit érotiquement avec sa fille-amant. Ce rêve-cauchemar la laisse effondrée, elle tombe malade d'un rhumatisme gravement invalidant. La maladie empêche Mme de Sévigné d'écrire. Parallèlement, Mme de Grignan mène à terme une grossesse qu'elle a dissimulée à sa mère. L'annonce de la maladie de sa mère choque Mme de Grignan. Elle accouche prématurément, et se sent responsable de la maladie de sa mère. La marquise se tient pour responsable de la prématurité de l'enfant. Avant, elles s'accusaient l'une l'autre, maintenant elles s'auto-accusent au nom du souci de la santé de l'autre. Le rêve a révélé l'enjeu érotique de l'« excessive tendresse », chaque rencontre est une tentative de rapport sexuel, du moins pour Mme de Sévigné, or le rapport sexuel est impossible entre elles. La correspondance qui tenait lieu de cette impossibilité ne tient plus. Du côté de la fille, la maladie s'installe et la haine explose. Le fils prématuré meurt à seize mois. Pendant ces seize mois, mère et fille se déchirent : « Vous vous tuez l'une l'autre », leur dit-on, « il faut vous séparer et ne plus vous revoir jamais ». L'affaire est publique. Elles sont comme droguées l'une par l'autre, mais de façon différente, non symétrique. Quand l'enfant meurt, Mme de Sévigné, accusée de « tuer » sa fille, sera écartée. Mais Mme de Grignan ne supporte pas ce geste de rupture qui n'est pas juste. Elle doit atteindre sa mère, mais autrement. Elle reste effondrée et malade après le décès de son enfant, elle refuse l'ordre que lui donne sa mère d'aimer sa fille Pauline en échange de la douleur de la perte du petit.

Toute tentative de Mme de Sévigné de revenir en grâce auprès de sa fille et de trouver des accommodements sera vouée à l'échec. Sa fille veut la savoir malade. Mme de

Grignan était persécutée, car répondre aux exigences de l'« excessive tendresse » maternelle l'emportait loin de son mari, et répondre aux satisfactions de son mari lui faisait craindre de devoir perdre sa mère. Immanquablement les deux satisfactions étaient mises en balance de façon rivale et exclusive. Mme de Grignan fut prise à ce piège. Un enfant mourut pendant ce débat. Prise en étau, elle se laissa dépérir sous les yeux de sa mère comme une immolation, elle refusait les soins et les remèdes comme pour démontrer qu'elle-même ne valait rien, et que l'amour de sa mère, en son excès, était destructeur. Devant le spectacle de destruction épouvantable que lui offrait sa fille, comme preuve de la destructivité maternelle, Mme de Sévigné s'inclinera, elle saisira qu'il n'y a pas d'autre issue que de déclarer son impuissance et de s'arracher d'elle-même au souci pour la vie de sa fille. C'est dans ce mouvement de renoncement que Mme de Sévigné pourra se détacher et prononcer les interprétations décisives. D'abord elle remet l'entière charge de la santé de sa fille à l'époux, elle lâche le souci de tenir sa fille en vie par son regard et par ses soins. Dans un deuxième temps, elle désigne le comte comme celui de qui la vie de sa fille dépend, parce que la satisfaction reçue de lui était meilleure et autre que celle reçue de sa mère. Et sa fille préfère cette autre satisfaction. « Pluton aime mieux que Cérès » : l'époux aime mieux que la mère. Elle renonce à ses revendications amoureuses. L'érotique change de mains, de la mère au mari. Le ravage était traversé.

L'une s'est appuyée sur la Providence pour donner suite à cette épreuve et s'intéresser à autre chose. L'autre a pu se consacrer à la dignité du nom de son mari, s'engager à restaurer la maison à laquelle elle appartenait.

Leur commerce devint affectueux et serein, le ravage s'était effectué.

Le mécanisme du renoncement, qui a fait l'acte de résolution du ravage, tient en ce que Mme de Sévigné a pu faire la distinction suivante : l'érotique avec le mari est « autre » et non rivale de celle avec la mère. L'obscénité maternelle s'est imposée quand la mère mit sa fille en position « unique » (phallique), en avant, avec laquelle, sous couvert de l'amour exclusif et de l'érection de sa « beauté », elle jouit comme d'un amant. Ici, la fille lui sert de peau qui la pare, dans le sens de parure et de protection. Parure, pour plaire ; protection, contre ce que la sexualité avec son mari a révélé d'égaré et finalement de mortel. Cette peau-parure lui sera arrachée. On comprend que tout le trajet douloureux effectué par le ravage entre les deux femmes a consisté à faire surgir une jouissance ruineuse et opérer son arrachement réel pour faire place à une interprétation qui n'aura d'efficacité que parce qu'elle s'inscrit sur la cicatrice d'un réel arrachement. Ainsi, après, c'est comme si chacune a eu sa peau.

Quant à la mise en jeu publique de ce ravage, par les voies de la publication, l'épopée de la publication des *Lettres* témoigne du fait que la place « unique » qu'a prise la fille dans le cœur de sa mère à sa naissance occupe la faille de la fracture familiale. En se mariant avec Henri de Sévigné, Marie de Rabutin-Chantal avait tenté de rejoindre le côté paternel aristocratique désapprobateur de sa famille, alors qu'elle avait été élevée du côté maternel généreux. Cette fracture fut davantage creusée par la mort libertine d'Henri de Sévigné. Toute sa vie, elle souhaita se faire estimer par son cousin, le comte de Bussy-Rabutin. Pauline fut prise au piège entre ses deux cousins : avec l'un elle projeta l'édition de la correspondance, mais l'autre l'en déposséda, et elle rompit. Elle s'acharna à décaper l'érotisme au fil des lettres de sa grand-mère à sa mère. Ainsi elle mettait en œuvre son propre ravage, en se faisant la secrétaire sauvage du ravage de sa mère. Pauline s'efforçait, avec une génération d'écart, donc de façon déplacée, de faire la peau à l'obscénité maternelle en naufrageant la correspondance.

POUR LA FILLE DE MARLÈNE DIETRICH, UN RAVAGE SANS ISSUE

Voici maintenant une fille hantée par sa mère. *Marlène Dietrich par sa fille*[1] : le titre de ce livre de Maria Riva appelle examen[2]. La fille de la star publie cet ouvrage juste après la mort de sa mère. Elle y construit un portrait de Marlène Dietrich dans le mouvement du témoignage direct. Son écriture oscille entre la biographie, qui série faits et documents, et son propre récit, volontairement plein de lacunes et de distorsions, reconnues comme étant dues à sa position d'enfant. Deux volumes, où se mêlent à chaque page la fascination et l'aigreur du ressentiment. Maria Riva rédigea ce livre alors que sa mère était une grabataire acariâtre, ce qui indique assez qu'elle voulait prendre de vitesse les biographes et les autres témoins afin de fournir, au moment de la mort de la star, un portrait qui fasse autorité. Elle voulait explicitement

1. En jouant sur la hauteur des caractères d'imprimerie, la fille se présente d'emblée plus petite que sa mère.
2. Achevé d'écrire en anglais en novembre 1990, l'auteur ajoute les quelques pages du dernier chapitre après la mort de Marlène Dietrich (1992), paru en français chez Flammarion en 1993.

ternir l'image éclatante de la célèbre star aux yeux du public.

« MARLÈNE DIETRICH PAR SA FILLE »

La fille, donc : Maria Riva, née Maria Sieber, le 13 décembre 1924 à Berlin, est fille unique. Elle accompagna sa mère pendant toute sa longue carrière de star. Son enfance se déroula à l'ombre de l'image lumineuse de Marlène. Elle n'a pas réussi à atteindre sa mère, et accéder à sa propre féminité, l'image de la star faisait écran.

Témoignage passionnel, le livre de Maria Riva n'est pas une œuvre littéraire. Tout y est raconté par le menu, presque jour après jour, aucun épisode de leur vie commune, ou qu'on lui ait raconté, n'échappe à sa minutie. Elle utilise comme support à son analyse : le journal intime de sa mère adolescente, les lettres régulières entre ses parents, envoyées tout au long de leur vie, et les correspondances éparses avec ses amoureux. De la place unique qui fut la sienne, elle veut montrer au public les accents, les contradictions de Marlène, faire ressortir les ombres, dénoncer les scandales, les trahisons et les simulacres de sa mère.

Maria Riva veut démystifier la fixité éternelle de l'image de la femme fascinante que fut sa mère pour les autres et pour elle-même. Dans l'opération même du témoignage, elle vise à altérer l'étrangeté de cette image, à attenter à son irréalité. Elle ne cesse de montrer que, derrière les images d'aristocrate raffinée, de femme érotique, mère impeccable, star professionnelle, soldate héroïque, chanteuse bouleversante, il y avait en réalité une amoureuse cynique, une manipulatrice avertie, une tombeuse d'hommes aux passions clandestines d'un rare sang-froid et, surtout pour Maria, une mauvaise mère. L'incessante dénonciation par la fille de l'égoïsme de la mère, l'examen détaillé des ficelles qu'elle mettait en œuvre pour sa stratégie spectaculaire, révèlent une Marlène rigoureusement impeccable dans sa carrière. De ce lieu de l'intimité fille-mère, qui fait argument d'autorité, Maria déclare détenir la vérité sur Marlène mieux que quiconque puisque c'était sa mère. Ce n'est pas son témoignage sur Marlène Dietrich, l'actrice, la star, qui nous importe (nous avons les films, les photos, les enregistrements, les études des spécialistes), mais son témoignage en tant que « sa fille ». Nous nous intéressons à Maria Riva parce qu'elle revendique être la fille de sa mère et qu'elle écrit pour nous le dire.

Maria Riva s'accorde avec les biographes de sa mère pour reconnaître que le talent et la réussite de Marlène Dietrich ne tenaient pas seulement au fait qu'elle fut une bonne actrice, ni qu'elle fut objectivement belle, mais que son succès a aussi tenu au maniement exceptionnel de son image publique. Elle montre que cette image fut forgée par et avec son metteur en scène amoureux Joseph von Sternberg.

Une rumeur disait qu'il avait sculpté le visage de Marlène en lui faisant enlever des dents pour creuser le méplat des joues. Ce creux aux joues, apparu dès sa collaboration américaine avec lui, constitue un caractère décisif du visage de l'actrice en lui donnant un effet envoûtant. Maria est fascinée par ce visage, les références sont innombrables pour le décrire : image de la mort d'une fixité parfaite, image de l'extase de la jouissance, présence féminine venue d'ailleurs, beauté absolue, impossédable.

Maria Riva se place en victime privilégiée, entre toutes les victimes, de la tyrannie captivante de Dietrich. Elle affirme avoir contribué au plus près à l'élaboration du « mythe Dietrich ». Elle se montre elle-même exploitée, utilisée, mais consentante jusqu'à la fin. Elle n'hésite pas à se présenter comme étant la matière première de la construction de la « reine » Dietrich.

Peut-être ne se rend-elle pas compte qu'en tentant d'écorcher sa mère elle dessine les contours du personnage, elle sculpte Dietrich comme mortelle, elle l'humanise pour elle-même et pour le lecteur certainement.

L'essentiel de ce livre tient en la monstration du savoir-faire de Marlène dans la réalisation d'une image de femme fascinante, supportée par la mise en œuvre d'un dispositif érotique qui entretenait le vif de son image. Maria montre ces rouages en les dénonçant. Cela donne un caractère de litanie lassante à son propos souvent ambigu.

UN DISPOSITIF EFFICACE

Le dispositif est l'instauration d'un clivage institué entre amour et sexe, précisément entre conjugalité et érotisme.

Maria Riva décrit sa mère comme une jeune fille débordée par les remous du cœur et du corps. Cependant, elle se plaît à raconter la première expérience sexuelle de sa mère d'après le récit plutôt cynique que celle-ci lui fit quarante ans plus tard. Elle reconstruit de mémoire ses propos :

> Il grognait, soufflait, poussait. Il n'avait même pas enlevé son pantalon. Moi j'étais là sur le vieux divan, les jupes relevées au-dessus de la tête, avec la peluche rouge qui me grattait les fesses. Très inconfortable[1].

Maria, n'ayant pas trouvé trace de cet événement dans le journal de sa mère, suppose que cette absence s'explique par la déception que Marlène en éprouva.

Elle se délecte avec le récit de la rencontre de ses parents où la jeune Marlène fut remarquée par celui qui allait avoir la « gentillesse » de devenir son mari. On cherchait une jeune fille pour un rôle de « meilleure amie » ; Marlène comprit « demi-mondaine » et s'habilla en conséquence. Son futur époux était l'assistant du réalisateur, il la choisit dans la file des aspirantes. Maria écrit : « Rudolph Sieber a toujours affirmé que ce furent ces gants d'un vert atroce qui attirèrent son regard vers celle qui allait devenir sa femme[2]. » Elle prétend que, selon son père, Marlène avait l'air tellement ridicule dans cet accoutrement, « comme une petite fille jouant à l'adulte », qu'il avait envie d'éclater de rire, cela convenait pour le rôle. Dans son journal, Marlène écrit : « Il m'a regardée, je n'arrivais pas à y croire ! Il était tellement beau ! ce petit assistant habillé comme un lord anglais en vrai tweed. » La fille souligne le détail dérisoire et grotesque qui accrocha son père : « le vert atroce des gants », signe d'égarement, et, du côté de sa mère, le « vrai tweed » qui

1. Maria Riva, *Marlène Dietrich par sa fille*, tome I, Paris, Flammarion, 1993, p. 52-53 ; on notera « MR » les références à ce livre.
2. MR I, p. 56.

donnait au « petit » assistant l'apparence d'un lord anglais.

Maria décrit leur mariage comme si elle y était. La tradition voulait que la mère posât sur la tête de la jeune mariée une couronne de myrte, symbole de la virginité et de la promesse de fidélité à venir. Maria raconte que, dans la pénombre de l'attelage qui conduisait Marlène à l'église, elle enleva furtivement la couronne et brisa le cercle parfait. « Souriant, Rudolph l'aida à la fixer à nouveau à son voile. » La fille ajoute : « Tout au long de sa vie, c'était ce qu'il ferait le mieux : servir cette créature incandescente dont il s'était épris, pour son malheur[1]. »

Selon cette version du récit, Marlène a fait savoir à son futur mari qu'elle n'était pas vierge et a voulu inscrire cette réalité érotique dans le rite lui-même. Dans la suite du récit on apprendra à quel point Maria fut mortifiée du fait que Marlène fit toujours savoir à son mari la séparation radicale entre le sexe (parfois sordide ou dérisoire) et la conjugalité à l'apparence toujours intacte.

Maria poursuit en décrivant avec gaieté le jeune couple de ses parents, se plaisant à fréquenter les cabarets de Berlin où les travestis venaient se produire. Elle pense que Marlène « commençait à être connue pour son esprit cinglant, sa liberté sensuelle, son goût pour la bisexualité[2] ». Sur les conseils avertis de Rudi (surnom de son père), qui avait « un goût impeccable et un sens infaillible pour tout ce qui touchait à l'image professionnelle de sa femme », Marlène s'habille en frac, incarnant « la perfec-

1. MR I, p. 58.
2. MR I, p. 59.

tion androgyne accomplie[1] ». Son mari « savait que la vulgarité lui allait bien à condition de rester un jeu[2] ». Le jeune époux sculptait avec bonheur l'image sensuelle de sa femme.

Dès que Marlène sut qu'elle était enceinte, elle fit chambre à part et cessa définitivement tout rapport sexuel avec son mari. « Fini de faire l'amour ! » aurait-elle annoncé à son mari[3]. Maria affirme que celui-ci accepta ; ils restèrent mariés toute leur vie. « L'arrivée de l'enfant » servit de prétexte, Marlène pensant que l'acte sexuel pourrait lui « causer du tort ». Elle aurait posé ainsi les termes d'un dispositif qui ferait d'elle la star que nous admirons : un mariage solide, une sexualité clivée de la conjugalité, une enfant totalement prise dans les rets de sa mère. Et dès lors « Marlène et Rudi devinrent Mutti et Papi l'un pour l'autre, pour l'enfant, et pour les proches ».

Les investigations de Maria montrent que le journal de Marlène se raréfia aussitôt, elle y constate que sa mère avait perdu sa « merveilleuse exubérance, cet emportement passionné » de jeune fille. Elle relève que sa mère écrit que « l'enfant » est son « seul bien », elle « ne possède rien d'autre ». Elle souligne qu'avec « cet enfant » Marlène croit qu'elle commence lentement à « récompenser » sa propre mère de tout son amour, « autrement il n'y a rien ».

Maria fait l'hypothèse que « l'enfant » permit à Marlène de se dédouaner auprès de sa mère de ses écarts à

1. MR I, p. 60.
2. MR I, p. 59.
3. MR I, p. 60.

la normalité puritaine, en particulier celui de s'être engagée dans la carrière de comédienne, mais aussi que « l'enfant » compensa la vacuité qui l'atteignait, il lui servit d'étai.

Maria poursuit son portrait de mère, en citant le journal de celle-ci :

> Personne ne comprend que je sois tellement attachée à l'enfant parce que personne ne sait que, en dehors de cela, je n'ai rien. Par moi-même je ne vis rien, ni en tant que femme ni en tant que personne[1].

À suivre Maria, cette vacuité semble dans le même temps produire un effet artistique. Elle écrit :

> [...] partout où elle se montrait le public était hypnotisé. Presque sans s'en rendre compte, elle était en train de devenir une célébrité berlinoise[2].

Il ressort du récit de Maria que l'opération du dégagement d'une image sculptée par Rudi avait commencé à fonctionner efficacement. L'image était d'autant plus sensuelle qu'elle était androgyne. Ce mécanisme érotique fut l'œuvre du couple à son insu, et Rudi ne s'est jamais départi de son rôle. Maria suppose que son existence d'enfant, « unique amour », contribuait aussi par sa réalité vivante à l'édification de la merveilleuse image de Marlène. Elle en aurait été le substrat corporel.

Quand Marlène partit seule en Californie pour un tournage avec le réalisateur Joseph von Sternberg, elle

1. MR I, p. 62.
2. *Ibid.*

laissa à contrecœur son mari et sa fille en Allemagne. C'est elle qui finançait la vie du ménage. Maria donne la transcription d'un message enregistré par sa mère à son intention. Elle avait presque six ans :

> Mon cœur... Est-ce que tu m'écoutes ?... Mon ange [...]. Est-ce que tu sais ce que j'ai dans ma bouche ? Ta dent ! Celle que tu as perdue et que Papi m'a envoyée. Comme ça je peux te garder à l'intérieur de moi. Une partie de toi. Mon cœur... Je fais le tour de cette jolie maison et je ne te trouve nulle part. Est-ce que tu vas bien ? Est-ce que tu manges bien ? Je pleure parce que je ne peux pas te faire la cuisine. Et sentir ta merveilleuse odeur et brosser tes cheveux et regarder ton visage quand tu dors. Tu me manques, tu me manques, tu me manques. Ma vie est vide sans toi[1].

Et Maria Riva ajoute : « Je n'aimais pas ces disques : cette voix désincarnée tellement triste et nostalgique me perturbait. Mon père insistait pour que je les écoute deux fois d'affilée, mais j'avais l'impression qu'il ne les aimait pas non plus[2]. » Cependant son père participait à offrir son « ange » à la vacuité de sa mère, et tentait de satisfaire son vœu de garder sa fille à l'intérieur d'elle. – La dent de l'enfant viendrait-elle à la place des dents enlevées pour creuser les joues du visage de la star ?

Dans un billet de la même époque, Marlène écrit à son mari :

1. MR I, p. 103-104.
2. MR I, p. 104.

> Je suis pleine de mélancolie et je me surprends à serrer la photographie de l'enfant contre mon cœur en me demandant quand je pourrai la sentir à nouveau[1]...

Maria insiste, Marlène prétendait que sa fille était sa « seule raison de vivre », elle ne faisait tous ces films « que pour sa petite fille[2] ». Les photographies aiguisent l'effet d'absence du corps de l'enfant. Marlène ne serre que du papier glacé contre elle. De son côté, Marlène envoyait à son mari les photos successives de la star montante. Les portraits de Marlène encadrés par les soins de Rudi prenaient place sur un guéridon du salon à la file. Maria écrit :

> Quand on se trouvait dans cette pièce, leur regard magnétique semblait vous suivre partout. Le visage encadré de ma mère me donnait toujours un sentiment de malaise indéfinissable – comme si elle était là, en attente, prête à surgir, vivante, du papier[3].

Étrange et inquiétant, le papier fait support à l'image, mais il est aussi le support de l'absence.

Elle rapporte que plus tard Marlène écrivait régulièrement des lettres testamentaires avant le décollage des avions, prise par l'appréhension de sa mort possible. Puis elle envoyait les lettres « quand même » : « Pas la peine de gâcher des pensées aussi capitales, preuve de son dévouement éternel, simplement parce qu'elle n'était pas morte

1. MR I, p. 110.
2. MR II, p. 96.
3. MR I, p. 105.

pendant le voyage[1]. » Maria produit une de ces lettres « testamentaires », reçue alors qu'elle avait déjà trente ans.

> Mon ange,
> Avant de t'avoir, je n'ai jamais eu peur de la mort. Mais déjà à l'hôpital, je n'arrivais pas à fermer l'œil parce que je craignais que tu puisses me perdre. On peut me remplacer partout. Dans toutes les catégories. Sauf une. Et peut-être est-ce là ce qu'on appelle l'« enfer ». A-t-on le droit de savoir et de partir malgré tout en perdant le pouvoir de protéger[2] ?

Elle n'a pas peur de perdre son enfant, mais peur que son enfant ne la perde, cette peur vaut encore même lorsque l'« enfant » a trente ans ! Pour Marlène, l'« enfer » est la contrainte de protection qui s'était insidieusement transformée en contrôle et mainmise sur sa fille. Marlène se déchargeait de ce poids sur des gouvernantes relais, totalement soumises à la grande dame, qui prolongeaient son emprise en gardant seulement la fille à la bonne distance de sa mère, tout en la maintenant à sa merci permanente.

UN PÈRE COMPLICE DE LA MÈRE

Maria Riva démontre que très tôt elle a senti qu'elle devait se maintenir dans l'amour exclusif de sa mère au point de feindre de n'aimer qu'elle. Ainsi elle masquait, ou passait sous silence, tout plaisir pris avec quelqu'un

1. MR II, p. 309.
2. MR II, p. 310.

d'autre que sa mère, même avec son père, par crainte de déplaire à sa mère et d'en subir les conséquences : les représailles étaient redoutables, parfois sans merci. Elle n'avait pas oublié que lorsqu'elle reçut pour la première fois un cadeau d'un proche, sa mère cessa de lui parler pendant plusieurs jours, sans s'en expliquer. De tels événements qui se reproduisaient fréquemment laissaient Maria dans un désarroi épouvantable, d'autant que son père, solidaire en tout de « Mutti », ne lui était d'aucun secours. L'enfant voyait son père comme un complice, dévoué, admirable supporter de sa femme, exigeant de sa fille qu'elle obéisse à sa mère, « qu'elle prenne soin d'elle », et surtout qu'elle ne l'indispose pas. Ne trouvant en lui aucun allié pour contrer l'amour exclusif et tyrannique de Marlène, Maria préférait penser que son père, ainsi asservi, était malheureux, donc lâche et impuissant.

Le trait majeur de son père, dans cette partition à plusieurs, tenait à son exigence d'élégance en tout. Le fameux tweed des premiers instants insistait. Rudi exigeait, dit sa fille, le « meilleur » pour sa famille : pour sa femme en premier lieu, mais aussi pour lui et son enfant. Le « meilleur » c'était ce qu'il y avait de plus luxueux, de plus raffiné, de plus chic, évidemment de plus coûteux, de plus élégant, disons de plus « classe » ; qu'il s'agisse de voitures, de vêtements, de maison, de langage, des manières à exiger des serviteurs, du choix des hôtels, des bagages, des restaurants, de la cuisine. Maria souligne que ce souci d'élégance se déployait spécialement en public. Son père faisait régulièrement des esclandres dans les restaurants, à son désespoir d'enfant, car il renvoyait volontiers des plats appétissants. Elle a le souvenir cuisant qu'il se plaignait que les citrons destinés « à l'enfant » n'étaient jamais pressés à la dernière minute, et rarement de la dernière fraîcheur. Son père n'hésitait pas à se lever de table à grand bruit, emportant avec lui la précieuse cliente. Marlène feignait de s'incliner, admirant Rudi dans ses emportements spectaculaires pour lui offrir un luxe inouï. C'était l'argent de Marlène qui était dépensé pour jouir publiquement du « meilleur » et ainsi déployer son image. Selon Maria, le goût de son père pour l'élégance était authentique, mais, pour épater Marlène, il le poussait à l'extrême. Étant l'enfant, elle souffrait du ballet parental, dont elle se sentait la première victime, à la fois premier public mais aussi corps de ces démonstrations.

En somme, ses parents offraient le spectacle d'une torture faite à son corps d'enfant au nom de l'amour. Pour elle, leur enfant unique, il fallait le « meilleur », tout ce qui était donné se voulait cadeau rare et précieux à quelqu'un de rare et précieux. Maria expose à quel point il était évidemment impossible d'être à la hauteur de telles exigences et de donner quoi que ce soit en échange, sinon une soumission absolue à ce cruel chantage à l'amour.

Maria avait cinq ans quand son père, le découvreur, sculpteur de l'image de la star, céda sa place au metteur en scène Joseph von Sternberg, qui réalisa à Berlin le film *L'Ange bleu*[1], par lequel Marlène fut révélée au grand public. L'époux s'éclipsa et devint le fidèle et élégant mari, toujours présent pour soutenir son épouse, particulièrement devant le public, mais il ne se mêla plus de la mise en scène. Il devenait le cadre qui embellit l'œuvre.

1. *Der Blaue Engel*, 1930.

Maria pense après coup que ce changement de position annula ses chances d'un recours possible auprès de son père pour la protéger de l'emportement maternel qu'elle subissait.

Elle reproduit de nombreuses lettres et télégrammes que ses parents échangèrent à travers l'Atlantique, qui témoignent d'une immense affection entre eux, d'une proximité et d'un échange des moindres détails de l'aventure hollywoodienne, si différente des mœurs européennes qu'ils partageaient. Il ressort qu'ils avaient un enthousiasme commun dans la mise en œuvre de la carrière de Marlène, sans aucune petitesse ni mesquinerie. Maria insiste pour dire que c'est Rudi qui poussa Marlène à partir en Amérique seule, à l'âge de vingt-neuf ans, rejoindre Joseph von Sternberg, honorer un contrat à Hollywood. Marlène ne voulait pas quitter son enfant. Rudi la rassura en disant qu'elle avait une carrière à tenter et que « son mari » et « son enfant » l'attendraient avec tendresse. À partir de cette date, ses parents vécurent séparément.

Elle établit que, dès lors, son père occupa alors le rôle de confident et conseiller de Marlène dans sa carrière et ses histoires d'amour. Apparemment sans aucune pudeur, Marlène faisait lire à son époux les lettres d'amour et les billets de ses adorateurs et amants afin qu'il la guide dans la conduite à tenir. De fait Rudi acceptait et conseillait. Les multiples anecdotes rapportées par Maria laissent penser qu'en agissant ainsi à découvert Marlène interdisait toute suspicion de trahison ou réaction jalouse venant de son mari, puisqu'il avait tout en main. Maria dépeint sa mère toujours débordée par la jalousie de ses courtisans, feignant de ne pas comprendre les demandes d'exclusivité qui l'accablaient ni les souffrances qu'elle provoquait. Maria se souvient que Rudi, après de telles lettres, intervenait dans les imbroglios que Marlène avait déclenchés, sans plus de complaisance apparente. Il se contentait le plus souvent de calmer le jeu, et recommandait le plus simple, c'est-à-dire de laisser courir. Quand Marlène le sollicitait, il arrivait pour prendre sa place d'époux auprès d'elle, faire cesser les rumeurs, et par sa présence écarter les prétendants jaloux.

C'est à la mort de son père que Maria Riva a trouvé dans ses tiroirs toutes les missives de ce foisonnant échange épistolaire entre ses parents. Marlène n'a conservé que certaines lettres de célébrités, tandis que Rudi, le secrétaire de la star, a gardé en dépôt toutes les traces des aventures érotiques de sa femme.

Son père prit pour maîtresse officielle-officieuse une amie russe de sa mère, surnommée « Tami ». Ainsi, la « famille » était composée de « Mutti » (*Maman*), « Papi » (*Papa*), « Kater » (*Matou*, surnom donné à l'enfant[1]), plus l'homme de Marlène (au début ce fut von Sternberg, et d'autres ensuite), et la maîtresse du père. Les photographes étaient conviés à prendre Marlène entre les deux hommes, son mari et son amant collaborateur, avec l'enfant. Tami était maintenue hors cadre, ou de dos. Femme douce et généreuse, Tami fut la grande victime du couple Sieber. Maria était proche de Tami et n'a compris que très tard la place que celle-ci occupait auprès de son père. La liaison régulière et installée entre Tami et Rudi n'était pas seulement cachée à Maria, mais aussi aux gens

1. Marlène adorait les chats depuis son enfance.

de l'extérieur. Seule Marlène était au courant, et, de plus, elle finançait. Tami passait pour « la gouvernante de l'enfant ». Elles partagèrent de nombreux moments heureux et clandestins à l'insu de Marlène. Maria entendait fréquemment sa mère se plaindre de Tami, qui semblait causer beaucoup de soucis à Rudi : on devait l'envoyer en permanence chez les médecins, elle disparaissait régulièrement pour des raisons énigmatiques. Ces raisons se sont avérées être des avortements à répétition qui indignaient Marlène. Elle ne comprenait pas que Tami n'arrive pas à contrôler sa fécondité.

Maria raconte avec ironie que Marlène revendiquait une méthode contraceptive imparable : la douche vaginale froide au vinaigre tout de suite après le rapport, encore fallait-il « avoir le courage de se lever du lit », courage que Tami ne devait pas avoir ! Maria saisit à la volée de multiples fois de telles remarques crues de sa mère, le plus souvent entre deux portes. Elle suppose que Tami espérait le divorce de ses parents, et avoir un enfant de son père. Plus tard, on a dit à Maria que Tami souffrait de « dépression nerveuse ». Elle avalait un nombre considérable de médicaments qui coûtaient fort cher à Marlène. Puis on parla de « schizophrénie », Tami fit des séjours en maison de santé, puis en hôpital psychiatrique. Maria ressent, même après coup, que la souffrance de Tami a atténué celle qu'elle aurait eue à endurer si elle n'avait pas été là. À cette occasion, Maria ne cache pas son ressentiment et sa haine envers ses parents qu'elle décrit comme solidairement cruels, d'une cruauté métallique à laquelle on ne pouvait que se blesser, même elle, leur fille. Elle les accuse d'avoir détruit Tami.

Maria dit qu'enfant elle a douté de la paternité de son père. Non pas qu'elle se supposait un autre père que le sien, malgré les différents « beaux-pères » qu'elle a eus, mais elle sentait n'avoir qu'un seul parent : sa mère. Elle ajoute que son père et elle n'ont jamais eu d'identité véritable, ils étaient « de Dietrich », elle « fille de », lui « mari de ». Elle n'a jamais porté son nom Sieber, ni son prénom Maria, elle était essentiellement prénommée « Kater » (*Matou*), surnom affectueux. Quand elle a voulu, comme sa mère[1], s'inventer un prénom, « Heidede », elle n'a pas su l'imposer, personne ne l'a utilisé[2]. Et plus tard, quand elle fut elle-même actrice, elle avait un pseudonyme, « Maria Mandon », mais personne ne pouvait le prononcer ou l'écrire sans ajouter « fille de Marlène Dietrich », son inévitable identité.

Ce n'est qu'après la mort de Marlène qu'elle avance son nom de femme mariée, Maria Riva. Cette fois-ci, sans vouloir effacer le nom de sa mère, elle cherche à affirmer le sien, mais propulsé par celui de sa mère : elle est Riva, certes, mais toujours « fille de Marlène Dietrich ». Ainsi elle cherche à se faire un nom, en accrochant la curiosité plus ou moins malsaine du lecteur, qui espère de la fille des révélations sur les coulisses hollywoodiennes et sur la vie privée de la « star Dietrich ».

1. Marlène s'appelait d'abord Maria Magdalena.

2. Les biographes disent l'inverse : on l'aurait appelée Heidede quand elle était enfant, puis ce n'est que plus tard, vers dix ans, qu'elle se serait appelée Maria.

L'ENFANT INDISPENSABLE À LA CARRIÈRE DE LA STAR

À presque soixante-dix ans, Maria Riva décrit avec ses yeux de petite fille. Son récit comporte les méconnaissances enfantines sur la vie des adultes : on ne comprend pas immédiatement que Joseph von Sternberg fut l'amant de sa mère pendant toutes les années de leur collaboration. Elle prétend donner la « vraie version » de leur rencontre en 1929 à Berlin : sa mère voulait s'habiller en femme vulgaire, et c'est Rudi qui lui indiqua qu'elle devait être sobre et élégante pour se présenter au casting du fameux réalisateur. Von Sternberg engagea Marlène pour une aventure passionnée qui dura des années. Maria dit que Marlène était d'autant plus docile que le cinéaste croyait en son talent. Marlène aimait Sternberg, qui fit d'elle une image de légende. « Je suis son produit de A à Z », disait-elle[1]. Selon Maria, Marlène contribuait activement à l'élaboration de son propre look, elle avait des idées précises sur le maquillage, les cheveux, la direction des yeux, le port de la tête, les mouvements des mains, la présentation de la bouche, la démarche, les couleurs, les vêtements, les extravagances, les inédits érotiques. De son côté, Joseph von Sternberg, perfectionniste, pouvait exiger cinquante prises d'une même scène – ce qui passait pour une véritable cruauté – sans que Marlène ne bronche. Marlène est décrite comme ne se montrant

1. MR I, p. 112.

jamais faible ou défaillante, ce qui fit sa force de bête de scène. La rigueur de Dietrich semble avoir forcé la rage et l'admiration de sa petite fille qui se demandait comment atteindre une mère qui ne fléchissait jamais.

Après le tournage de son premier film à Hollywood, Marlène rentra en Europe auprès de son mari et de son enfant. Selon Maria, sa mère ne voulait pas vivre séparée de « son enfant » et souhaitait ne travailler qu'avec Joseph von Sternberg qu'elle prenait pour un génie. La Paramount lui offrit un contrat qui répondait à ses exigences, et Marlène décida de s'installer en Californie avec sa fille. Elle partit sans son mari. Son standing était tel qu'elle descendait dans les palaces, disposant du service le plus luxueux, submergée de fleurs qu'elle négligeait avec mépris. Maria reconnaît que sa mère ne s'est jamais intéressée à son succès ni aux médias qu'elle repoussait avec violence et précaution. Poursuivie par les journalistes, Marlène élaborait des stratégies très habiles pour les semer.

Maria relate deux incidents qui ont marqué leur arrivée en Amérique : d'abord, à l'accostage à New York les huissiers, émissaires de la femme de von Sternberg, attendaient Marlène à la descente du paquebot ; elle était accusée de « détournement d'affection ». Scandalisée, Marlène décida de repartir sur-le-champ si von Sternberg et les studios laissaient courir une accusation aussi grotesque. La star fut rattrapée de justesse. Ensuite, à leur arrivée en Californie, on a demandé à Marlène de poser pour les photographes en l'absence de sa fille. Les publicitaires prétendaient que l'image de la femme mystérieuse ne supportait pas celle de la maternité. À nouveau Marlène se mit en colère et décida de rentrer en Europe, si l'on s'obstinait à refuser de la photographier avec « son enfant ». Les studios durent s'incliner, et les photos de Marlène avec sa fille devinrent un *must* : la star, divine mère à l'enfant. Maria s'amuse à raconter que l'enfant, surtout une « petite fille », devint « un accessoire indispensable » aux stars d'Hollywood, ce qui relança, dit-elle, les demandes d'adoption ! À cette occasion Marlène plut à sa fille en ne cédant sur rien.

Maria témoigne clairement que Marlène savait que son succès tenait à son intelligence de l'artifice. Elle le dénonce au cours des pages de son livre, bien que fière d'y avoir contribué avec talent, mais, après-coup, le désapprouve comme tromperie. La laborieuse démonstration de cette « tromperie » à laquelle Maria s'attelle viserait à dire : ma mère était postiche, je le sais mieux que quiconque puisque j'ai contribué avec elle à faire le postiche. En fait, elle hurle son aliénation à l'impossibilité qu'elle a eue de se défaire d'une collaboration qu'elle ressent comme coupable.

Comme Marlène devait cacher son âge, il convenait qu'on ne prenne jamais Maria en photo en entier ; on cachait ses jambes et on l'habillait de tenues enfantines pour la rajeunir. Corrélativement sa fille prétend n'avoir jamais su quel était son âge. Elle n'aurait connu son âge réel qu'à la mort de son père, soit en 1976 (elle avait cinquante-deux ans), quand elle aurait découvert son acte de naissance. Cette affirmation peu plausible – Maria était mariée depuis longtemps et, comme tout le monde, devait avoir des papiers d'identité – montre que Maria Riva est aveuglée par son désir de dévoiler les stratagèmes de sa mère, du coup, elle les amplifie et les caricature. Il est possible qu'à la mort de son père, trouvant son acte de naissance, elle ait pris la mesure de l'imposture.

Maria n'ignore pas que les multiples aventures et véritables histoires d'amour de sa mère lui furent tenues secrètes pendant les années de son enfance où elle vécut avec elle. Mais elle reconnaît qu'elle était habituée à ce qu'il y ait toujours au moins un homme, autre que son père, auprès de sa mère. Elle savait que cet homme « aimait » sa mère – mais tellement de gens « aimaient » sa mère qu'elle ne faisait pas de différence. Jamais elle ne découvrit qu'un homme ait dormi dans le même lit que sa mère. Le même homme était là le soir au souper quand elle allait se coucher et réapparaissait le matin de l'extérieur pour partager le petit déjeuner. Maria pense que cette implacable rigueur imposée par sa mère visait sûrement à lui dissimuler ses relations intimes avec les hommes, mais aussi à ne pas prêter le flanc aux indiscrétions de l'entourage et particulièrement des journalistes. De plus, les contrats avec les studios stipulaient qu'il était interdit d'avoir des rapports sexuels avec les collaborateurs sous peine de rupture de contrat. Il n'a pas échappé à Maria que cette clause servait à Marlène pour maintenir ses amoureux hors de chez elle, hors de son lit, hors de la maison réservée exclusivement à la star et à « l'enfant ». La fille s'apitoie sur le sort des victimes masculines de sa mère : séduits, conviés, charmés, puis renvoyés à la prochaine.

Pendant toute son enfance et son adolescence, Maria se décrit en quelque sorte comme séquestrée dans la prison dorée de la vie de luxe et des studios : elle ne connut ni école, ni petits camarades. Faisant l'objet d'une menace de kidnapping, sa mère, terrifiée, renonça à toute velléité de l'envoyer à l'école. Maria était surveillée, gardée à tout instant, jamais seule. Elle pense que cette menace a été exploitée par sa mère à des fins de mainmise sur elle. Elle n'avait comme compagnons, en dehors de sa mère, que les domestiques et les amoureux de celle-ci. Mère et fille vécurent ainsi de longues années sans jamais se séparer. Son récit montre que Marlène n'a jamais eu une maison à elle, sauf à la fin de sa vie, quand elle vécut recluse dans un appartement loué à Paris où elle mourut.

Lors des tournages, Maria suivait sa mère, l'accompagnant tous les matins au studio, restant parfois jusque tard dans la nuit. Quand elle était petite, quelqu'un la ramenait pour la coucher de bonne heure. L'enfant savait que Marlène travaillait de façon acharnée, se levant très tôt le matin pour préparer elle-même les éléments – maquillage, coiffure, vêtements – du rôle du jour. Marlène devançait le metteur en scène en lui faisant des propositions intéressantes, ayant une connaissance très élaborée de son image, de la façon de la modifier et de la faire valoir. Maria apprit avec sa mère ce savoir-faire esthétique. Elle l'aida en tout, plus rapide que personne à devancer les vœux de sa mère. Par exemple, Marlène avait fait faire un miroir à roulettes qui lui permettait de contrôler à tout moment son image en pied. Maria était capable d'actionner ce miroir lors des tournages et d'indiquer à sa mère le moindre défaut, parfois avec un simple jeu de regards elle pointait le cheveu de travers ou l'ombre trop accusée qui déparait l'image parfaite que sa mère voulait d'elle-même[1]. Maria, petite, connaissant

1. MR I, p. 262-263.

l'harmonie des couleurs, savait coordonner les vêtements : elle devint l'assistante-conseil indispensable au tournage sur le plateau. Elle décrit comment elle était éblouie par la beauté de sa mère qu'elle voyait comme une « reine », une « divinité ». À la demande de sa mère, elle savait mieux que les autres, mieux que son père, lui conseiller quel vêtement porter avec son nouvel amoureux ! Elle consacrait le reste de son temps à apposer la signature de Marlène sur les photos de la star pour les fans. Il fallait déposer le tampon sans faire aucune bavure, ce qu'elle réussissait, dit-elle, à merveille.

Ravie d'être indispensable, Maria, cependant, souffrait d'être utilisée. Sa position de témoin muet, d'assistante hors pair, mais aussi de faire-valoir précieux, était une élection au revers dangereux. Elle se souvient que, dès qu'elle n'était plus nécessaire, elle était écartée, annulée et ramenée à sa condition d'enfant. Parfois elle fut privée d'aller au studio sans explication, la pire des afflictions.

LE RAVAGE : MARLÈNE HANDICAPE LA FÉMINITÉ DE SA FILLE

Marlène, susceptible à l'excès, faisait régner son pouvoir en sanctionnant les éventuels écarts de sa fille sans lui dire en quoi elle lui avait déplu. Maria cherchait alors comment elle avait trahi l'absolu dévouement (« amour ») qu'elle devait à sa mère. Ainsi « rayée de la carte », elle crut comprendre qu'elle payait les occasions où elle s'était autorisé des privautés avec l'une ou l'autre des personnes que sa mère fréquentait. Ce pouvait être d'avoir parlé au jardinier, d'être allée seule à la piscine, d'avoir admiré un plat préparé par Tami, d'avoir montré qu'elle était contente d'une activité faite avec quelqu'un d'autre que sa mère, d'avoir demandé une faveur à l'amoureux de sa mère, etc., qui sait ? Maria se revoit petite, souffrant d'abandon et supposant à sa mère le redoutable cynisme de n'avoir pour elle qu'un amour intéressé, utilitaire et totalitaire. Mais elle confie qu'elle s'employait par tous les moyens à retrouver les faveurs de sa mère.

Marlène n'appelait jamais sa fille par son véritable prénom, habituellement c'était « mon cœur », « mon ange », « mon amour », et, pour la désigner aux autres, elle disait « Kater », autant de surnoms qui ne l'identifiaient pas comme fille. Et, lorsqu'elle l'appelait « Maria », l'enfant y voyait un signe de colère froide et une menace. Maria, parlant d'elle-même à la troisième personne, dit que sa mère ne respectait pas l'intimité de « sa fille », qui en souffrait. Sa mère parlait volontiers des événements privés de la vie de « sa fille » au cercle des proches (habilleuses, gouvernantes, cuisiniers, chauffeurs, amoureux, metteurs en scène...) sans aucune pudeur, ce qui la choquait. Elle tourne sa mère en dérision, indiquant jusqu'à la caricature la position d'objet qu'elle occupait pour elle.

Ses règles arrivèrent plus tôt que prévu, elle raconte :

> [Elle] accourut « le visage blême et les lèvres tremblantes ». Elle m'assura que ce n'était rien, [...] m'expliqua qu'à partir de maintenant cette chose-là m'arriverait une fois par mois, que c'était la nature, et, m'ayant interdit de *jamais* laisser un *homme* m'approcher, elle quitta la salle de bains[1].

1. MR I, p. 423.

Perdue, Maria se rappelle avoir cherché les explications nécessaires auprès de Tami. Marlène, le soir même, « vêtue de noir, l'air élégamment triste », la salua d'un « soupir frémissant ». Elle fut contrainte de garder le lit le jour suivant. Le surlendemain, chaque personne croisée au studio lui demanda comment elle allait, la traitant de « petite femme » avec des airs attendris. « [Sa mère] avait dû faire passer un communiqué de presse[1] », écrit-elle.

Maria relate ainsi les nombreuses humiliations qu'elle a subies. Enfant, elle avait une déformation des jambes qui nécessita le port d'un appareil orthopédique fort pénible. Marlène était facilement prête, contre l'avis des médecins, à voir revenir les signes de cette ancienne déformation. Ces remarques étaient d'autant plus torturantes pour Maria que sa mère était célèbre pour la beauté de ses jambes qu'elle savait si bien dévoiler par surprise. Rares étaient ceux qui ne lui demandaient pas si elle avait hérité des « merveilleuses jambes » de sa mère. À la moindre occasion, Marlène n'hésitait pas à déclarer que l'évolution esthétique de sa fille était peu gracieuse. De plus, Maria dit avoir souffert du désagrément d'être forte, même « grosse », car elle mangeait beaucoup, ce qui faisait l'objet de toutes sortes d'hypothèses déplaisantes de sa mère : il arrivait que Marlène supposât que ce fût un effet du soleil de la Californie sur les hormones de sa fille. Maria rapporte des propos blessants de sa mère adressés à d'autres, comme : « J'aurais dû la garder au froid à Berlin ! »

1. MR I, p. 424.

Elle décrit la cruauté avec laquelle Marlène la tenait pour responsable de sa poitrine tombante pour l'avoir allaitée et ainsi d'avoir sacrifié la beauté de ses seins à la bonne santé de sa fille. Cette accusation, qui prenait une valeur gravissime pour une star de ce niveau, a traversé intacte toute la vie de Maria. Elle se souvient amèrement de ce pesant reproche que sa mère lui a fait : la santé de sa fille détruisant la beauté du corps de femme de sa mère. L'accusation s'est creusée avec les années, on s'en doute. Maria raconte en détail comment Marlène avait réussi à se faire confectionner par un grand couturier un fond de robe, une sorte de voile couleur chair, ajusté au plus près, et qui lui redonnait les formes impeccables de la jeunesse, en particulier les seins – ainsi elle pouvait se montrer apparemment nue. Cette deuxième peau, cette enveloppe, était très difficile à enfiler. Plusieurs personnes précautionneuses devaient gainer la star. Maria se revoit assistant sa mère pour ajuster cette fameuse « peau » aux fermetures à peine visibles, masquées au col par des colliers, aux bras par des bracelets, et au dos par la fermeture de la robe qui viendrait la couvrir. L'image n'était plus supportée par le papier ou la pellicule, elle était cousue à même le corps, comme une seconde peau. Ainsi Marlène, plus âgée, se produisait en direct, l'artifice lui collait à la peau.

Après la guerre, Marlène s'est surtout produite dans des spectacles de music-hall où elle chantait, vêtue alors de façon très érotique, quelque peu déshabillée. De quarante-cinq ans à soixante-quinze ans, sa seconde peau magique aux seins raffermis lui était devenue, semble-t-il, d'une utilité indispensable pour réparer les dégâts laissés par l'enfant sur son corps.

LA FILLE TÉMOIN

Maria témoigne à quel point elle fut un chaînon nécessaire, quoique masqué, à la gloire de Dietrich. Qu'ils soient hommes ou femmes, les amants de Marlène n'ont jamais habité dans leur maison. Maria suppose que le scénario « à cause de l'enfant » exigeait cela. De plus, qu'il s'agisse de son père, de sa grand-mère, des amants ou amantes de sa mère, tous entonnaient unanimement le même refrain : « Prends soin de ta mère. » Peut-être savaient-ils que tout le dispositif tenait grâce à l'enfant, seule personne à pouvoir vivre avec la star. Elle était l'enfant nounours, qui faisait écran aux angoisses du vide, qu'on emmène partout, qu'on dépose dans un coin et que l'on jette quand on se sent assez solide pour faire face aux contraintes des autres, qu'on accuse de toutes les blessures.

De la vie sentimentale de sa mère, Maria a bien sûr une vision bien à elle, empreinte d'amertume, d'admiration et de reproches. L'amertume de la jalousie de voir sa mère avoir tant de personnages illustres à ses pieds. L'admiration devant le pouvoir de sa mère, sa beauté, sa force, son intelligence et surtout son rigoureux savoir-faire. Le reproche de son égoïsme, de faire souffrir ses amoureux et de si peu partager avec sa fille l'amour qu'elle recevait d'eux.

Elle écrit :

> Je n'ai jamais jugé ma mère pour sa gloutonnerie sentimentale, seulement pour la manière dont elle traitait ceux qui l'aimaient.

> […] Mais Dietrich ne voulait, n'exigeait, ne désirait qu'une chose : l'Amour avec un grand A, les déclarations enflammées, la passion lyrique. Elle acceptait la sexualité comme l'accessoire pesant mais inévitable de l'amour, que les femmes étaient obligées d'endurer[1].

À de nombreuses occasions Maria Riva répète que sa mère lui a confié qu'elle n'aimait pas faire l'amour avec les hommes :

> « Ils veulent toujours y fourrer leur "truc", c'est tout ce qui les intéresse. Si on ne les laisse pas faire d'entrée de jeu, ils disent qu'on ne les aime pas, se fâchent et s'en vont[2] ! »

Dietrich adorait aussi les hommes impuissants :

> « Ils sont gentils. On peut dormir, c'est *cosy* ! » […]
> Ces hommes « *cosy* » la vénéraient naturellement. Son insouciance, son plaisir évident en dépit de leur défaillance, suffisaient souvent à faire des miracles. Mais à peine avaient-ils retrouvé leur équilibre sexuel qu'elle les chassait de son lit… avec les effets qu'on imagine[3].

Elle prétend que Dietrich leur accordait ses faveurs pour avoir une liaison sentimentale et surtout ce qui l'intéressait au plus haut point : le discours amoureux, paroles et lettres d'amour. Maria se plaint de ce que Marlène ne ratait pas une occasion pour lui parler du sexe de façon crue et dégradée. Par exemple, que l'écrivain

1. MR I, p. 194.
2. *Ibid.*
3. *Ibid.*

scénariste Erich Maria Remarque[1] fût impuissant, « elle trouvait cela merveilleux », c'était un « soulagement », elle avait tellement « horreur de faire "ça"[2] ». Marlène évoquait facilement la blennorragie de l'un de ses amants, le manque de soin de telle ou telle femme dans l'usage de la fameuse poire de lavement. Maria se souvient que Marlène préconisait devant elle de ne surtout pas avoir d'enfant, pas de fille, « les filles sont si difficiles ». À bon entendeur, salut !

Sa fille était son premier public, c'est à elle qu'elle réservait l'obscénité. Elle lui faisait croire qu'elle faisait « ça » comme concession à l'impur pour recevoir l'amour pur. « Ça », que Marlène cachait mal à sa fille, était volontairement ridiculisé. En rabaissant l'acte sexuel au point de dire à sa fille qu'elle n'en éprouvait pas de jouissance, Marlène fait comme si la jouissance était une expérience dont elle privait sa fille. Le jeu de fausse « privatisation » de la jouissance sexuelle entraînait l'effet de privation sur la fille. Ainsi, puisque seul l'amour comptait, le sexe était déprécié. L'aventure sexuelle n'exigeait aucune exclusivité : Marlène voulait que ses différents « maris » (amants) soient amis. D'ailleurs, Maria ne relève aucune trace de jalousie du côté de son père, qui se contentait d'être le « conseiller de la reine ». Les amants et amantes étaient, selon Maria, jaloux entre eux, ou du mari de la star, au grand mépris de Marlène, qui taxait la jalousie de « petitesse bourgeoise ».

1. Écrivain et scénariste allemand. Émigré aux États-Unis, il est l'auteur de *À l'Ouest, rien de nouveau* (1928).
2. MR II, p. 85.

Maria rapporte une anecdote exemplaire. Après une sortie au spectacle qui réunissait Marlène, son mari et son amant Brian, ce dernier s'éclipsa précipitamment sans donner d'explication. On s'inquiéta de sa disparition, puis enfin Marlène reçut une lettre qu'elle montra immédiatement à son mari. Cette lettre de Brian fut retrouvée parmi bien d'autres par Maria à la mort de son père :

> Mon amour,
> T'ai-je rendue malheureuse ? Pour ma part je me sens misérable. [...] C'est la faute de Rudi. Cela fait des années que je n'ai pas été aussi impressionné par un homme. Son intégrité, son honnêteté, sa dignité et surtout sa gentillesse, c'était plus que je n'en pouvais supporter. S'il s'était montré hostile ou mal à l'aise, j'aurais compris, cela ne m'aurait pas dérangé ; mais j'ai été profondément touché par la manière dont il parlait de « ma femme » avec tant de fierté et d'amour, et par la façon dont il te tenait la main, dont il te regardait, et par ce que tu m'as raconté toi-même de son dévouement. À chaque parole je me sentais de plus en plus méprisable [...]. Je te regardais [au dîner], appuyée contre son épaule, en sentant que je t'aimais très profondément et que j'aurais préféré que ce ne fût pas le cas. J'avais envie de te serrer dans mes bras à t'étouffer [...]. Je t'ai regardée partir dans la voiture et je suis monté dans ma chambre [...]. Je suis parti [...], je t'aime[1].

Devant un tel tableau, l'amant ne trouvait plus sa place. Maria se souvient qu'après la lecture de cette lettre son père la renvoya dans sa chambre d'où elle entendit quelques bribes d'une conversation téléphonique de sa mère à son amant, qui avait osé se comparer au mari :

1. MR I, p. 287-288.

> Brian, je viens de recevoir ta lettre ridicule ! Je ne sais pas ce qui te prend ! C'est une plaisanterie, mon cœur ? Toutes ces interrogations angoissées à propos du pauvre Rudi. Mais c'est mon mari ! [...] Tu n'es tout de même pas bourgeois à ce point[1]...

Maria Riva conclut qu'à la suite de cet incident il y eut une négociation à l'intérieur de l'équilibre parental, la maîtresse du père put sortir de l'ombre : « Brian revint. Tami eut le droit d'aller dîner avec eux, cela faisait une table de quatre » : chacun alors avait une place. Même si ce n'est pas dans le sens d'un tel « équilibre » qu'allaient les manœuvres de Marlène.

Maria affirme qu'il est arrivé que certains amoureux jouèrent le jeu de l'amitié avec le mari. Elle donne l'exemple de Maurice Chevalier sortant à Paris avec Rudi en l'absence de Marlène ; les deux hommes lui envoyaient des télégrammes affectueux : « AVONS DÎNÉ À LA BELLE AURORE ÉCREVISSES MOINS BONNES QUE LES TIENNES STOP AVONS BU À TA SANTÉ ET À MARIA STOP TU NOUS MANQUES TERRIBLEMENT. MAURICE RUDI[2]. » (Les deux prénoms sont réunis en un nom.)

Maria entendit sa mère dire à son père : « Papi, je crois que Maurice t'aime autant qu'il m'aime moi » ; son père souriait. Du moins, c'est ce qu'elle a pu saisir. Elle prétend qu'une fois une liaison terminée sa mère voulait compter son ancien « amoureux » parmi les proches et lui demandait à l'occasion des faveurs pour son époux ou pour elle. Les aventures sexuelles passionnées ne devaient

1. MR I, p. 289.
2. MR I, p. 170.

pas laisser de traces intimes, ni faire obstacle à l'amitié entre tous les proches de Marlène.

Il ressort qu'à l'exception de sa fille ceux qui ont connu Marlène l'estimaient non seulement pour son intelligence et son éblouissante beauté, mais aussi pour sa simplicité et ses attentions généreuses, qu'elles soient financières, culinaires ou érotiques. Tout devait être versé au compte de l'affection et tous devaient être liés d'une amitié fraternelle dans l'amour partagé de la grande dame.

Le refus activiste de reconnaître l'aventure érotique pour ne reconnaître que l'amitié fraternelle doit avoir un certain rapport avec l'effacement des noms des hommes ; un seul nom dominait : celui de la star Dietrich, étayé par le soutien constant de son mari. Le sexe était exhibé comme dégradé, exclu des valeurs nobles.

LE VIOL

Pour Maria, la période de la Seconde Guerre mondiale fut la plus noire de sa vie ; elle commença avant le départ de sa mère au front en Europe. Au début de la guerre, Marlène éloigna les hommes qui gravitaient autour d'elle, la lutte contre le nazisme l'intéressant davantage que ses amants. Maria, alors adolescente, se réjouissait d'avoir « échappé à la purge » ; elle fut confiée à une femme avec qui elle vivait dans une habitation indépendante de l'hôtel où résidait sa mère ; elles se voyaient sur rendez-vous. À Hollywood, au début des années quarante, elle se souvient que Marlène écartait Remarque, qui l'attendait toute la journée, alors qu'elle consacrait son temps aux tournages et à un nouvel amant.

Maria affirme que, pour la première fois de sa vie, elle disposa d'une gouvernante qui prenait son parti contre sa mère, allant même jusqu'à mentir à sa mère pour satisfaire ses vœux d'adolescente. « Elle était préparée à tenir tête à la toute-puissante Marlène Dietrich, star du grand cinéma. Je n'avais jamais eu une amie comme ça auparavant. » Ainsi, Maria se souvient d'avoir pu porter en cachette une superbe robe noire prohibée par sa mère. À environ seize ans, lorsqu'elle désira devenir elle-même actrice, sa gouvernante intercéda très diplomatiquement en sa faveur auprès de sa mère pour obtenir qu'elle suive des cours d'art dramatique. Mais une nuit elle connut l'expérience horrible d'être violée par la femme qui veillait si bien sur elle :

> Je ne savais pas qu'on était en train de me violer ; ce mot ne prit de signification que longtemps après, quand j'appris que ce qu'on m'avait fait portait effectivement un nom. La nuit devint le temps des pleurs silencieux ; je croyais avoir appris ce qu'était le sexe et frémissais à son approche. Quand elle en avait fini avec moi, je rabattais ma chemise de nuit, me recroquevillais dans mon lit, prétendais qu'elle n'existait pas et m'évadais dans le sommeil, persuadée qu'on me punissait ainsi d'une faute innommable que j'ignorais complètement.
>
> D'une certaine façon j'avais été formée pour le viol. Toujours obéissante, toujours à m'efforcer de satisfaire les gens qui s'occupaient de moi, docile, un objet possédé, conditionné pour qu'on s'en serve. Si vous n'avez pas d'identité propre et que quelqu'un exploite physiquement votre personne, vous réagissez plus passivement. Vous êtes tellement accoutumé aux rites de la passivité. Oh, je me suis enfuie. À ma façon je me suis enfuie, mais je n'avais nulle part où aller [...]. Je cachai ce mal à l'intérieur de moi, le laissai suppurer, devenir mon enfer personnel. Se trouver abîmée par la négligence calculée d'une

> personne que la nature et la société qualifient spontanément de « mère affectueuse » vous plonge dans un enfer très particulier. Pourquoi ma mère avait-elle choisi cette femme et m'avait-elle ensuite laissée livrée à elle ? Voulait-elle que cela m'arrive ? Qu'avais-je fait pour mériter cela ? Les mères étaient censées aimer leurs enfants, les protéger du mal. J'avais été sage. Pourquoi voulait-elle que je sois punie ? Pourquoi voulait-elle que j'aie mal ? Qu'avais-je fait ? Étais-je méchante à ce point ? [...] Cependant je devais encore croire aux miracles, car je demandai audience à ma mère[1].

Le miracle ne se produisit pas. Maria ne fut pas reçue par sa mère, qui gardait le lit, venant de subir un avortement. Elle écrit : « Ne jamais appeler sa mère à l'aide quand elle vient juste d'avorter. »

Tout le restant de sa vie, Maria reprochera à sa mère de l'avoir laissé se faire violer, comme si c'était Marlène qui l'avait violée elle-même. Au moment où l'une inaugure sa vie sexuelle par un viol sordide commis par un substitut maternel, l'autre supprime une grossesse venue de ses amours clandestines. Marlène abandonne sa fille à ce désastre. Elles ne peuvent pas prendre soin l'une de l'autre. Elles sont sinistrement isolées, chacune clouée solitairement aux événements de sa propre sexualité. Maria ne pouvait pas dénouer le cruel mensonge de l'« amour maternel ».

1. MR II, p. 134-135.

LA SÉPARATION, COUPS SAUVAGES ENTRE MÈRE ET FILLE

Maria raconte que son père fut particulièrement clairvoyant à détecter les premiers signes de la montée du nazisme ; il sut avant beaucoup d'autres les dangers qui s'annonçaient. Dès le début des années trente, il quitta l'Allemagne et défendit à Marlène de revenir dans son pays.

Maria décrit avec admiration comment sa mère sut tenir tête aux séductions et aux chantages des émissaires de Hitler, qui, profitant de sa cuisante séparation avec son metteur en scène juif, voulaient faire revenir la célèbre star avec tous les honneurs dans sa patrie, la « Grande Allemagne ». Marlène avait déjà décidé de devenir américaine. Elle a milité avec d'autres artistes dans les réseaux de solidarité et d'information sur les victimes du nazisme. Puis, en 1944, elle saisit l'opportunité de s'engager comme *G.I.* pour partir avec des groupes d'artistes se produire auprès des soldats alliés afin de remonter le moral des troupes. Maria affirme que Marlène excella dans ce rôle, elle chantait pour les soldats, éblouis d'avoir devant eux « la vraie Marlène, la déesse de l'écran ». Cependant, Maria s'acharne à battre en brèche l'« héroïsme » légendaire de sa mère en soulignant qu'elle profitait d'une chance historique de parfaire encore davantage son image. Elle reconnaît cependant que sa mère a trouvé un véritable bonheur à charmer les soldats en partance pour le front. Marlène aurait dit : « Je n'ai jamais été aussi heureuse que dans l'armée. »

Maria écrit :

> À entendre Dietrich raconter sa tournée, on aurait pu croire qu'elle était effectivement *dans* l'armée et qu'elle avait passé au moins quatre ans sous le feu constant de l'ennemi, risquant à chaque instant sa vie ou, pire, la capture par des nazis assoiffés de vengeance. Ceux qui l'écoutaient parler en étaient convaincus car elle en était elle-même persuadée. En fait elle a travaillé par intermittence entre avril 1944 et juillet 1945, rentrant à New York ou à Hollywood entre deux spectacles, et plus tard séjourna à Paris ou à Berlin, à l'état-major de son général préféré. Ces faits ne doivent en rien [*sic*] minimiser le dévouement admirable de Dietrich à la cause des Alliés, mais simplement en préciser la portée. Elle se montra courageuse et pleine d'abnégation. Mais ce fut également le cas de nombreux civils, femmes, artistes de variétés qui n'ont pas pour autant reçu les trois grades de la Légion d'honneur ni la médaille de la Liberté. Dietrich, elle, tout en assurant à la perfection son rôle de vaillant soldat, se distingua par une classe et une beauté naturelles magnifiées par la gloire[1].

Cette mise au point de Maria Riva, qui se veut objective, est exemplaire de sa position prise dans ce livre vis-à-vis de sa mère. En cherchant à remettre les choses à leur juste place, on s'aperçoit qu'il n'y a pas de « juste place ». La fille ne veut pas virer à la haine franche ni être de mauvaise foi, elle ne veut pas non plus céder à une admiration sans bornes, elle s'essaie à une objectivité qui ne trouve ni son plan ni ses arêtes vives. Ce qui donne à ces propos ce caractère ambigu, glissant et dénégateur. Quand elle écrit : « Ces faits ne doivent en rien minimiser le dévouement admirable [...] la portée » de ce qu'a fait

1. MR II, p. 180-181.

Marlène Dietrich, elle dit en le niant que ses propos visent bel et bien à minimiser la grandeur de Dietrich sur la scène de la guerre. Entre elles, la position juste ne peut être trouvée, c'est un aspect du ravage qui les lie.

Le texte de Maria montre que la guerre marqua un tournant dans leur relation. Pour la première fois, fille et mère furent réellement séparées. Leurs vies respectives prirent un autre tour. Pour Marlène, avec l'expérience de *G.I.*, artiste au front, débutèrent les spectacles de music-hall qu'elle poursuivit avec joie et enthousiasme tout le reste de sa longue carrière. Sa fille décrit une Lili Marlène chantant devant des salles en délire, dans le monde entier, jusqu'à soixante-quinze ans.

Après l'épisode du viol, et lorsque Marlène partit en tournée au front, en Europe, Maria, éloignée de son irremplaçable mère, sombra, dit-elle, dans l'alcoolisme et l'égarement. Atteinte d'une envie de mourir, elle s'amourachait du premier venu, se laissait aller dans les bras des hommes qui passaient. Elle s'est ainsi mariée une première fois, ce fut un échec.

Elle se dépeint errante, marchant sur les traces de sa mère en tentant difficilement d'être actrice. Sa mère lui collait à la peau, elle espérait éperdument son amour, même lorsqu'elle cherchait par tous les moyens à s'en défaire. Puis, toujours à l'affût de cette mère, elle partit, elle aussi, en Allemagne comme *G.I.* en 1945, dans des tournées d'artistes qui devaient soutenir le moral des troupes libératrices, comme Marlène, et après elle. Pendant cette expérience, elle perdit sa grand-mère maternelle, Joséphine. Marlène la fit prévenir, mais elle n'attendit pas l'arrivée de sa fille pour l'enterrement. Quand Maria arriva pour soutenir sa mère dans l'épreuve, sa grand-mère était déjà enterrée et Marlène fort occupée avec un nouvel amant. Elle dut repartir sans même voir sa mère, indisponible. Encore une fois Marlène fait venir sa fille pour lui fermer sa porte.

Enfin, après chaque échec cuisant avec un homme, Maria, meurtrie, revenait vivre près de sa mère, partageant parfois le même lit. Marlène, toujours maîtresse de la situation, se métamorphosait alors de « mère abandonnée » par les égarements de sa fille en « mère martyre » :

> Comme elle s'en délecta ! Pendant plus de cinquante ans elle rappela à tout le monde, moi y comprise, qu'elle avait accepté de reprendre la pénitente, elle, la mère magnanime. Elle ajoutait même une scène touchante dans laquelle, au cœur de la nuit, je me glissais dans son lit en murmurant d'une voix faible : « Mutti, je suis revenue, s'il te plaît, est-ce que je peux dormir avec toi ce soir[1] ? »

Maria reconnaît avoir eu pour sa mère un attachement de droguée dont Marlène jouissait. Attachement décrit comme réciproque, sauf que Marlène semblait toujours disposer d'un atout majeur, un « nouvel amant », qu'elle interposait entre elle et sa fille. Ainsi Marlène se rendait-elle indisponible, et son apparente indépendance barrait l'accès de sa fille à son intimité. Elle disposait de subtils moyens pour déjouer sa propre dépendance et aiguiser celle de sa fille.

Maria déclare qu'en 1944 c'est la lecture de Karen Horney qui l'a sauvée : elle comprit qu'elle n'était pas

1. MR II, p. 164.

une exception, d'autres souffraient comme elle. L'égarement alcoolique qui l'accablait aurait-il cédé à la seule lecture de *La Personnalité névrotique de notre temps* (1932) comme elle l'affirme ? Il est possible qu'elle ait fait une psychanalyse, mais elle ne le dit pas. Puis elle se remaria.

Selon elle, ce second mariage fut le bon. Elle informa de son projet ceux qu'elle aimait, choisis parmi les « victimes » de sa mère : Tami, Remarque et quelques autres. Elle n'invita pas Dietrich à la cérémonie, qui se déroula donc le 4 juillet 1947 sans sa « star mondiale de mère ». William Riva, son mari, avait été son professeur de scénographie à l'université. Marlène apprit très vite la nouvelle puisqu'elle fit subrepticement déposer des monceaux de pétales de rose sur le lit des jeunes mariés. Maria s'est laissé dire que Marlène était furieuse d'avoir été écartée mais montra cependant à l'opinion un débordement de générosité pour « son adorable fille qui s'était mariée *sans* inviter sa mère qui l'aimait tant[1] ». Maria est persuadée que sa mère attendait l'échec de ce mariage, « une erreur de plus de sa fille », quoique son gendre ait remporté plus de médailles qu'elle à la guerre – ce qui ne manquait pas de compter, note-t-elle ironiquement. Elle constate que, de son côté, Marlène en profita pour tomber amoureuse d'un homme important et qu'enfin les deux femmes semblaient sortir de l'enfer.

Cependant, Maria Riva prétend que sa mère se sentait menacée par ce mariage, qu'elle était « prête à tout pour regagner ce qu'elle avait toujours considéré comme sa

1. MR II, p. 246.

seule propriété[1] », sa fille. Elle rapporte des gestes désobligeants ou des propos déplaisants par lesquels Marlène cherchait à humilier le jeune couple : par exemple, après avoir dîné simplement chez eux, elle faisait envoyer des produits de luxe en abondance. Cet excès de générosité signifiait pour Maria : « Tu vois, avec lui, tu es forcée de manger du thon en boîte, alors qu'avec moi tu mangerais du caviar[2]. » Gênée pour son mari, Maria tentait de lui faire comprendre que l'amour qu'il offrait était bien plus précieux que les produits de luxe maternels, qu'il l'aimait « mieux » que sa mère. Ce fut un signal d'alarme, car Maria savait que sa mère ne s'arrêterait pas là. Marlène ne céda pas.

Lorsque Maria fut enceinte, Marlène fit des remarques d'un ton désapprobateur, laissant entendre que son mari s'y était mal pris, rappelant à la moindre occasion qu'un enfant n'attire que des ennuis. Elle lui proposa de s'en débarrasser. Une fois l'enfant né, sa mère fit volte-face et offrit un berceau royal pour le nouveau-né. La naissance de John Riva la consacra dans les magazines comme la « plus resplendissante des grands-mères », elle fit la couverture de *Life* : « Marlène, merveilleuse mamie ». Maria poursuit son tableau en disant qu'à la naissance de chacun de ses enfants c'est à Marlène en priorité que le médecin annonçait la nouvelle. « Elle jouait le rôle du mari à la perfection », dit-elle, amusée. De plus, Marlène se montrait très dévouée pour garder ses petits-fils et s'occuper de la maison de sa fille, mais elle le faisait savoir

1. MR II, p. 248.
2. MR II, p. 247.

partout par des propos blessants. Maria apprit que Marlène ne manquait pas de se plaindre d'être exploitée par sa fille, qui lui laissait une maison particulièrement sale à récurer, ce qui la fatiguait beaucoup. Il est étonnant que Maria raconte assidûment ces petites sordidités de sa mère.

Maria Riva, une fois mariée et mère de famille, restait pourtant l'assistante et confidente de sa mère dans sa carrière et ses histoires d'amour. Quand Marlène reprit l'écriture régulière de son journal intime, Maria y jetait un coup d'œil fréquent et indiscret : elle pouvait y lire les émois érotiques de sa mère. L'écriture du journal n'empêchait pas Marlène de continuer à avoir des attitudes indécentes envers sa fille, à qui elle demandait, par exemple, de refaire le lit après le passage clandestin de Yul Brynner. Maria dut également lire les lettres enflammées que sa mère écrivait à Yul, Marlène attendant les avis et suggestions de sa fille. Rudi, qui vivait dans la campagne californienne, continuait de recevoir quelques carbones des lettres d'amour qu'écrivait son épouse mais ne la conseillait plus.

Dans son livre, Maria Riva présente une photo d'elle avec sa mère ; les deux femmes y sont disposées comme en miroir : Maria en haut *(Dietrich's daugther, Maria)*, se reflétant dans Marlène, en bas *(... and Marlene herself)*. Cette photo, qui fit la couverture de *Life* en 1952, porte la légende suivante : « Petit coup de pouce de ma célèbre mère. » Le thème du miroir mère-fille est un appât médiatique ; tel Narcisse, la fille penchée voit sa mère dans le miroir-reflet de l'eau et succombera. Les journalistes abusent facilement de ces interprétations sauvages ; en ce cas précis, le « petit coup de pouce » ne pouvait être que défavorable à Maria, car elle ne pouvait ni ressembler à sa mère, ni s'en passer ; il évoque plutôt le suicide.

Maria continue de célébrer sa mère, tout en abîmant le personnage. Déjà âgée, Marlène se produisait encore dans le monde entier, Maria écrit : « À soixante ans elle triomphe sur toutes les scènes, elle est devenue l'artiste de scène. » Elle affirme que « son public est devenu son amant, celui qu'elle cherchait depuis l'adolescence ». Elle soutient sa mère dans sa glorieuse carrière, malgré les embûches : chutes dans la fosse d'orchestre, différentes maladies et opérations du cœur que Marlène dut subir, mais qui ne l'arrêtaient jamais. Maria constate avec admiration et critique que Marlène refusait d'être vue faible, qu'elle ne s'avouait jamais vaincue. Elle raconte comment Marlène a fait vider la salle de spectacle quand elle tomba dans la fosse, afin de n'être pas vue transportée. Maria admire le courage et la détermination redoutables de sa mère pour maintenir intacte son image flamboyante de ravisseuse de scène. Maria reproduit les critiques dithyrambiques de l'époque décrivant une Marlène époustouflante, ensorcelant les salles. La fille garda bien le secret de l'alcoolisme montant de sa mère. Elle se dit son « meilleur majordome » et s'autorisait à la guider comme une petite fille rebelle. Elle prenait sa revanche en la contrôlant, traitant directement avec ses producteurs, parfois avec les journalistes. Elle fouillait son sac quand sa mère était hospitalisée pour y dénicher des fioles d'alcool. Marlène, furieuse, la traitait de « ma Gestapo privée », la faisait sortir de sa chambre en l'invectivant, se déclarait « incarcérée dans [un] camp de concentration[1] » par sa fille.

1. MR II, p. 423.

Marlène, alitée, humiliée, insultait son bourreau de fille. Les termes du ravage sont devenus clairement ceux d'un totalitarisme.

LA CHUTE

Sans s'en apercevoir, au fil de son récit, Maria donne des indications qui permettent de déduire que la disparition de son père marqua la fin de la carrière de sa mère. À la mort de Rudi, Marlène avait soixante-quinze ans : la lumière de la star s'éteignit, Marlène devint mauvaise sur scène et fut conviée à s'arrêter car les critiques s'en aperçurent immédiatement.

Marlène, ayant appris que Rudi était très malade, lui rendit visite en Californie lors d'un voyage vers l'Australie. Elle mit de l'ordre dans l'organisation de l'assistance à son mari malade, donna des consignes de soins et demanda à sa fille de récupérer toutes les lettres et les carnets intimes afin de les mettre à l'abri : l'actrice se souciait beaucoup de préserver sa réputation. Après cette dernière visite affectueuse à son époux, elle s'en alla. Maria soutient que son père ne la reconnut pas, mais sa mère prétendit le contraire. À Sydney, Marlène fit une chute et se brisa le col du fémur. Rudi alla mieux.

Un débat opposa mère et fille, par téléphone, sur la conduite à tenir pour pallier l'infirmité de Rudi. Selon Maria, Marlène prétendait qu'il lui fallait un bon fauteuil roulant qui lui permette d'uriner assis, et Maria disait qu'il fallait le rééduquer pour qu'il parle à nouveau et urine debout, comme un homme. Il mourut avant de se relever. Maria, accompagnée de son fils, crut bon de ne pas prévenir sa mère de la mort de Rudi et l'enterra à côté de sa maîtresse Tami. Elle dit se souvenir d'une ancienne remarque que son père lui avait faite jadis :

> Kater, quand je mourrai, arrange-toi pour que ta mère ne vienne pas se planter devant ma tombe pour me toiser de haut[1].

Cette phrase, prononcée longtemps auparavant, autorisa Maria à écarter sa mère de la cérémonie. Maria avait déjà écarté Marlène de la cérémonie de son mariage, comme Marlène avait écarté Maria de la cérémonie de l'enterrement de sa propre mère. Elle écrit :

> On m'a suggéré bien des choses pour l'inscription tombale de Rudolph Sieber. [...] J'ai donc choisi ce que je croyais correspondre à son désir. Le mari de l'un des plus grands mythes du siècle repose à l'ombre d'un arbre, une dalle de marbre de Florence dans sa teinte verte préférée marque sa tombe et porte l'inscription : *RUDI 1897-1976*[2].

Avec cette inscription étonnante, Maria efface le patronyme de son père, SIEBER, qui est aussi le sien et celui de sa mère. En soustrayant sa mère du rite de l'enterrement et en liant son père à sa maîtresse Tami, elle cherche à s'approprier son père et réaliser, dans l'inscription sur la tombe, la séparation de ses parents. Mais, en gravant sur la tombe le surnom affectueux que sa mère donnait à son père, elle fait valoir l'omniprésence du nom de DIETRICH, à l'exclusion de tout autre.

1. MR II, p. 440.
2. MR II, p. 456-457.

Mère et fille se portent des coups sauvages et ne sauraient partager un événement symbolique qui les lie. En supprimant le nom de son père, Maria Riva ne maîtrise pas la haine qu'elle ignore, elle agit brutalement.

Il ressort du récit de Maria que, après la mort de Rudi, qui fut suivie par celle de Gabin, Marlène s'est alitée jusqu'à la fin de ses jours. La succession des faits est lisible sans être dite explicitement dans un lien de consécution. Maria décrit la transformation de sa mère en déchet : sale, acariâtre, méchante, accusatrice, insultante, c'est une Marlène harcelée par les huissiers et les prédateurs de clichés à sensation, menacée d'expulsion, ne bougeant plus. Marlène accusait sa fille de la laisser mourir de faim, de la laisser pourrir dans ses immondices à Paris. Maria raconte avec quelle malice Marlène voulait faire croire et faire savoir que sa fille l'avait abandonnée.

Pour illustrer la tonalité de leur relation à l'époque de l'après-Rudi, Maria dit que, dans son carnet intime, Marlène écrivait : « Aujourd'hui, Maria n'est pas venue. » Sa fille, lisant cela, inscrivait : « Maria est venue. » À la visite suivante, elle constatait que sa mère avait rayé ce qu'elle avait écrit et ne cessait de se plaindre des mauvais traitements qu'elle subissait de sa fille. On pensait aux biographes !

Maria fut très préoccupée par les lettres et les cadeaux que sa mère recevait de ses fans. Enfin, en increvable séductrice, Marlène entretenait une correspondance torride par lettres et par téléphone avec un médecin californien qui lui envoyait des cadeaux. Maria craignait que cet amoureux lointain ne fasse quelque publication scandaleuse sur sa mère. Un jour Marlène lui fit le récit de ses manœuvres érotiques : elle avait commandé chez Dior une série de petites culottes très sexy qu'elle avait frottées « où je pense » et envoyées en colis express à son amoureux californien. Marlène ajouta : « Tu te doutes de ce qu'il en fera ! » Avec fierté et dégoût, la fille montre que, jusqu'à la fin, sa mère avait le pouvoir d'éveiller le désir des hommes... à quatre-vingts ans elle ne lâchait pas son intérêt pour le foutre comme signe de son pouvoir. Maria, choquée, met cet épisode en relation avec un autre plus ancien, rapporté par Bill Riva, son mari : alors que Marlène rentrait de Washington où elle avait été invitée à la Maison-Blanche, elle sortit de son sac une petite culotte à l'adresse de son gendre et lui dit : « Sens ! C'est le président des États-Unis. » Ce geste vulgaire était un comble pour Maria et pour Bill, car John Kennedy était un ami de jeunesse de Maria. Dans son texte, elle hurle à l'indécence, mais aussi elle est fière.

Lorsqu'elle raconte ces anecdotes quasi pornographiques, la fille dit qu'avec la semence que sa mère recevait de tous, et des plus grands de ce monde, elle exhibait sa puissance au-dessus de tous les pouvoirs. La trace de cette puissance de désir est dérisoire, réduite à presque rien : une tache, une odeur, montrées comme preuves. Cependant Marlène, grabataire mais toujours vivace, répétait inlassablement à sa fille qu'elle n'avait jamais rien éprouvé avec aucun homme. Maria ne comprend pas, elle appelle le lecteur à témoin de son désarroi indigné.

Elle constate que sa mère s'était mise à porter une alliance « pour le jour où on la retrouverait morte ». Marlène voulait-elle mourir mariée aux yeux du monde ? Pourtant Maria connaissait bien le coffret spécial où Marlène rangeait toutes les alliances qu'elle avait échangées selon un rituel privé avec les amants qui avaient compté pour elle. Les alliances alignées avaient souvent jeté la jeune fille dans une rêverie sans fond, il lui semblait qu'alors l'alliance unique n'existait plus. Mais, cette fois, Marlène prétendit à sa fille adulte que cette alliance de la dernière heure était celle de sa propre mère, Joséphine. Maria n'en crut rien.

De toutes ses alliances, Marlène veut mourir en portant celle de sa propre mère, mais laquelle ? Celle reçue de son premier mari, le père de Marlène, ou celle reçue de son second mari, Eduard von Losh, celui qui a rendu un court moment Joséphine heureuse, à la différence de son coureur de premier mari ? Parions pour le deuxième mari.

À suivre les propos de Maria, on suppose qu'elle était absente quand Marlène mourut ; en effet, à cette époque, Maria Riva vivait à New York, mais, dans son livre, elle ne le dit pas. Sa mère étant à Paris, Maria dissimule dans son récit la distance géographique qui les séparait, probablement afin de masquer les raisons pour lesquelles Marlène se plaignait de ce que sa fille ne l'assistait pas et faisait croire qu'elle l'assistait ; cela donne une idée de la note de mauvaise foi de ses affirmations. Marlène est donc morte seule, à quatre-vingt-dix ans, à Paris, dans son lit, dans ses immondices, au milieu des restes de sa vie, accumulés, salis.

Marlène avait dit à sa fille en boutade : « Tu me mettras dans un sac-poubelle, m'ayant brisé les bras, tu m'expédieras en Amérique. – Mais les douaniers feront des problèmes », avait répliqué Maria. Marlène, macabre, avait répondu que les douaniers ne lui avaient jamais rien demandé, puis, se ressaisissant, elle aurait dit : « Si les douaniers font des difficultés, tu leur diras : “C'est un ordre de ma mère !" » Maria souligne avec humour que, même comme dépouille, sa mère s'imaginait avoir tous les pouvoirs.

Marlène Dietrich avait su construire avec son apparence corporelle une image entièrement fabriquée. Elle était avertie que cette image tenait à autre chose qu'à la réalité de son corps. On l'a compris, elle tenait au dispositif mis en œuvre et principalement à l'existence de son mari. Elle pouvait sans vergogne envisager que soit démontée la charpente qui avait servi à l'édification de l'image et renvoyer le tout dans son pays d'adoption, l'Amérique.

Maria raconta qu'en blaguant Marlène avait joué avec l'idée qu'à son enterrement il y aurait deux files d'hommes selon la couleur de l'œillet qu'ils porteraient à la boutonnière, ses amants et ceux qui avaient souhaité l'être, sans exception. Elle imagine tous les hommes, en file, s'inclinant devant le cercueil de « celle qui magiquement rendait heureux », comme Hemingway le disait d'elle.

Après que la dépouille de Marlène eut reçu les honneurs de l'État français, des États-Unis d'Amérique et de milliers d'admirateurs, sa fille Maria ne l'enterra pas en Amérique, comme sa mère le lui avait demandé. Elle accompagna le cercueil à Schöneberg, en Allemagne, où reposait Joséphine, la mère de Marlène. Maria Riva écrit qu'elle s'approcha de la tombe de sa grand-mère et pensa :

> [...] je lui ai ramené son enfant, qui m'avait été confiée il y a si longtemps [...]. Je chuchote simplement : « Sois bonne avec

elle. Elle en a besoin. » Et je pleure, je pleure l'amour perdu, perdu à jamais, et je les laisse là, ensemble, à l'orée du chemin[1].

Quel nouveau chemin s'annonce pour cette mère et cette fille réunies dans leurs tombes par les manœuvres de la fille de la fille ? Maria se reconnaît avoir eu le rôle unique d'avoir à « prendre soin de sa mère », comme d'une enfant qui lui avait été confiée par sa mère. Et, en fin de parcours, elle rend l'enfant à sa mère. Marlène était américaine, elle avait fait carrière aux États-Unis où son mari était enterré. Maria ne respecte pas l'identité de star de sa mère, elle la ramène en Allemagne, dans son pays natal qu'elle avait désavoué pour avoir fécondé le pire. L'enterrement en Allemagne serait-il une agression posthume qui s'efforce d'annuler l'artiste Marlène Dietrich ? À son père, elle avait supprimé le nom de sa sépulture. Cette fois, en ramenant sa mère à l'orée d'un chemin à accomplir avec Joséphine, Maria fait comme si Marlène n'avait rien inscrit de son désir d'artiste, ni de son mariage.

MARIA EXHIBE LA PEAU DE L'IMAGE

En revanche, Maria réserve un curieux destin aux supports de l'image que créa sa mère. Marlène avait gardé tous ses effets bien étiquetés et rangés : tout ce qui lui avait servi dans ses tournages et ses spectacles, en particulier les vêtements et les accessoires, les gants, les sacs. Les milliers de choses qui l'avaient parée de façon inou-

1. MR II, p. 502.

bliable avaient été conservés avec soin. Ces reliques restaient les témoins de l'histoire de sa carrière.

Lorsque Joséphine, la grand-mère de Maria, perdit son deuxième mari, elle aurait déposé sur le lit de leur chambre la robe jaune pâle qu'elle portait lors de la dernière étreinte avec son mari, puis fermé la pièce à double tour pour ne plus jamais y entrer, mettant ainsi en crypte sa robe, relique d'un amour à jamais disparu. Maria souligne qu'alors Marlène était adolescente et suppose que cet événement l'avait profondément marquée.

Aujourd'hui, Maria Riva a fait transporter à Berlin tous les costumes de sa mère. On a pu la voir présenter à la télévision ces restes jaunis, poussiéreux, les robes luxueuses de sa mère devenues oripeaux sans vie, destinés à orner les galeries entières d'un musée en Allemagne consacré à Marlène Dietrich. Maria veut aujourd'hui exploiter pour le public ces enveloppes vides, traces, déchets, chutes de la brillance de l'image de la star.

Si nous suivons les traces ainsi déposées par Maria, et faisons le trajet de la robe, de mère en fille, d'une guerre à l'autre, nous voyons la jolie robe jaune pâle du second mariage de Joséphine devenue enveloppe-relique d'un moment de bonheur perdu qui attendait le réveil. Puis Marlène prit en quelque sorte le relais, en s'enrobant d'une image éblouissante qui produisit à travers le monde un éclat toujours démultiplié. Peut-être Marlène mettait-elle en scène l'image du bonheur de femme de sa mère pour prolonger, poursuivre, un instant de jouissance, éphémère, toujours vif, trop tôt interrompu ? Maria aurait-elle saisi cette détermination en voyant l'alliance de la dernière heure ? Ce qui expliquerait le choix de la tombe, près de Joséphine sa mère, lieu du contact mère-fille unies dans la robe d'un instant de bonheur de femme, éclat, ferment de l'art de Marlène.

Après la mort de Marlène, en mai 1992, Maria mit la dernière touche à son manuscrit déjà confié aux éditeurs, et le publia immédiatement après. Certains ont qualifié son livre de vengeance et de règlement de comptes ; il faut croire qu'il y avait pour elle une certaine urgence à faire un geste public. Ce geste est inséparable du choix d'enterrer Marlène en Allemagne auprès de sa mère et de faire un musée à Berlin avec les vêtements de scène de Dietrich. La pure légende du cinéma, celle qui « magiquement rendait heureux », est dérisoirement réduite aujourd'hui par sa fille à ses loques jaunies, dans ce pays qu'elle avait activement désavoué ; alors que la renommée de son art, déliée de ces restes, se poursuit partout sur la scène du cinéma et de la chanson. La robe fanée, peau détachée de l'image, fait écho à la tache de sperme, trace dérisoire du pouvoir érotique de la dame. En exposant ces restes, la fille disait : l'image de la grande Dietrich n'existe pas sans restes, le reste, c'est moi. La fille se serait identifiée à une vieille robe de scène jaunie, une tache de foutre, démultipliée à perte de vue, exposée en série au public. Ne dit-elle pas que Dietrich a démontré que, du bonheur avec un homme, une femme n'en porte que la robe, après il n'en reste que l'enveloppe vide et tachée ? Où est passé le corps, où placer la fille ?

UN « CRIME » POUR SES ENFANTS

Juste après l'enterrement de Marlène, Maria déclare en bouclant le livre que son attitude vis-à-vis de sa mère a eu des effets « criminels » sur ses enfants. La génération suivante en fut donc sérieusement affectée. Certes, elle a ouvertement critiqué sa mère devant ses enfants, désapprouvant ses mœurs de séductrice effrénée. Mais aussi elle l'admirait, elle ne pouvait s'empêcher de lui être utile, de l'assister, de l'aimer et de la haïr passionnément. Maria avoue que les enfants Riva ont eu à pâtir des effets nocifs de l'attitude contradictoire de leur mère :

> [...] ils ont souffert de me voir excuser son comportement avec ce qui a dû paraître à leurs yeux d'enfants un laxisme moral plutôt suspect. J'aurais dû m'y refuser et trancher dans le vif, or je ne l'ai pas fait. [...] C'est un crime que j'ai laissé commettre, pour lequel je suis punie encore aujourd'hui, et il n'y a absolument rien que je puisse faire pour l'effacer[1].

Ce « crime » – le mot est fort – contre ses enfants que Maria s'accuse d'avoir « laissé commettre », quel est-il ? Une lâcheté ? Une complicité ? Plus, son « laxisme moral » : n'avoir pu montrer de l'amour pour sa mère, en la séparant de l'image de la femme-putain, ou n'avoir pu sacrifier son amour pour sa mère à l'anathème sur la putain ? On ne sait pas exactement en quoi a consisté le « crime », ineffaçable aujourd'hui. Faisons l'hypothèse que le « crime », c'est sa participation obligée à l'obscénité de Marlène. Elle n'a pas pu « trancher dans le vif » malgré son vœu. « Trancher dans le vif », pour Maria, aurait été d'attenter à l'image persécutrice de femme qu'incarnait sa mère pour elle. Elle n'a pas osé agresser cette mère, qui était éprouvée comme obscène et cruelle,

1. MR II, p. 360.

et trouver la voie pour se dégager d'elle. Elle se dit aujourd'hui punie d'avoir laissé commettre ce « crime » sur ses enfants.

Le projet du livre était, pensons-nous, une tentative d'accomplir le geste de « trancher dans le vif ». Le constat final nous indique assez que celui-ci n'a pas eu lieu. Le livre a échoué à « trancher dans le vif ». Maria le sait en l'achevant. L'agression en puissance que portait le livre participe de la fascination ; pourtant ce n'est pas faute d'avoir critiqué, tourné en dérision ou terni Marlène. Maria n'a pas manqué non plus de gestes publics pour attenter à l'image de sa mère (enterrement, musée...), mais ils étaient en porte à faux, ils n'étaient pas poussés par le mouvement juste, insu, violent et décisif de la persécution par l'image. Elle sait, en concluant, que « trancher dans le vif » lui aurait été nécessaire pour sortir du ravage et occuper une position juste de mère pour ses enfants. Là est son « crime ».

Maria Riva n'a pas saisi que Marlène a su mettre en place un dispositif original dont son père était la clé de voûte. Marlène fut l'artiste d'une image de femme amoureuse sensuelle, envoûtant hommes et femmes. Cette image de scène, c'est la réalisation artistique d'une image éblouissante de femme qui vaut en général pour le public. Maria Riva n'a pas su départager l'attitude destructrice que sa mère avait avec elle, sa fille, de l'édification de son image publique. Cette confusion s'imposa, puisque l'existence même de Maria, depuis sa naissance, servait de support à la construction de l'image « Marlène Dietrich ». L'image subjective de femme qu'incarnait sa mère pour elle se confondait avec l'image de scène, construite. Elle n'a pas eu les moyens de séparer ces deux images, de « trancher dans le vif ».

Certes, Maria Riva fut fascinée par l'image de la star qu'était sa mère, admiratrice de l'étonnante maîtrise que celle-ci en avait ; elle ne fut pas ravie – au sens du ravissement – mais prise en otage dès sa naissance. Elle connut le ravage avec sa mère qui se poursuivit toute leur vie commune et se poursuit encore aujourd'hui. L'écriture de ce livre, loin de toucher à l'image dépossédante qu'incarnait Marlène pour sa fille, l'a fait valoir dans son indépendance et dans sa force.

L'extinction de la carrière de Marlène, après la mort de son mari, a marqué la fin de l'artiste de scène, mais n'a pas atteint Marlène dans le ravage qu'elle éprouvait avec sa fille : elle continuait de l'accuser sauvagement. Et Maria Riva adopta une attitude de mainmise sur sa mère en la contrôlant et en la minimisant, mais cela ne changea rien à sa position dans le ravage. Se faire valoir sur le dos de la dégradation de sa mère n'est en aucun cas un mode de résolution du ravage – Mme de Grignan, elle, ne s'y était pas trompée.

Disons que mère et fille ne sont pas sorties du ravage malgré la chute de la mère dans la déchéance, parce que cette chute n'était pas la conséquence de la persécution qui touchait la fille. L'épreuve de cette persécution fut contournée de part et d'autre par les évitements successifs de Marlène, qui se mettait hors d'atteinte des coups d'exclusion sauvages par lesquels Maria tentait de la blesser. Maria participait de l'esquive du ravage en restant l'indispensable garde du corps maternel.

Du vivant de sa mère, Maria n'est jamais entrée de front dans l'épreuve de la haine, elle le reconnaît et le regrette.

« Trancher dans le vif » aurait été « faire la peau » à l'image qui la persécutait, elle y a échoué parce que l'image artiste était confondue avec l'image subjective qu'elle avait de sa mère. Or, elle ne pouvait toucher à l'image artiste, c'est là qu'elle a achoppé. Le corps, support de cette image de scène, était soutenu par le dispositif savamment monté : par les liens réglés avec le mari, l'enfant et les amants. L'agression posthume du livre n'a pas permis que la fille atteigne l'image de femme de sa mère qui la dépossédait elle-même, et qu'elle résolve le ravage.

L'image artiste, elle, œuvre intacte, qui a nom Marlène Dietrich, a suivi son cours, détachée des oripeaux de Marlène.

L'EXIL DE CAMILLE CLAUDEL,

IMPLORATION À SA MÈRE

« LE PORTRAIT DE MA MÈRE »

La dernière lettre que nous ayons de Camille Claudel[1] est adressée à son frère Paul Claudel[2] de l'asile de Montevergues, dans le Vaucluse, où elle résidait depuis vingt-cinq ans. On peut lire :

1. Camille Claudel : 1864-1943.

2. Les documents qui m'ont paru les plus intéressants sont les suivants : Judith Cladel, *Rodin, sa vie glorieuse et inconnue*, Paris, Grasset, 1936 ; Jacques Cassar, *Dossier Camille Claudel*, Paris, Garamont/Archimbaud, 1987 – on notera « JC » les références à cet ouvrage ; les textes de Paul Claudel, des articles : *Ma sœur Camille* (JC annexe 11), *Rodin ou l'homme de génie* (JC annexe 9), *Camille Claudel statuaire* (JC annexe 8) ; Mathias Morhardt, « Mlle Camille Claudel », *Le Mercure de France*, 1898 (JC annexe 13) ; Reine-Marie Paris, *Camille Claudel*, Paris, Gallimard, 1984 – on notera « RMP (84) » les références à cet ouvrage ; Anne Rivière, *L'Interdite, Camille Claudel, 1864-1943*, Paris, Éd. Deuxtemps Tierce, 1984 ; Reine-Marie Paris et Arnaud de La Chapelle, *L'Œuvre de Camille Claudel*, Paris, Adam Biro, ARHIS, 1991 – on notera « RMP et AC » les références à cet ouvrage.

> Je pense toujours à notre chère Maman. Je ne l'ai jamais revue depuis le jour où vous avez pris la funeste résolution de m'envoyer dans les asiles d'aliénés ! Je pense à ce beau portrait que j'avais fait d'elle dans l'ombre de notre beau jardin. Les grands yeux où se lisait une douleur secrète, l'esprit de résignation qui régnait sur toute sa figure, ses mains croisées sur ses genoux dans l'abnégation complète : tout indiquait la modestie, le sentiment du devoir poussé à l'excès, c'était bien là notre pauvre mère. Je n'ai jamais revu le portrait (pas plus qu'elle). Si jamais tu en entends parler, tu me le diras.
> Je ne pense pas que l'odieux personnage dont je te parle souvent ait l'audace de se l'attribuer, comme mes autres œuvres, ce serait trop fort, le portrait de ma mère[1] !

Nous sommes en 1939, ou peu après, Camille a soixante-quinze ans. L'« odieux personnage » est Auguste Rodin, mort depuis fort longtemps (1917) – Camille le sait-elle ? Sa mère est morte depuis dix ans (1929). Camille avait été internée par les soins de son frère et de sa mère au lendemain de la mort de son père dont elle n'avait pas été avertie, en mars 1913. Elle fut écartée des funérailles de son « pauvre papa ».

Cette lettre à Paul montre à quel point Camille Claudel fut toute sa vie hantée par sa mère. Il est possible que son art, sa passion de sculpter, née très tôt, provienne d'un désir, qui ne l'a pas lâchée, tourné vers sa mère.

Le portrait que Camille fit de sa mère n'existe plus, il fut exécuté alors que Camille n'avait pas dix-sept ans. Pour Camille, à la fin de sa vie, ce portrait avait pris la valeur de l'existence intemporelle de sa mère elle-même et

1. RMP (84), p. 152-153.

représentait sur la toile ce que sa mère avait d'intangible : douleur secrète, esprit de résignation, abnégation complète, modestie, sentiment du devoir poussé à l'excès... La jeune fille a scruté l'expression de douleur du visage de sa mère, la posture de son corps, elle a réalisé en acte une version de l'énigme que présentait cette femme, sa mère.

Qu'est devenu ce portrait ? Jacques Cassar fit son enquête : il resta longtemps entreposé dans le grenier de la maison familiale à Villeneuve-sur-Fère[1]. Mme Jacques de Massary, la belle-fille de Louise (la sœur de Camille), lui a dit qu'« il avait été laissé à l'abandon dans ce qui avait été l'atelier de Camille adolescente et qui servait alors de grenier. Elle ne le revit plus jamais et pensait que le portrait avait été détruit par Mme Claudel elle-même[2] ». Prenons au sérieux cette affirmation. Jacques de Massary s'étant marié en 1922, c'est après cette date – alors que Camille est déjà internée depuis longtemps – que « Mme Claudel elle-même » aurait détruit son portrait exécuté par sa fille. À la fin de sa vie, alors que Mme Claudel est décidée à laisser Villeneuve au fils de Louise, au détriment de Paul et de Camille, se débarrasse-t-elle de l'œuvre qui donne à voir d'elle ce que Camille lui adressait depuis toujours ? Peut-être le portrait montrait-il la raison du rejet que Camille eut à subir de sa mère toute sa vie, probablement depuis sa naissance ?

Mme Claudel aurait laissé à l'abandon, puis détruit le portrait, comme pour écarter violemment ce que sa fille

1. Dans l'Aisne.
2. JC, p. 319.

Camille dans sa passion artiste avait saisi. Camille, adolescente, met en acte, dans le portrait, son désir tourné vers sa mère. Elle interroge les expressions maternelles toutes de douleur contenue, en déposant sur la toile les traits de sa vision. Que dit-elle avec cette œuvre de jeunesse ? Est-ce une question, est-ce une demande, est-ce un appel, est-ce une déclaration d'amour, est-ce une imploration ? Vers 1915, Camille, internée, écrit dans une lettre à une amie :

> Quel malheur si Maman venait à mourir pendant que je suis ici sans pouvoir bouger ! Quelle inquiétude pour moi ! car Maman ne l'avoue pas mais elle n'est pas heureuse !... Quand je pense que mon pauvre Papa est déjà mort sans que j'en aie rien su et qu'il réclamait sa fille, sa fille ! et que sa fille n'est pas venue[1] !

Elle n'« avoue pas », voilà le mot. Camille a toujours su que sa mère taisait son malheur. Sa fille aurait-elle voulu la rendre heureuse ? la faire « avouer » ? Camille a traduit cette expression du refus d'aveu du malheur, qu'elle a vu en sa mère. Camille, immobilisée à l'asile, évoque son père déjà mort sans elle, lui qui « réclamait sa fille » et « sa fille n'est pas venue ». Elle ne veut pas que la même chose se reproduise avec sa mère. Mais elle paraît ignorer que sa mère ne veut d'elle à aucun prix. Elle continue d'imaginer que sa mère pourrait la « réclamer ». C'est elle qui le voudrait follement. Il est probable que le vœu fou d'être « réclamée » par sa mère soit le mouvement même du

1. *Lettre de Camille Claudel à Gésuà*, vers 1915, *in* RMP (84), p. 134.

désir de Camille tourné vers elle. Ce portrait ne fut jamais retrouvé. Un certain jour, Mme Claudel aurait-elle radicalement refusé ce mouvement en détruisant définitivement son portrait ?

Dans la même lettre, Camille constate, comme une enfant, que « Maman ne parle pas du tout de me retirer, il n'est pas question que je sorte ! ». Elle réclamait instamment, lettre après lettre, à sa mère de la sortir de l'asile.

Dans les années qui ont précédé son internement (1906-1913), lors des moments de colère déclenchés par un deuil, Camille détruisait ses propres sculptures, « de véritables sacrifices humains », disait-elle. Les sculptures, comme le portrait, seraient-ils de « véritables » êtres humains ? La mère de Camille sacrifia l'humaine image d'elle produite par sa fille : un portrait qui devait montrer à quel point elle était malheureuse et ne l'avouait pas.

Quel était ce malheur inavoué, inavouable, que Camille savait lire ? Mme Claudel perdit sa propre mère à l'âge de deux ans et demi, alors que venait de naître un frère qui se suicidera à l'âge adulte. Elle perdit elle-même un premier fils, Charles-Henri, qui ne vécut que quinze jours. Cette mort dut régler l'accueil que Mme Claudel fit à l'enfant qui lui succéda, Camille. Le biographe de Paul Claudel, Gérald Antoine[1], écrit que « dès le temps de sa naissance, celle-ci [Camille] avait été mal accueillie : on espérait un garçon pour remplacer le petit Henri mort peu après sa naissance ». On lui donne un prénom bisexué[2].

1. Gérald Antoine, *Paul Claudel ou l'Enfer du génie*, Paris, Laffont, 1988, p. 49.

2. RMP (84), p. 164, et RMP et AC, p. 19. Reine-Marie Paris écrit que sa naissance aurait été mal acceptée par sa mère, puis : « fille aînée

Pour Camille, seul « l'odieux personnage » pourrait avoir détruit le portrait de sa mère après s'en être emparé. En faisant de Rodin le persécuteur désigné, Camille protège sa mère et se protège à tout prix de la reconnaissance de la haine que sa mère lui voue. L'atroce malentendu de leur relation se cristallise dans le portrait sacralisé par la fille, détruit par la mère. Il est, me semble-t-il, le paradigme de l'œuvre : ce qui « était bien là notre pauvre mère ». Rodin pouvait bien s'être attribué toute l'œuvre de Camille, ç'aurait été le comble qu'il ait osé s'attribuer aussi le portrait de sa mère. Disons que le comble de l'œuvre, pour Camille, c'est le portrait de sa mère.

Marguerite Duras a déclaré que pour elle l'écriture était la seule chose qui ait été plus forte que sa mère elle-même[1]. Peut-être que, pour Camille Claudel, la sculpture a été ce qu'elle a inventé de plus fort pour tenter d'atteindre le non-aveu de la douleur de sa mère elle-même. Mais son art ne résista pas. Les tragiques épisodes de sa vie, dont la plupart furent occultés, firent naufrager ce « beau talent » : il y eut probablement l'abandon clandestin d'enfants (confirmé de façon posthume par une amie anglaise témoin), il y eut un avortement (confirmé de façon posthume par Paul Claudel), il y eut la traîtrise de Rodin devant la sculpture *L'Âge mûr* (dont les véritables preuves manquent à l'enquête), il y eut la misogynie du milieu bourgeois qui entourait les artistes, il y

au prénom bisexué, en souvenir d'un premier garçon qui vécut deux semaines ».

1. *Apostrophes*, Antenne 2, le 28 septembre 1984.

eut l'acharnement accusateur de sa mère (lisible dans les échanges entre père et fils), il y eut l'impuissance de son père (lisible dans ses lettres à Paul), il y eut la haine de sa sœur Louise (lisible dans les lettres entre Paul et Louise), il y eut l'enfermement systématique par sa mère (lisible dans la correspondance de l'asile), il y eut la lâche ambiguïté de son frère (dont il témoigna après coup), et l'hypocrisie de la religion, et la faiblesse des médecins... Nous ne sommes pas dupes de cette liste maléfique des éléments convergents qui s'abattirent sur Camille Claudel. La complicité apparente de l'entourage pour maintenir Camille dans le malheur de la persécution tenait à l'enjeu entre Camille et sa mère, plus fort que toute tentative de sauvetage, que tout amour. Cet enjeu prend-il sa source dans sa naissance – elle ne remplaça pas le fils, mort peu avant ? Camille, elle, vécut. Peut-être est-ce là que gît le reproche radical que sa mère nourrit contre elle : née fille, elle ne remplaça pas le fils aîné et pourtant elle osa vivre. Sa courte vie vivante fut son art. Un art destiné à déchiffrer les mouvements humains les plus énigmatiques. Les expressions prenaient corps dans la matière sculptée.

Cet art de la sculpture, qui avant tout est un art funéraire, était rare chez les femmes pour des raisons de force physique. Mais aussi les trois dimensions dans l'espace où s'effectue l'objet sculpté apparentent la sculpture à l'érection phallique, plus en affinité avec la virilité qu'avec la féminité, dit-on. La sculpture étant l'art de faire exister des êtres nouveaux, de créer des présences dont la fixité fait apparaître un écho de la vie plus résonnant que la vie elle-même, les femmes y sont moins enclines que les hommes dans la mesure où la maternité peut davantage satisfaire le désir créateur de vies nouvelles que chez les hommes. Camille était une très belle fille, elle fut pourtant saisie de ce talent.

LA FAMILLE CLAUDEL

Camille naquit le 8 décembre 1864 à Fère en Tardenois, après la mort du premier fils Charles-Henri (1er-16 août 1863). Naîtront ensuite Louise, le 18 février 1866 (peu de jours après sa naissance, le frère de Mme Claudel est retrouvé mort dans le canal), et Paul, le 6 août 1868.

Camille grandissant, sa mère accepta très mal ses initiatives et ses volontés toutes dirigées vers l'accomplissement de la sculpture. Camille aurait eu très tôt un caractère autoritaire, voire tyrannique. Le critique d'art, Mathias Morhardt, écrit que « dès son enfance Mlle Claudel se montre extraordinairement volontaire et tenace[1] ». « Une violence effroyable de caractère », « un don féroce de la raillerie », « une ironie destructrice[2] ». Paul l'admirait et la craignait : « Ma sœur avait une volonté terrible[3] », « une beauté extraordinaire, de plus une énergie, une imagination, une volonté tout à fait exceptionnelles[4] ». Petite fille, elle gouvernait en « souveraine[5] », elle faisait « plier sa famille aux exigences de son génie », elle employait tout son entourage à trouver la

1. Mathias Morhardt, *in* JC, p. 43 et p. 413.
2. Gérald Antoine, *op. cit.*, p. 49.
3. JC, p. 43.
4. RMP et AC, p. 286.
5. Mathias Morhardt, *in* JC, p. 46 et p. 413.

terre à pétrir et à fixer des modèles. « La sculpture est une passion véhémente qui la possède tout entière, et qu'elle impose despotiquement[1]. » La maison familiale est envahie par des centaines de sculptures qui agacent sa mère. Dès l'âge de quinze ans, son grand talent fut repéré par le sculpteur Alfred Boucher. Recommandée au directeur des Beaux-Arts de Paris, Paul Dubois, Camille parvint à convaincre son père de vivre à Paris où elle pourrait apprendre la sculpture et rencontrer des professeurs. Le père décida d'installer sa famille à Paris et de se séparer des siens, son travail de conservateur des Hypothèques le retenant à Wassy-sur-Blaise. Cette décision fut prise contre les vœux de sa femme qui était, semble-t-il, très hostile à ce projet et très en colère contre Camille d'être la cause de tout ce déménagement. Le père avait cependant pensé que ce « sacrifice » pouvait servir à tous ses enfants, Louise devait parfaire sa musique et Paul faire de bonnes études de lettres, autant d'ambitions qui ne pouvaient se réaliser qu'à Paris. Ce fut, au dire de Paul, « le cataclysme ». De surcroît, tout le monde se disputait sans cesse dans la famille Claudel, particulièrement les parents entre eux. Cette décision pouvait peut-être arranger le père et déplaire à la mère, qui a lourdement chargé Camille de la responsabilité de cette « catastrophe ». Paul dit que sa vie alors a été « déchirée en deux ». Les deux morceaux de vie furent en réalité : le père d'un côté et la famille de l'autre, mais en fait c'était sa mère d'un côté (désir de rester à Villeneuve) et Camille de l'autre (Paris, et l'art).

1. JC, p. 413.

Paul dut penser que, si la famille était restée à Villeneuve selon le souhait de leur mère, la malédiction qui s'abattit sur eux, surtout sur Camille, et qui le frôla de très près, lui, ne se serait pas réalisée. Pour Paul, le drame tient à la vocation artistique. Dans un entretien qu'il donna à Jean Amrouche, il déclare : « La vocation artistique est une vocation excessivement dangereuse et à laquelle très peu de gens sont capables de résister. [...] Je crois que c'est une chose exceptionnelle que, vraiment, on ne peut souhaiter à personne. C'est une vocation en marge, c'est une vocation qui n'a rien de désirable[1]... » Grâce à la religion, Paul prétend avoir pu « aboutir à un résultat », alors que sa sœur Camille « aboutit à un échec complet ».

Camille encourut le ressentiment maternel redoublé : sa naissance la déçoit, sa vocation artistique la révolte. Le soutien de son père augmenta de jour en jour l'hostilité rentrée de sa mère, femme austère, décrite comme « le contraire d'une femme du monde ; d'un bout de la journée à l'autre en train de coudre, de tailler des vêtements, faire la cuisine[2]... » Elle avait des qualités de « simplicité, humilité de cœur, mais qui n'excluent pas les travers : le conformisme, une façon particulière d'expliquer les autres "sans charité", l'absence de curiosité intellectuelle et le manque de sens artistique [...], elle a banni de son système d'éducation les épanchements et la senti-

1. RMP et AC, p. 286.
2. Henri Guillemin, cité par JC, p. 40.

mentalité[1] ». « Notre mère ne nous embrassait jamais », dira Paul Claudel.

Camille, après avoir lu la *Vie de Jésus* de Renan, avait coupé net avec la foi ; son frère Paul la suivit immédiatement. Leur mère n'avait sûrement pas apprécié de voir Camille se détourner de la religion en entraînant son jeune frère à sa suite.

Le père aimait Camille, semblait la comprendre et la défendait principalement de l'hostilité de sa femme. Il l'a soutenue activement dans sa carrière d'artiste. Sa liaison avec Rodin fut longtemps dissimulée aux parents de Camille, mais, dès qu'elle leur fut révélée, Mme Claudel s'autorisa à faire éclater sa haine ; la protection du père se révélera impuissante[2]. Cet événement fut un de ceux qui précipitèrent Camille dans la déchéance.

Il y a comme une alliance conformiste entre la mère et sa seconde fille, Louise. « Camille s'affrontera d'emblée avec sa mère et sa sœur cadette de deux ans, Louise, la préférée de sa mère, formant au sein de la famille un clan des Louise qui ne se séparèrent jamais[3]. » Louise paraît jalouse de sa sœur, aimée du père et du frère, envahissante avec ses exigences artistiques. Cette jalousie prendra pour Camille une tournure folle : Louise sera désignée plus tard, dans le délire de Camille, comme complice du persécuteur Rodin, accusée d'avoir fait une alliance « scellée de baisers sur la bouche » avec lui pour la dépouiller de son œuvre et la déposséder de son héritage.

1. JC, p. 40 et 185.
2. JC, p. 171.
3. RMP et AC, p. 19.

Avec Paul la relation est complexe. Paul, jeune, a pour Camille une admiration sans bornes, il aime son style, sa création, son talent. Subjugué par elle, il croit la deviner. Il dira qu'elle avait « une personnalité magnifique[1] ». Camille de son côté l'a admiré et, ayant une avance sur lui, grâce à ses relations, elle l'a aidé socialement. Camille a toujours compté sur lui. Nous verrons que les différents départs de Paul à l'étranger (États-Unis, Chine) furent pour Camille des pertes d'appui décisives. Paul a su se préserver des effets ravageants de la vocation artistique et de l'amour fou, avec le secours de la Grâce de la Vierge Marie. Il est remarquable que seuls lui et sa mère furent préservés des assauts de l'accusation persécutrice de Camille.

CAMILLE, ÉLÈVE DU GRAND RODIN

En 1881, quand la famille s'installe à Paris, elle est divisée en deux : le « clan des Louise », mère et fille, hostiles à l'art de Camille, et les deux artistes en herbe. Camille s'engage à fond dans la sculpture, soutenue par son père et par Paul, qui tira un immense profit de cette disposition : il fit de bonnes études de lettres dans les meilleurs lycées parisiens, il apprit par sa sœur comment l'on devient artiste à Paris dans les années 1880, sans jamais se fâcher véritablement avec sa mère. Camille, très arrogante, était transportée par son mouvement artiste, et

1. RMP et AC, p. 286.

ne semblait pas s'arrêter aux expressions de la jalousie de sa sœur ni à la désapprobation de sa mère.

Camille, à dix-sept ans, fonde un atelier avec des amies anglaises rue Notre-Dame-des-Champs[1]. Elle avait déjà effectué des œuvres importantes avant de venir à Paris[2] : « Ces premiers essais étaient noueux, creusés de noir profond, et dramatiques[3]. » Devant quelques-uns de ses groupes, dont le *David et Goliath*, Dubois, directeur des Beaux-Arts, s'étonne, « cherche la raison de cette originalité ». Il la questionne : « Vous avez pris des leçons avec M. Rodin[4] ? » C'est la première fois que Camille entend ce nom. Avant même de savoir qui est Rodin, elle est épinglée comme « son élève ». L'observation de Dubois fut « prophétique[5] », écrira Mathias Morhardt. Ces paroles sont devenues légendaires.

En 1883, nommé à Rome, Alfred Boucher demande à Rodin de le remplacer auprès de ses élèves. La séduction est immédiate ; Rodin, de vingt-quatre ans son aîné, est « ébloui par la précocité et la beauté » de Camille. En 1884, « d'élève elle devient, dans l'atelier de Rodin rue de l'Université, le modèle, la praticienne, l'amante et l'émule[6] ». L'entrée de Camille dans l'atelier de Rodin fut

1. RMP et AC, p. 19.
2. Un *Napoléon Ier* et un *Bismarck*, illustration des poèmes d'Ossian, *Œdipe et Antigone*, des essais en terre, des modelages, une sculpture de *David et Goliath*, deux bustes de son frère Paul, un buste de vieille femme, *La Vieille Hélène*, un torse de femme, le buste de son père, le fameux portrait de sa mère.
3. Mathias Morhardt, *in* JC, p. 416.
4. JC, p. 52 et 415.
5. Mathias Morhardt, *in* JC, p. 416.
6. RMP et AC, p. 19.

un « événement ». Judith Cladel (au nom prédestiné), amie et biographe de Rodin, écrit : « les dons éclatants de la jeune artiste de qui l'image, les magnifiques yeux bleu sombre au regard illuminé captivèrent bientôt son cœur d'homme[1] ». Camille a vu en lui un maître, « il serait plus conforme de dire qu'elle devint sa collaboratrice clairvoyante et sagace[2] » car, pour elle, « la seule chose qui soit essentielle, c'est de faire de la belle et noble sculpture[3] ». Morhardt analyse leur relation :

> Rodin, qui a tout de suite reconnu en elle la future grande artiste, ne la considère que comme telle. Sans doute il lui communique tout ce qu'il peut lui communiquer de sa grande expérience. Mais il la consulte elle-même sur toute chose. Sur chaque décision à prendre, il délibère avec elle, et ce n'est qu'après s'être mis d'accord qu'il se détermine définitivement. [...] Elle a toujours été regrettée dans l'atelier qu'elle a quitté plus tard et Rodin, dont l'admiration pour la jeune artiste n'a cessé d'augmenter, ne s'est jamais consolé de son départ. Le bonheur d'être toujours compris, de voir son attente toujours dépassée a été, dit-il lui-même, une des grandes joies de sa vie artistique[4].

Morhardt insiste pour dire que Camille n'hésita pas à se soumettre à l'ascendant du maître alors que beaucoup d'autres l'évitaient, redoutant d'y perdre leur « originalité ». Il faut croire que Rodin avait une large réputation de prédateur de ses élèves. Camille ne craint pas de se voir

1. Judith Cladel, *Rodin* (p. 226), cité par JC, p. 57.
2. Mathias Morhardt, *in* JC, p. 241.
3. JC, p. 420.
4. JC, p. 421.

déposséder de sa personnalité ni d'être utilisée. Rodin lui apprendra son savoir-faire : « modeler uniquement par les profils et les exagérer constamment dans une proportion déterminée et toujours constante[1] ». Elle fait « des pieds et des mains » pour *Les Bourgeois de Calais*, elle taille le marbre afin que le maître puisse l'achever. Camille servira de modèle à de nombreuses œuvres de Rodin.

De leur liaison amoureuse passionnée, on ne sait presque rien, étant donné qu'elle était doublement cachée à deux femmes. Camille la dissimule à sa mère et à sa famille catholique bien pensante, et Rodin à Rose Beuret, sa compagne de toujours dont il a eu un fils qui porte seulement son prénom : Auguste Beuret. Le fidèle dévouement de sa maîtresse les lie de façon indélébile. Rodin ne peut la quitter. Miss Lipscomb, l'amie anglaise de Camille, est aussi une élève de Rodin et sert d'intermédiaire entre les amants. Le maître passe par elle pour obtenir des nouvelles de son élève bien-aimée qui vit toujours chez ses parents, c'est-à-dire avec sa mère et ses frère et sœur.

Alors que Camille était emportée dans la passion amoureuse, de son côté Paul Claudel reçut l'« illumination » à Notre-Dame de Paris le jour de Noël 1886, qui prit son plein sens de « conversion » quatre ans plus tard, à Noël 1890. Claudel affirme que la Vierge remplaça la vacuité affective de sa mère, la Grâce étant devenue sa muse. La religion, exclue sous l'influence de

1. JC, p. 58.

Camille, revient comme raison nécessaire à sa création[1]. Dès lors, pour lui, la religion commande et dépasse sa vocation d'artiste. Camille, à l'acmé de sa relation amoureuse et de l'émulation artistique avec Rodin, suit une voie beaucoup plus risquée que celle de Paul.

Rodin avait la réputation d'avoir facilement des liaisons amoureuses avec les femmes qui lui servaient de modèle, et d'autres encore. Camille le savait, elle s'en impatientait et le menaçait de le priver d'elle s'il ne renonçait pas aux autres femmes et à sa concubine Rose, particulièrement. Une anecdote piquante montre combien Rodin était un homme avide qui prenait son bien là où il se trouvait : un jour, Pierre Louÿs ne revit pas sa « petite maîtresse » avec qui il vivait pourtant. Combien il fut étonné de la trouver posant « toute nue » dans l'atelier de Rodin, qui l'avait rencontrée chez lui ! Il fit une scène à la jeune femme et à Rodin. Mais quand il vit que « son visage sortait déjà vivant d'un bloc de glaise, elle paraissait encore plus belle. Devant cette œuvre naissante [sa] colère tomba[2] ». Rodin lui répliqua : « Vous en auriez fait autant [...], cette petite a un corps splendide. Elle m'est indispensable... »

Deux lettres de Rodin à Camille montrent la force de son fol amour pour elle, à qui il réservait une autre place que ces différents modèles au corps « indispensable ». Camille avait de l'« ascendant » sur lui. Dans l'une datée de 1883[3], Rodin se manifeste transi de passion, il souffre horriblement des absences de Camille, c'est l'« agonie », « l'implacable douleur », il implore la pitié de la méchante

1. Gérald Antoine, *Paul Claudel*, *op. cit.*, p. 64-72.
2. Frédéric V. Grunfeld, *Rodin*, Paris, Fayard, 1988, p. 252.
3. RMP et AC, p. 20.

Camille. « Je n'en puis plus, je ne puis plus passer un jour sans te voir », « c'est fini, divinité malfaisante et pourtant je t'aime avec fureur ». Camille doute de cet amour et fait payer à Rodin sa fidélité à Rose, sa « lâcheté », mais aussi le fait qu'il a des rapports « amicaux » avec d'autres modèles : Camille exige l'exclusivité. « Ma Camille sois assurée que je n'ai aucune femme en amitié, et toute mon âme t'appartient. » Il supplie sa « féroce amie » de lui accorder la générosité d'un peu de sa présence et de ne pas le menacer. Camille lui a apporté « un feu de joie », « la part de ciel » qu'il a eue dans sa vie. « Je ne regrette rien, ni le dénouement qui me paraît funèbre, ma vie sera tombée dans un gouffre. » Rodin sait donc que leur liaison est condamnée. Camille veut tout sans partage. L'immensité de la douleur de Rodin doit probablement être à la mesure de son impossibilité à choisir Camille.

La deuxième lettre, trois ans plus tard, datée du 12 octobre 1886, contient un curieux contrat par lequel Rodin s'engage à ne pas avoir d'autres élèves que Camille. Il lui promet fidélité, soutien et protection, sinon les conditions seraient rompues. C'est une véritable promesse de mariage[1], qui signale l'instabilité de leur lien :

> Après l'exposition au mois de mai [1887] nous partons pour l'Italie et y restons au moins six mois communément d'une liaison indissoluble après laquelle Mlle Camille sera ma femme [...].
> Mlle Camille restera à Paris jusqu'à mai.
> Mlle Camille s'engage à me recevoir à son atelier quatre fois par mois jusqu'au mois de mai.

1. RMP et AC, p. 21.

Rodin veut garder Camille et la rassurer, il gagne un peu de temps. En mai ils ne voyageront pas en Italie, mais en Touraine. Rodin enquête sur les traces de Balzac qu'il étudie minutieusement. C'est au château de l'Islette, près d'Azay-le-Rideau, que Camille et Rodin se rendront régulièrement pour abriter leurs amours clandestines. C'est probablement là que naîtront leurs enfants (abandonnés, si cela est vrai), et que se déroulera l'avortement fatal.

Sa sœur Louise se marie en août 1888 avec Ferdinand de Massary, magistrat. Cette même année, de la promesse de pseudo-mariage de Rodin à Camille il résulte que Rodin loue à Paris un lieu romantique et enchanteur qui sera le refuge de leurs rencontres amoureuses et artistiques, dans le parc du clos Payen ; « ce sera pour Rodin celui de ses ateliers qu'il regrettera le plus et le plus longtemps[1] ». Mais le soir il rentre auprès de Rose. Camille, de son côté, quitte l'appartement familial et s'installe seule, 113, boulevard d'Italie (à quelques numéros de l'atelier qu'elle partage avec Rodin). La liaison est stimulante pour les deux artistes, certaines œuvres de cette époque ont une parenté d'inspiration évidente[2].

1. JC, p. 70.

2. On peut repérer des œuvres quasiment jumelles, comme *Sakountala* de Camille, de 1888, poème sanskrit du Ve siècle, « une jeune ermite donne secrètement un enfant au roi dans la forêt » (Frédéric V. Grunfeld, *Rodin*, *op. cit.*, p. 245) ; « c'est un moment, c'est une éternité de tendresse ineffable et d'extase », écrira Morhardt (cité par RMP et AC, p. 118). Et *L'Éternelle Idole* de Rodin de 1889 ; de même *La Jeune Fille à la gerbe* de Camille, et *La Galatée* de Rodin, toutes deux de 1890. *L'Abandon* de Camille, et *Le Baiser* de Rodin. Ces deux œuvres seront comparées de façon acerbe par Paul.

Une lettre de Camille évoque leur intimité : « Je couche toute nue pour me faire croire que vous êtes là, mais quand je me réveille ce n'est plus la même chose. Je vous embrasse. Camille. [En *P.S.*] Surtout ne me trompez plus. » Dans une étude sur l'œuvre *L'Âge mûr*, Danielle Arnoux commente cette lettre avec justesse : « La nudité, pour Camille, fait signe, marque plutôt, de Rodin, c'est son habit Rodin[1]. »

Le thème de l'inquiétude jalouse est lancinant. Et Camille savait qu'elle était enviée par les épouses des hommes qui s'occupaient d'elle. Dans une lettre plus tardive (1896) à Rodin, elle écrira :

> Vous savez bien d'ailleurs quelle haine noire me vouent toutes les femmes aussitôt qu'elles me voient paraître jusqu'à ce que je sois rentrée dans ma coquille, [...] et de plus aussitôt qu'un homme généreux s'occupe de me faire sortir d'embarras, la femme est là pour lui tenir le bras et l'empêcher d'agir[2].

« La femme est là », désignée comme toujours là, pour empêcher l'homme d'agir en faveur de Camille. La femme du premier homme qui s'est occupé de Camille est sa mère. La femme du deuxième homme qui s'est occupé d'elle est Rose Beuret. Camille a su très tôt que Rodin ne

1. Danielle Arnoux, « L'œuvre de la rupture, *L'Âge mûr* de Camille Claudel », *Revue du Littoral*, Paris, EPEL, 1996, n° 43, p. 15.
2. RMP et AC, p. 258.

quitterait jamais sa concubine. Peut-être a-t-elle reconnu sur lui la même capture, par le dévouement accusateur de la femme blessée, qu'elle observa sur son père par sa mère. Camille est poursuivie par la « haine noire » d'une femme. Celle de Rose doit faire écran à celle de sa mère. C'est dans le trio avec Rodin et Rose que la haine explose. Judith Cladel explique :

> La belle artiste, cœur entier, absolu, ne jugeait pas suffisante la situation de disciple aimée et admirée. Elle voulait devenir l'unique objet de l'affection du maître et la compagne de sa vie intime. Ce fut alors la période des grands déchirements. Auguste Rodin se considérait lié pour toujours à la femme qui vivait auprès de lui..., à la Rose de sa jeunesse, à celle qui avait partagé sans défaillance sa misère, sa longue patience et ses lointains espoirs. Sa vie se trouvait tout à coup divisée : à Paris dans les ateliers où il était interdit à Rose de paraître..., à Meudon, aux repas du soir... Comme toujours en de tels partages, les deux femmes souffraient mort et passion et, de la part de chacune d'elles, également intransigeantes et de caractère violent, s'abattaient sur l'homme des torrents de reproches, de larmes, et même de menaces. S'il rentrait tard, Rose ivre de jalousie, corrodée d'idées de vengeance, rôdait comme une folle, dans la nuit autour de leur maison isolée, guettant le pas sur la route de l'homme aimé et haï... C'est dans ces orages sans cesse renaissants qu'il sentit ses forces se briser[1].

Il y eut des affrontements violents entre les deux femmes, de nombreuses disputes éclatèrent. Des récits, non confirmés, décrivent des coups échangés entre elles, chacune surgissant à l'improviste dans le lieu réservé à

1. Judith Cladel, *op. cit.*, p. 231-232.

l'autre. Camille lançant un « c'est elle ou moi », Rose aurait tiré un coup de feu sur elle[1].

Chaque femme voit en l'autre la femme préférée de Rodin. Rodin souhaitait les garder chacune de son côté, certes, mais, pour lui, elles n'étaient pas en rivalité. Chaque fois qu'il part avec Camille, il écrit des lettres tendres à Rose pour qu'elle ne s'inquiète pas. Malgré le fait que Rodin ne quitte pas Rose et qu'il n'épouse pas Camille, leur liaison continue jusqu'en 1892-1893.

En 1892, Camille dessinera une série de caricatures féroces qui tournent en dérision le lien de Rodin à Rose. *Réveil, douce remontrance par Beuret* : Rodin y est représenté nu, couché dans les bras de Rose qui semble le surveiller d'un regard noir comme un enfant. *Le Système cellulaire*, où l'on voit Rodin enchaîné et Rose nue qui monte la garde avec son balai en forme de fusil. Puis *Le Collage*, Rodin et Rose y sont représentés collés par les fesses, « la femme à quatre pattes, l'homme agrippé à un tronc d'arbre cherchant en vain à se dégager[2] », avec la légende suivante : *Ah ben vrai ce que ça tient !* Rodin est montré servilement et bestialement « collé » à Rose comme par les excréments. Camille y traduit son mépris sarcastique de la soumission de Rodin à l'emprise de Rose.

Le bruit courut que Camille eut au moins deux enfants de Rodin – fait confirmé par le témoignage de Jessie Fawcett, une amie anglaise qui n'a pas gardé le secret comme les autres[3]. Et l'on sait « de sources sûres » qu'un

1. Frédéric V. Grunfeld, *Rodin*, *op. cit.*, p. 254-255.

2. RMP et AC, p. 230.

3. Frédéric V. Grunfeld, *Rodin*, *op. cit.*, p. 242. Camille avait rompu avec cette amie, probablement à l'occasion de sa position de

des plus proches collaborateurs de Rodin fut plusieurs fois chargé par lui de régler la pension de deux enfants qui pourraient bien être ceux-là. Sa biographe, Judith Cladel, se hasardera à lui poser la question : « Mais on prétend couramment... que... vous avez de votre amie... quatre enfants. » (Deux ou quatre ?) Rodin répondit : « Dans ce cas, le devoir eût été trop clair[1]. » Quel devoir ? Celui de choisir Camille ? Il n'est pas exclu que Rodin ait menti à Judith Cladel[2]. Elle écrit :

> Devant l'ultimatum qui lui était sans cesse posé, il n'eut d'autre ressource que de se résigner à l'acte terrible : choisir. Et il choisit de laisser les choses telles qu'elles s'étaient arrangées d'elles-mêmes, il choisit de ne pas abandonner sa vieille compagne, la servante au cœur simple. [...] La jeune femme n'admit point la décision... Après des scènes tragiques, elle préféra la rupture et il plongea, lui, dans les affres du désespoir[3].

Entre 1892 et 1893, Camille se sépare de Rodin.

LA SÉPARATION

Judith Cladel n'évoque pas la raison exacte de la séparation – en 1936, date de la parution de sa biographie, elle ne

témoin dans cette affaire. Elle lui écrira de l'asile : « Il est temps d'enterrer la hache de guerre. »

1. Cité par JC, p. 85.
2. Grunfeld, qui a lu les cahiers de notes de Judith Cladel, est persuadé de l'existence de ces enfants et soutient qu'avec cette phrase la biographe a voulu protéger Rodin.
3. Judith Cladel, *op. cit.*, p. 232.

la connaissait probablement pas. Camille aurait subi un avortement ; cet événement décisif de leur séparation restera secret pendant presque cent ans. Reine-Marie Paris (petite-fille de Paul) écrit en 1990 : « Le drame d'un avortement en 1892 [date probable] consomme la rupture avec Rodin[1]. » Cette fois c'est la potentialité d'enfant qui sera détruite par l'impossibilité de leur liaison à se faire connaître et à être légitimée. La maternité est impossible pour Camille. Paul Claudel fit état pour la première fois de l'avortement de Camille dans une lettre en 1939 à la femme de Romain Rolland, révélée par la publication de sa biographie en 1988 (presque cent ans après). Cette lettre dit la véritable attitude de Paul à l'endroit de l'internement de sa sœur Camille ; c'est l'expiation du crime de l'avortement.

> Sachez qu'une personne de qui je suis très proche a commis le même crime que vous et qu'elle l'expie depuis *vingt-six ans* dans une maison de fous. – Tuer un enfant, tuer une âme immortelle, c'est horrible ! c'est affreux ! comment pouvez [vous] vivre et respirer avec un tel crime sur la conscience (peut-être vous ai-je mal comprise ?) [...] En tout cas je ne vous parle pas avec l'indignation d'un pharisien, mais avec la compassion d'un frère[2]...

Nous reviendrons sur l'attitude de « compassion » de Paul, pas loin de « l'indignation d'un pharisien ». Pour l'instant, notons qu'il n'est jamais question de maternité, ni d'enfant, ni d'avortement dans la correspondance disponible entre les protagonistes de l'époque. Une chape

1. RMP et AC, p. 21.
2. Gérald Antoine, *op. cit.*, p. 166.

de silence et de censure d'une densité incroyable s'est abattue sur les traces de ces événements majeurs. Le secret fut collectivement bien gardé. Seules les sculptures parlent : la jeune femme agenouillée aux bras tendus, appelée *Le Dieu envolé* (1894), et celle qui lui est apparentée, *L'Implorante* (1899), ont chacune le même ventre arrondi de femme qui connut peut-être la maternité et qui implore une instance qui semble s'élever[1]. De la version du *Dieu envolé*, Morhardt écrit : « Le dieu vient de partir... Le bras s'allonge et s'étend, semble-t-il, jusqu'au cœur du dieu..., le geste inscrit dans l'espace l'idée de l'absent... Ce bras, doigt levé... sorte d'aile, qui la soulève presque et qui l'emmène vers le dieu disparu. Il est quelque chose comme le commencement d'une miraculeuse assomption. » La jeune femme sculptée tend son corps vers le haut, exprimant l'imploration (de quoi ? du pardon de Dieu ? du retour de l'enfant ? de l'homme ? de sa mère ?). Ce personnage de belle implorante deviendra « la Jeunesse » dans le groupe à trois de *L'Âge mûr*.

En 1892, Rodin sculpte *La Convalescente* et *L'Adieu*, titres qui évoquent la maladie et le départ de Camille de l'atelier. Elle lui parle dans une lettre[2] de son état de santé défectueux, elle se plaint de ne pouvoir rester couchée, « ayant à chaque instant des occasions de marcher » ; il s'agit peut-être des suites de l'avortement. Elle lui dit

1. *L'Implorante* (qui fut nommée aussi *La Suppliante* ou *L'Imploration*) fut présentée dans une version avec une extravagante chevelure comme des serpents qui s'enroulent, ou « en guirlande d'algues qui donnent à la jeune fille l'aspect d'une noyée ». Cf. RMP et AC, p. 167.

2. Le 25 juin 1893, RMP et AC, p. 253.

qu'on raconte toutes sortes de « fables » sur elle à l'Islette, en Touraine : « Il paraît que je sors la nuit par la fenêtre de ma tour suspendue à une ombrelle rouge avec laquelle je mets le feu dans la forêt[1] ! ! ! » Ces images extravagantes indiquent qu'à l'Islette on a deviné que Camille cachait quelque chose de brûlant et de dangereux ; est-ce l'évocation des faiseuses d'ange qui opèrent la nuit ? Camille sort de sa tour de silence, suspendue à une ombrelle rouge comme le sang, qui s'envole dans la nuit comme l'enfant disparaissant. Camille est « suspendue », son suspens se traduira dans l'œuvre *L'Âge mûr*.

En 1893, Camille et Rodin quittent leur atelier, lieu de rendez-vous amoureux, le clos Payen. Rodin s'éloigne de Paris et s'installe à Bellevue, tandis que Camille loue pour elle un appartement avenue La Bourdonnais. Elle a déjà exposé plusieurs fois, elle est reconnue comme la talentueuse et prometteuse élève du grand sculpteur. Reine-Marie Paris écrit que « le départ de son frère Paul aux États-Unis détermine Camille à s'affranchir délibérément de l'emprise du maître ». Son frère ne doit encore rien savoir de l'avortement puisqu'elle se confie à lui en décembre 1893. Les parents de Camille ignorent la nature exacte des relations de leur fille avec Rodin ; elle va en 1894 se reposer en villégiature dans la maison familiale, à Villeneuve. La présence de Paul devait permettre à Camille de soutenir sa passion amoureuse, sans cesse menacée. L'avortement plus le départ de Paul seraient les raisons conjuguées qui ont fait basculer Camille vers

1. *Ibid.*

l'impossibilité de supporter la liaison tourmentée et lui ont fait croire qu'elle préférerait la séparation avec Rodin.

LA TRIANGULATION À L'ŒUVRE

Dans une très belle et longue lettre à son frère, Camille expose ses nombreux projets et ses idées nouvelles avec force ironie. Plusieurs projets mettent chacun en scène trois personnages, plus quelque chose ou quelqu'un, avec des croquis à l'appui : « "Mon groupe de *trois*" avec un arbre penché qui exprimera la destinée[1]... » Puis elle ajoute : « Tu vois ce n'est plus du tout du Rodin et c'est habillé », puis elle souligne : « *C'est à toi que je confie ces trouvailles, ne les montre pas !* » Confiance et méfiance. Camille déclare qu'elle a « un grand plaisir à travailler », elle est sûre que son frère appréciera, « dépêche-toi de revenir pour voir tout ça ».

Arrêtons-nous sur cette lettre qui décrit le mouvement de Camille voulant se détacher de l'emprise de Rodin. Toute une série d'œuvres s'amorcent et convergent vers ce qui sera *L'Âge mûr*.

Dans le même temps, Camille avait achevé la sculpture de *La Valse*, représentant l'emportement d'un couple

1. *La Confidence* : « trois personnages en écoutent un derrière un paravent », *Le Violonneux* : « trois petits enfants écoutant un vieux joueur de violon », *Le Dimanche* : « trois bonshommes en blouse neuve... partent pour la messe ». Et *La Faute* : « une jeune fille accroupie sur un banc pleure, ses parents la regardent tout étonnés ». Lettre de Camille à Paul de décembre 1893. Souligné par elle, RMP et AC, p. 253.

amoureux, dans une danse aérienne défiant la pesanteur. L'inspecteur des Beaux-Arts écrivit : « Le rapprochement des sexes est rendu avec une surprenante sensualité d'expression qui exagère considérablement la nudité absolue de tous les détails humains[1]. »

On exigera d'elle plus de pudeur : le drapé sur les reins de la femme fut imposé par l'inspecteur. Mais cet habillage n'en est pas un, il donne à la sculpture une réalité non de voile, mais de chair à vif. Octave Mirbeau s'interroge à propos de *La Valse*[2] :

> Mais où vont-ils éperdus dans l'ivresse de leur âme et de leur chair si étroitement jointes ? Est-ce à l'amour ? Est-ce à la mort ? [...] Je ne sais pas où ils vont si c'est à l'amour, si c'est à la mort ; mais ce que je sais, c'est que se lève de ce groupe une tristesse poignante, si poignante qu'elle ne peut venir que de la mort, ou peut-être de l'amour plus triste encore que la mort[3].

Cette « valse » funèbre est une annonce suspendue.

Déjà Camille avait modelé le torse décharné d'une vieillarde chauve, qui donnera ensuite la Parque Clotho, celle qui, selon la légende, répand sur les humains les fils du destin. Sur sa tête, Camille ajoutera un écheveau de liens lourds qui l'accablent et la rendent menaçante. Le plâtre de la *Clotho*[4] fut exposé en 1893 (le marbre sera effectué en 1896). Mirbeau commente l'œuvre ainsi :

1. RMP et AC, p. 127.
2. *Ibid.*, p. 132-133.
3. Exposée au Salon du Champ-de-Mars en 1893. RMP et AC, p. 129.
4. *Ibid.*, p. 137, p. 139.

> Maintenant voici la Parque, l'effrayante Parque. Vieille décharnée hideuse, les chairs battant comme des loques de ses flancs, les seins flétris tombant ainsi que les paupières mortes, le ventre couturé, les jambes longues [...] dont les enjambées fauchent les vies humaines, elle rit dans son masque de mort. Autour d'elle la vie, figurée par d'étranges banderoles [...] roule, se déroule, s'enroule. D'un geste ironique qu'accompagne son épouvantable rictus, elle les agite dans l'air [...]. C'est d'un art très haut très mâle et qui fait de Mlle Claudel une des plus intéressantes artistes de ce temps. Auguste Rodin peut être fier de son élève ; l'auteur de *Tête d'or* de sa sœur. Mlle Claudel est bien de la race de l'un et de la famille de l'autre[1].

En 1893, Rodin et Paul Claudel sont rassemblés dans une même fierté supposée à l'endroit de l'inquiétante Camille Claudel.

Les œuvres précédentes semblent avoir préparé l'arrivée du « groupe de *trois* », qui se fixera ainsi dans les deux versions successives de *L'Âge mûr* : l'homme du couple valsant se sera distancé de la jeune femme et oscillera, pantelant, tiraillé entre la jeune « Implorante » et la vieille femme, la « Parque », pour enfin se laisser emporter par la vieille et se détacher définitivement de la jeune. *La Valse* amoureuse sera métamorphosée en ravissement funèbre. En l'absence de Rodin et de Paul, Camille pose la triangulation (*Valse* plus *Clotho*), 2 + 1 = 3. Le trio est, dans sa lettre, présenté avec quelque chose ou quelqu'un en plus. Nous voyons, en place de « un en plus », d'abord une enfant : Camille avait sculpté à la même époque (1893) le buste d'une merveilleuse

1. RMP et AC, p. 136-137.

petite fille au regard fixe et pur tourné vers le ciel, *La Petite Châtelaine*. Cette enfant de Touraine évoque les enfants abandonnés mais aussi l'enfant avorté : l'enfant merveilleux que Camille n'a pas eu. L'enfant est-il le prix à payer de la cruauté, due à la « haine noire » de la femme toujours là pour empêcher l'homme d'aider Camille ? Notons que, pendant la réalisation de la deuxième version de *L'Âge mûr* (1898), Camille fera aussi « en plus » : le tableau d'une petite fille morte, *Fillette aux colombes* – nous y reviendrons.

« CE N'EST PLUS DU TOUT DU RODIN, C'EST HABILLÉ »

Cette remarque confidentielle amorce un appel à mettre Paul de son côté contre la nudité à la Rodin. Paul, converti, cherchait dans la religion la force de résister à la tentation du péché érotique « de la chair ». Pourtant, à l'examen, les œuvres de Camille Claudel postérieures à la séparation avec Rodin ne sont pas plus vêtues que les précédentes, les drapés qui flottent ou le terrifiant écheveau de cheveux entourent plus qu'ils n'habillent les corps en pleine expression, et nus[1].

Une visite au musée Rodin permet aujourd'hui de donner sens à cette nudité-Rodin, par rapport à laquelle

1. Citons *La Valse*, *Clotho*, *L'Âge mûr*, et encore : *Les Causeuses* (1897) ou *La Vague* (1897-1902) – les petites femmes sont toutes nues – ainsi que *Persée et la Gorgonne* (1903), *Vertumne et Pomone* (1905), *L'Abandon* (1905), ou *Niobide blessée* (1906) – les personnages sont nus.

Camille affirme à Paul se démarquer. En effet, une salle est consacrée aux œuvres de Camille Claudel dans l'ordre chronologique (période de 1884 à 1903)[1]. La sculpture de Camille Claudel semble se différencier de celle de Rodin par ce qui du dessous vient à la surface, et cela de deux façons. La *façon crue* : les drapés suggèrent des nerfs, des artères ou des racines ; les yeux sont creusés, les muscles parfois presque écorchés, les cheveux évoquent des serpents, des guenilles, des sarments, des arbres même, ou des mollusques. Ces vêtures ne couvrent rien, au contraire, elles accusent l'expression du décharnement, de la torture. Et la *façon inspirée* : apparaît une puissante émanation de l'expression intérieure – la peur, l'appel, la tendresse, l'effroi, l'abandon, la douleur, l'élévation, la méditation et la mort proche. Les visiteurs s'exclament : « Quelle torture ! », ils s'arrêtent parfois, paraissant interloqués par l'expression du tourment qui se lève... Tandis que les sculptures de Rodin ont une peau qui enveloppe, on voit la chair vivante, presque la respiration du sommeil, de l'attente, de l'ennui, le poids du corps replié, fermé, la fatigue, l'âge, la tension du désir ardent, les extravagances de la jouissance dans la proximité des corps, l'enlacement, le baiser, la cambrure, le toucher, la torsion des muscles, le pli. Paradoxalement la nudité-Rodin appelle l'identification, on vibre et l'on reconnaît la présence du corps, c'est une nudité de peau vivante et désirante. L'œuvre est puissante, généreuse et vaste.

1. Dans cette même salle consacrée à Camille sont ajoutées les œuvres de Rodin qui croisent celles de Camille, soit que Camille en ait été le modèle, soit que les œuvres soient contemporaines, voire jumelles des siennes.

Tandis que les œuvres de Camille Claudel, de plus petite taille, sont plus intimistes dans leurs thèmes, elles ne sont ni nues ni habillées, elles sont décapées. Elles expriment dehors ce qui est dessous la peau, ou au-dedans de soi ; il n'y a pas de peau.

« Ce n'est plus du tout Rodin, et c'est habillé » prend le sens de « ce n'est plus la nudité-Rodin », ce n'est plus du nu : il n'y a pas d'érotisme à fleur de peau. Le « c'est habillé » est un clin d'œil à Paul. À lire en négatif : ce n'est plus habillé de la peau Rodin (de « l'habit Rodin »)[1].

De 1892 à 1900, Camille, séparée de Rodin, veut clairement afficher son indépendance. Pourtant, Rodin continue de la recommander comme « son élève ». Dans un billet, elle refuse d'aller là où Rodin lui dit d'aller car elle n'a ni chapeau, ni souliers, ses « bottines sont tout usées[2] ». Une autre fois, elle refusera d'être présentée au président de la République, arguant qu'elle n'a pas de toilette pour la circonstance. Depuis qu'elle a quitté Rodin, elle n'a pas ce qu'il faut pour se présenter socialement en femme, elle ne peut pas s'habiller. Son refus sonne comme un signal d'alarme ; Camille, comme son

1. On peut distinguer des périodes dans l'œuvre de Rodin : avant, pendant, et après Camille. Avant Camille : les œuvres sont fixes et les thèmes plus académiques et fermés. Pendant la période de travail en commun, les expressions intérieures viennent : *La Convalescente*, *Le Sommeil*, *L'Aurore*, *Les Bourgeois de Calais*... et le *Balzac*, lui, étonnamment recouvert d'un grand manteau aux manches flottantes. Après Camille, une mise en mouvement s'est opérée, mais la peau a repris ses droits, les thèmes fantasmagoriques affluent : *Le Sculpteur et sa muse*, *La Main de Dieu*, *La Terre et la Lune*, *Adam et Ève*... L'allégorie bat son plein avec bonheur.

2. RMP et AC, p. 254.

œuvre, est écorchée. N'ayant plus la présence du corps de Rodin, l'enveloppe peau ne l'habille plus. Elle semble dire à Rodin que si la femme et l'artiste n'ont pu être jointes et légitimées dans son désir, alors Camille n'a plus la possibilité de se présenter à la fois en artiste et en femme devant le grand public ou les autorités. Elle a perdu la peau Rodin. La division entre l'artiste et la femme est à l'œuvre, c'est le début de la méfiance.

UNE PROTECTION DÉNÉGATIVE DE RODIN

Après leur séparation, Camille continuait de vouloir « que Rodin répudiât sa pauvre vieille Rose[1] ». Ayant cependant déjeuné chez Morhardt en compagnie de Rodin, elle demanda à son hôte d'éloigner Rodin de son atelier à l'avenir. Elle se méfie :

> Je n'aime pas montrer des choses pas finies et des esquisses en herbe ; [...] et pourquoi faire connaître toutes mes idées avant qu'elles ne soient mûres ?
> Si vous pouviez en même temps inculquer à M. Rodin délicatement et finement l'idée de ne plus venir me voir, vous me feriez le plus sensible plaisir que j'aie jamais éprouvé. M. Rodin n'ignore pas que bien des gens méchants se sont imaginé de dire qu'il me faisait ma sculpture ; pourquoi donc alors faire tout ce qu'on peut pour accréditer cette calomnie.
> Si M. Rodin me veut réellement du bien il lui est très possible de le faire, sans d'un autre côté faire croire que c'est à ses

1. Lettre de Mathias Morhardt à Judith Cladel, *in* « L'Âge mûr de Camille Claudel », *Revue du Louvre*, n° 4, 1982, p. 66.

conseils et à son inspiration que je dois la réussite des œuvres auxquelles je travaille péniblement[1].

La protection du maître se transforme en crainte de dépossession. À l'époque où « ils travaillaient ensemble amoureusement[2] » de façon si stimulante, on ne savait départager ce qui venait de l'un ou de l'autre[3]. Leurs « ascendants » érotiques et artistiques s'entremêlaient. Rodin aurait dit en réponse à tous ceux qui ne voyaient en Camille que son élève cette phrase célèbre : « Je lui ai montré où elle trouverait de l'or, mais l'or qu'elle trouve est à elle[4]. » Le « mais » de la phrase est dénégatif : « je lui ai montré où elle trouverait de l'or – *mais ne croyez pas que l'or qu'elle trouve soit à moi*, il est à elle ». Donc, en toute logique, l'or qu'elle trouve, elle le tient de lui. En protégeant publiquement Camille, mais de façon équivoque, Rodin montre que c'est grâce à lui que les créations de Camille lui appartiennent à elle. Ainsi Camille ne peut-elle envisager de s'affranchir de Rodin sans imaginer qu'il voudra manifester son antériorité sur la source de son art. Une telle position comporte un abus d'attribution lié à l'intensité de leur liaison. Par un effet de réciprocité transitive, Camille se voit à la source des œuvres de Rodin et imagine qu'il va lui prendre, voler, ou copier ses propres idées avant leur réalisation. En effet, un temps elle fut sa muse, sa conseillère, son inspiratrice, son modèle, son amante, elle suscitait en lui son désir et son

1. RMP et AC, p. 254.
2. Le journal d'Edmond de Goncourt du 10 mai 1894, *in* JC, p. 92.
3. RMP (84), p. 57.
4. Exergue à l'article de Mathias Morhardt, *in* JC, p. 412.

art. Au critique d'art Fenaille, elle écrit : « Je travaille maintenant pour moi[1] » – pas pour lui. Elle devient sociétaire de la Société nationale des beaux-arts.

Rodin anime de multiples stratégies avec Morhardt et Mirbeau pour aider Camille en douce, et faire acheter ses œuvres par l'État. On sent le danger sous les forçages subreptices. La dénégation est à l'œuvre. Mirbeau s'inquiète publiquement pour Camille : « Chez ces natures ardentes, dans ces âmes bouillonnantes, le désespoir a des chutes aussi profondes que l'espoir leur donne l'élan vers les hauteurs... Elle songe à quitter cet art[2]... » En 1895, une commande de la *Clotho* est faite à Camille dans le cadre du banquet en l'honneur de Puvis de Chavannes composé d'amis, sous la présidence d'un Rodin découragé[3].

À Mirbeau, il écrit :

> [...] tous ont l'air de croire que Mlle Claudel est ma protégée quand même, quand c'est une artiste incomprise, elle peut se vanter d'avoir eu contre elle mes amis les sculpteurs et les autres [...], je suis sûr de son succès final mais la pauvre artiste sera plus triste alors, connaissant la vie, regrettant et pleurant, ayant peur peut-être d'être arrivée trop tard, victime de sa fierté

1. RMP et AC, p. 254.
2. JC, p. 97.
3. Cette *Clotho*, acquise ensuite par le musée du Luxembourg, restera pendant de longues années comme oubliée, entreposée dans l'atelier de Rodin. Cette négligence de la part du groupe d'amis alimentera une violente polémique : Camille les accusera, Rodin en tête, de lui avoir volé cette œuvre – dont la version destinée au musée du Luxembourg est encore aujourd'hui introuvable.

d'artiste qui travaille honnêtement, [...] cette trop tardive gloire qui vous donne en change la maladie[1].

Rodin, rejeté par Camille, souffre ; il est malade. En 1896, après l'avoir vue à un vernissage, il lui réitère encore son « adoration » : « [...] de quelle douleur je suis marqué, et combien ma faute a été grande, mais je pense qu'en vous voyant, il y avait une fatalité que je ne pouvais fuir[2]... ». Avoue-t-il qu'il n'a pas pu ne pas l'aimer ? Il reconnaît implicitement qu'il aurait dû la fuir, sachant son propre attachement à Rose. Puisque Rodin ne pouvait pas quitter sa concubine pour choisir Camille, et puisqu'il est avant tout le maître qui lui montre où trouver l'or, il n'y avait pas de place pour elle auprès de lui ni comme femme, ni comme sculpteur à part entière. Camille ne pouvait que passer. Ce dispositif en impasse sera dénoncé et mis en scène dans les deux versions successives de *L'Âge mûr*.

Cependant, malgré leur séparation et les méfiances ouvertes de Camille, Rodin tenait à avoir son assentiment sur son *Balzac* tant décrié. Il utilisa un intermédiaire pour connaître son appréciation. Elle réagit élogieusement, et directement par lettre[3]. Ce *Balzac*, auquel Rodin avait travaillé en sa présence pendant de longues années, fut

1. RMP et AC, p. 256.
2. RMP et AC, p. 22.
3. Cette lettre est datée par Reine-Marie Paris de 1896 – nous pensons qu'il faut la dater de 1897, puisqu'elle fait allusion à la lecture de l'article de Morhardt par Rodin. Or il y a un mot de Morhardt à Rodin qui date d'octobre 1897 où il lui demandait d'aller lui faire lire son article sur Mlle Claudel.

refusé par la Société des gens de lettres, ses commanditaires, et déclencha une violente polémique sur fond d'affaire Dreyfus. Rodin, soutenu par les dreyfusards, fit confiance à la valeur de son œuvre et se retira de la bataille, emportant avec lui son *Balzac*, comme un enfant non reconnu à protéger. Rodin dira à propos de son *Balzac* maltraité : « L'artiste comme la femme a son honneur à garder. » Cette position féminine de l'artiste n'a certainement pas été supportée de la même manière par Camille et par Rodin. Camille, en avortant d'un enfant de Rodin, a-t-elle perdu son honneur ? Honneur de femme ? On l'a vu, la femme et l'artiste furent, après l'avortement, disjointes. Rodin, lui, a su garder son honneur face au monde. Il avait la protection de Rose, il n'a pas avorté, il a conservé son « colossal fœtus ». Dans la solitude de la méfiance, Camille tente avec force de prouver qu'elle n'a pas perdu son honneur d'artiste.

Camille sent la menace de tous les côtés. Cette fois, c'est à Rodin que Camille, antidreyfusarde, confie sa méfiance (1896-1897) contre leur ami et admirateur commun Morhardt, dreyfusard : « Vous avez bien fait d'empêcher Morhardt de publier l'article qu'il avait préparé sur moi, il était destiné à attirer sur moi des colères et des vengeances dont je n'ai certes pas besoin. » L'article était si élogieux dans sa tentative de faire valoir à tout prix l'œuvre, et de sauver Camille, qu'il exposait sa persécution montante[1] : Camille y est présentée comme farouche, en permanente bagarre contre les obstacles

1. Il écrit par exemple : elle « se sent nécessairement volée » de son argent, de son temps et de son travail. JC, p. 417.

inhérents au redoutable métier de sculpteur[1]. Il décrit une femme inquiétante[2], tellement artiste qu'elle en devient folle. L'article sera pourtant publié en 1898 dans *Le Mercure de France*.

À l'époque (1896-1898), Camille sculptait le groupe à trois de *L'Âge mûr*, qui révéla que l'édifice de la protection dénégative de Rodin et de ses amis ne tenait pas. N'oublions pas que Paul était absent. Par cette œuvre, Camille semble avoir voulu percer la vérité du suspens où elle se tenait, en produire le scénario. Sans l'avoir prévu, elle fait s'effondrer la protection dénégative qui la couvrait.

L'ÂGE MÛR

La première version

Il y eut deux versions de l'œuvre *L'Âge mûr*. La première, en plâtre[3], est ainsi décrite par Reine-Marie Paris et Arnaud de La Chapelle :

> L'homme en position centrale domine les deux femmes, et ses deux immenses bras les couvrent comme deux branches, de cet

1. Il écrit : « Les siens ne la voient pas sans chagrin et sans appréhension engager sa vie dans une voie toute peuplée de périls et de tristesses. » JC, p. 431.
2. « Elle a parfois l'étrange angoisse d'oublier l'usage de la parole. Et elle parle haut, afin de se rassurer [...] sa propre voix, qu'elle entend distinctement pourtant, n'est peut-être qu'une illusion de ses oreilles... » JC, p. 431.
3. RMP et AC, p. 153.

arbre de la fatalité qui est lui-même. La vieillesse est représentée debout en sosie de Clotho sans chevelure. La jeunesse à genoux mais encore droite n'est pas séparée de l'homme, dont elle garde la main[1].

Les deux femmes se font face, la vieille semble tenir l'homme bien en main et le posséder, elle regarde la jeune femme avec une expression hostile de remontrance. L'homme est en déséquilibre, retenu par la vieille tout en s'appuyant-repoussant (sur) la jeune d'un bras. Son regard dit la soumission. La « Jeunesse » a une posture d'amour mystique et de supplication. On ne peut pas ne pas voir une monstration du trio : Camille, Rodin, Rose ; mais aussi : fille, père, mère, ou : jeunesse, âge mûr, vieillesse, ou encore : amour, soumission à la fatalité, mort. La jeune femme suppliante à genoux s'accroche à l'homme qui, quoique immense, est retenu d'un bras par la vieille femme, comme un « colossal » enfant, tandis que l'autre bras de la vieille se ferme sur un poing rageur, évoquant la « haine noire » à son point culminant. En 1951, après la mort de Camille, Paul commente cette première version de l'œuvre dans un article[2] consacré à sa sœur : c'est un même mouvement, l'homme a l'air de « s'abandonner à l'implorante », mais, en fait, « il la repousse, il crée le mouvement ». Paul confirme la thèse du rejet, il s'identifie à l'homme d'âge mûr :

[...] on en a assez de la jeunesse ! [...] de la grâce ! [...] de l'inconnu ! [...] de cette inconnue trop connue à genoux qui a la

1. RMP et AC, p. 153.
2. Paul Claudel, « Ma sœur Camille », lors de l'exposition organisée au musée Rodin, JC, p. 391.

prétention de nous garder pour elle, comme si c'était tolérable d'appartenir, tout ce que le génie exigeait et nous faisait payer cher, voici par-devant surgissant de par-derrière la commodité qui nous le propose. La commodité avec ses jambes maigres, son ventre flétri et ses mamelles avalées. Tous les avantages de la facilité, du procédé et de la formule.

Toujours Paul :

> [l'homme] déchire, la déchirure est là, béante. [...] Ceci naît d'un déchirement ! Ce qui nous saute aux yeux en tant que principe de l'œuvre entière, c'est du vide, créé, c'est cette espèce d'ogive tragique, cet espace, cette distance que crée un bras en fonction déjà de son arrachement à la main. [...] le moment suprême du geste est celui où, suspendu encore, il va se réaliser[1].

Camille avait écrit à Rodin : « il y a toujours quelque chose d'absent qui me tourmente[2] ». On est tenté, ici, de mettre en rapport l'espace vide créé : cette « ogive tragique » en mouvement, vue par Paul, avec ce « quelque chose d'absent » qui tourmentait Camille. Les mots terminés en *ment* s'enchaînent à propos de cette œuvre : « arrachement, déchirement, mouvement, moment, tourment ». Y a-t-il un mensonge au principe de cette ogive tragique, ouverte par Camille ? Le suffixe *ment* vient de *mens* : « esprit », ou « manière d'être ». Risquons une libre interprétation de cette première version de l'œuvre : c'est ici, de l'espace vide en ogive tragique que se lève l'es-

1. JC, p. 395.
2. RMP et AC, p. 250.

prit de « quelque chose d'absent qui [la] tourmente », scellé par un mensonge, ou un non-aveu maternel.

Lorsque le 25 juillet 1895 l'arrêté de commande par l'État de *L'Âge mûr* est signé, une lettre fut préparée à Rodin pour l'informer : « Je suis heureux qu'il ait été possible de seconder l'intérêt que vous portez à Mlle Claudel[1]. » Ce qui indique que cette commande fut tout d'abord sollicitée par Rodin. L'administration préféra ensuite taire l'antériorité de Rodin sur ce projet puisque dans la marge on peut lire : « Ne pas écrire à Rodin ; rayer la minute », et cette lettre ne partit pas. Pourquoi a-t-on voulu effacer l'intervention « protectrice » de Rodin dans cette affaire ? Est-ce à cause du sujet de l'œuvre, ou bien en raison de ce qui suivra à son propos ? En février 1896, pour obtenir l'acompte décidé, Camille fait intervenir une autre relation que Rodin.

La deuxième version

Puis, pendant deux ans, s'élabore une deuxième version[2]. Si Camille a fait évoluer son œuvre déjà acceptée par ses commanditaires, c'est que l'œuvre elle-même était en mouvement. En 1898 on remarque que le choix est fait, l'homme s'est séparé de la jeunesse, et la vieillesse l'entraîne dans son redoutable envol. Pour tous les critiques, cette œuvre a une signification biographique évidente. Une évolution décisive s'est effectuée entre la première et la deuxième version. « En réalité il ne s'agit

1. RMP et AC, p. 153.
2. *Ibid.*, p. 163.

pas de deux versions d'un même événement, mais de deux chapitres d'un seul drame », écrit Paul Claudel. C'est « le drame d'une rupture définitive ».

La deuxième version représente, selon le rapport de l'inspecteur des Beaux-Arts, « l'homme à la fin de sa maturité, vertigineusement entraîné par l'âge tandis qu'il tend une main inutile vers la jeunesse qui voudrait le suivre en vain[1] ». Tête baissée, l'homme au visage dévoré est emporté dans la marche où l'entraîne la vieille de ses deux bras enveloppants. L'œuvre saisit l'instant du détachement, l'homme vient de partir, il tourne le dos à la jeune femme, elle est maintenant en suspension inclinée vers eux, elle semble retenir encore un geste, une main qui vient de la quitter, un instant avant ils se touchaient encore, mais ils ne se touchent plus.

Ici, « d'une sincérité terrifiante, à la fois d'amour, de désespoir et de haine », selon les termes de Paul, Camille se révèle. L'implorante, si c'est elle, porte la nudité-Rodin, tandis que les deux autres du groupe aux visages dévorés, ravinés, écorchés, sont enlacés par une draperie étrangement arrimée au lieu du sexe de l'homme, « lambeau panique » qui les devance dans sa marche funeste – « ce n'est plus du Rodin ». Le couple valseur est devenu ravissement de l'homme par la mort, et la jeune femme est laissée là à son imploration. Cette scène triangulaire présente l'acte du déchirement en Camille de son lien divisé à Rodin. La jeune femme de l'œuvre, en déséquilibre, est comme suspendue (*ravie*) au détachement qui vient de se créer.

1. RMP et AC, p. 156.

Après des reports de paiement du plâtre de la deuxième version de *L'Âge mûr* par l'administration, celui-ci fut exposé au Salon de la Société des beaux-arts de 1899. La commande de sa traduction en bronze a été rédigée début juin 1899, il restait à remplir prix et date, mais le 24 juin le directeur des Beaux-Arts brutalement « supprime la commande ». Ce revirement totalement inattendu ne sera « justifié par aucun motif apparent[1] ». La raison avancée par Jacques Cassar est que Rodin vit ce plâtre au Salon, et qu'étant « au sommet de sa gloire, [il] ne tient nullement à ce que sa vie intime soit exposée sur la place publique[2] ». Anne Pingeot y voit certainement « la main de Rodin » qui « entreprit d'éviter que cette allégorie de sa vie amoureuse fût à l'avenir présentée au public[3] ».

L'hypothèse majoritairement retenue par les commentateurs est que Rodin, s'appropriant la scène comme « vie intime », « vie amoureuse », en aurait refusé la portée artistique publique. Cette hypothèse suppose que Rodin a l'État dans sa poche sur un mode des plus occultes, et qu'il censure. Soulignons que tout cela ne peut qu'être conjecture puisque nous ne disposons pas des témoignages directs des protagonistes. Si Rodin s'identifie à l'homme de la scène à trois, il confisque le sens de l'œuvre

1. RMP et AC, p. 158.
2. JC, p. 131.
3. Anne Pingeot, « Le chef-d'œuvre de Camille Claudel : *L'Âge mûr* », *Revue du Louvre*, n° 4, 1982, cité par RMP et AC, p. 158.

en une seule version, autobiographique, et c'est ce sens-là qui vaudra sauvagement pour le public. La réalisation dans l'œuvre de l'instant où la main se détache, le ravissement de l'homme par la vieille femme, était, pensons-nous, pour Camille, un geste d'artiste déclaratif contre l'atteinte de la menace persécutrice qu'elle subissait. Dans le plâtre, elle poussait très loin la déclaration de son être. Si l'acte d'annulation de la commande est attribué à la « main » de Rodin, alors Camille se trouve dans le trio en place de victime de la « haine noire » de la femme qui tient le bras de l'homme, impuissant devant cette force de possession haineuse.

Ici, deux événements s'entrechoquent : le ravissement qui se produit sur la scène même de *L'Âge mûr*, où l'homme rapté renonce à la jeune femme qui incarne l'amour, la vie ; et, en réponse, le refus opaque fait à cette œuvre. Ainsi, en faisant que le pouvoir d'État se décommande, Rodin aurait renvoyé (utilisons les termes de Paul) la « haine » coup pour coup à Camille – toute autre dimension de l'œuvre serait dès lors occultée (par exemple « l'expression de son amour et de son désespoir »). Si, avec cette sculpture, Camille a atteint Rodin, c'est elle qui est atteinte en retour par le sort fait à son œuvre. La démonstration serait alors faite que Rodin se soumet à la femme âgée et qu'il ne protège pas Camille. Autrement dit, la mère frustrée serait-elle définitivement intouchable ?

La violence de la réaction déclenchée par cette œuvre atteste qu'avec *L'Âge mûr* Camille a touché un point de fulgurance en Rodin. Mais d'autres hypothèses sont envisageables, par exemple que l'administrateur ait pris lui-même les devants et ait annulé la commande, voulant ainsi protéger Rodin. On sait que le processus d'élaboration de cette œuvre fut long et les négociations avec les Beaux-Arts complexes et tortueuses. D'autre part, les remous tragiques de la rupture entre Rodin et Camille étaient bien connus des amis proches et sûrement de certains inspecteurs de l'État. Camille, pour la présentation au public de cette deuxième version et la décision de sa réalisation, a manifesté elle-même une impatience persécutée : « Je ne suis pas en humeur à me laisser tenir en suspens[1]... » Elle s'était déjà plainte des différents ajournements des paiements des avances de l'administration pour les deux plâtres successifs, insinuant de façon insultante que les services étaient soumis à un Rodin jaloux faisant systématiquement obstacle à son art. Elle avait fait intervenir des intermédiaires, dont son père, affirmant que si Rodin l'avait appuyée les services auraient été plus diligents. Il n'est donc pas exclu que la protection de Rodin, par son caractère clandestin, ait pris pour Camille une valeur opposée de malveillance. Et Camille seule, angoissée, se sentant menacée, a peut-être agi de façon si maladroite et impatiente qu'elle a indisposé ses interlocuteurs, rendant ainsi impossible la publication tant désirée de cette œuvre. Après, elle a pu reporter la responsabilité de l'échec sur Rodin. Et les biographes, unanimement, par une sorte de compassion, auraient emboîté le pas du mouvement persécutif de Camille en la déclarant victime de la « main » de Rodin. En tout état de cause, soulignons que c'est l'instant où Rodin vit la deuxième version en public qui constitue le

1. RMP et AC, p. 157.

point de fulgurance insupportable (objet des conjectures). On ne saura probablement jamais comment s'est faite la concertation occulte pour décommander cette œuvre.

En voyant *L'Âge mûr* aujourd'hui, on ne peut méconnaître que cette œuvre marqua l'entrée de Camille dans le délire de persécution et le début du déclin de son activité artistique. Si la publication de *L'Âge mûr* n'avait pas été décommandée, il n'est pas dit que l'activité artistique de Camille se serait tarie. On peut seulement affirmer aujourd'hui que quelque chose fut très mal agencé dans le dispositif de la publication de cette œuvre (à commencer par le soutien clandestin et occulte de Rodin, sa complicité avec l'État). Le « point de départ[1] » que Camille dit avoir escompté avec cette œuvre se révélera un point de cassure.

D'ailleurs, Camille a toujours refusé de se séparer du plâtre de *L'Âge mûr*, réclamé par l'État, qui en était propriétaire ; elle l'a jalousement conservé dans son atelier, ce qui souligne à quel point cette annulation n'avait rien conclu. Pendant des années, elle s'obstinera à réclamer la commande de l'État pour le fondre en bronze. Et, devant les réponses dilatoires de l'administration, c'est un collectionneur ami, le capitaine Tissier, qui le fera morceau par morceau en commençant par la jeunesse, « L'Implorante ».

Après la mort de Camille, en 1951, Paul, ayant mesuré depuis longtemps combien fut désastreuse l'affaire de *L'Âge mûr*, s'exclama :

1. RMP et AC, p. 264.

> Mais non cette jeune fille nue, c'est ma sœur ! Ma sœur Camille. Implorante humiliée, à genoux, cette superbe, cette orgueilleuse, c'est ainsi qu'elle s'est présentée. Implorante humiliée à genoux et nue ! Tout est fini ! C'est ça pour toujours qu'elle nous a laissé à regarder ! Et savez-vous ce qui s'arrache à elle, en ce moment même, et même sous vos yeux, c'est son âme ! C'est tout à la fois l'âme, le génie, la raison, la beauté, la vie, le nom lui-même[1].

Si l'œuvre *L'Âge mûr* ne réussit pas à attaquer l'autre femme, présentée ici comme la mort, mais atteint Camille l'artiste par l'arrachement du nom lui-même, c'est, croyons-nous, l'effet conjugué de l'œuvre elle-même et l'échec de sa publication.

Dans l'émergence d'un objet comme œuvre d'art, deux publics sont successivement convoqués, un « public choisi[2] », bienveillant, fait de quelques proches, que ce soient un collectionneur, un éditeur, un marchand ou un ami, avec qui se fomente la fabrication de l'objet d'art lui-même ; ils sont le ou les médiateurs indispensables vers le public. Mais sa réalisation comme œuvre d'art nécessite un autre public, le grand public, anonyme celui-là, à qui s'adressent la publication ou l'exposition publique. La publication de l'objet d'art permet à un quelconque spectateur, lecteur, amateur, de se laisser toucher, et c'est lui qui « prononce l'œuvre » par l'assentiment anonyme

1. Paul Claudel, « Ma sœur Camille », 1952, cité par RMP et AC, p. 163.

2. Une référence utile ici : Mayette Viltard, « Les publics de Freud », in *Littoral*, n° 17, Toulouse, Érès, 1985, p. 3-15.

qu'il en fera, selon la formule de Maurice Blanchot[1]. Le délicat passage d'un public intime au public anonyme doit être réglé avec soin pour que l'événement de l'assentiment de l'œuvre puisse avoir ses chances d'advenir. Un tel dispositif est la condition nécessaire pour qu'à l'œuvre ainsi reçue par des anonymes soit attaché un nom d'artiste, détaché de la personne de celui ou de celle qui a fabriqué l'objet d'art. L'œuvre n'est pas dissociable de l'accueil qui lui est réservé. En ce cas, l'acte d'annulation de la commande a interdit à Camille Claudel l'authentification de son nom d'artiste de l'œuvre *L'Âge mûr*. C'est bien cela que crie Paul Claudel lorsqu'il voit, cinquante ans après, en *L'Âge mûr* (et son accueil annulateur de la commande), que s'arrache tout de Camille, y compris son nom lui-même.

Avec *L'Âge mûr*, Camille avait trouvé à construire de très près la scène de l'enjeu de sa position dans le trio avec Rodin et Rose, peut-être aussi entre père et mère. La facture artistique du scénario devait avoir une fonction déclarative et contre-persécutive. En produisant dans le plâtre une interprétation de la scène qui la persécute, Camille tentait de parer au risque de la persécution qui s'amorçait : en serrant dans la matière fabriquée le dispositif à trois, l'œuvre retient l'acte en s'y substituant, en quelque sorte. Ce devait être, pensons-nous, une « œuvre de franchissement[2] ». Mais le geste artistique en jeu dans

1. Maurice Blanchot, *L'Espace littéraire*, Paris, Gallimard, 1955 ; Folio, 1988, p. 258-259.

2. Cf. mon article « Prononcer l'œuvre » [signé Marie-Magdeleine de Brancion], in *Years 1986-1996*, Paris, Picaron Éditions, 1996, p. XI.

cette œuvre-là ne pouvait pas rester en suspens, il ne devait pas flotter, il devait être tenu jusqu'au bout, c'est-à-dire aboutir à son public anonyme. L'œuvre, ayant été reçue comme un message personnel de haine, fut interrompue sur son parcours de publication. Elle fut détournée et retournée à l'envoyeur. Ainsi, par le ricochet de l'annulation, l'œuvre a pris valeur de passage à l'acte. Camille fut attaquée. Et « le beau vaisseau quelque temps ballotté sur d'amères vagues, s'engloutit corps et biens », poétisera Claudel en 1951. Logiquement, Rodin, étant intervenu sournoisement pour favoriser la commande publique de cette œuvre au départ, se trouva être celui à qui l'on impute d'avoir sournoisement fait annuler ladite commande. L'œuvre n'ayant pas été publiée, la persécution de Camille a pris un tour plus fou. Rodin sera à l'avenir le persécuteur désigné, rendu responsable des souffrances et écueils que Camille rencontra dans son art et dans sa vie.

PAUL SE SAUVE

La période qui suivit est celle des « amères vagues ». Camille défend son travail avec acrimonie, elle se heurte de plus en plus à des difficultés financières. Souvent souffrante, elle se sent injustement maltraitée et insuffisamment reconnue. Elle durcit sa position. Elle considérera que toutes les réticences, les longueurs, les refus venant de l'État sont dès lors imputables aux manœuvres de Rodin. Camille cesse la sculpture pendant deux ans, elle se bat sans filet.

Son frère part pour la Chine en 1901. Elle perd un appui essentiel. En 1902, à propos d'une invitation à exposer à Prague aux côtés de Rodin, Camille dit l'ampleur du désastre qu'elle a subi. À quoi bon exposer, déclare-t-elle, « quand ici même avec un groupe de grande importance, j'ai été recueillie comme vous savez ».

En 1903, la persécution par Rodin s'amplifie, il est devenu maître d'un complot. Dans une lettre à son ami le peintre Lerolle, Camille parle de « l'affolement des artistes aux abois[1] », elle écrit :

> M. Rodin (que vous connaissez) s'est amusé cette année à me couper les vivres partout après m'avoir forcée à quitter le salon national par les méchancetés qu'il me faisait. De plus, il m'insulte, il fait publier partout mon portrait sur des cartes postales malgré ma défense expresse [...]. Je serai poursuivie toute ma vie de la vengeance de ce monstre. [...] ma bonne mère qui ne rêvait que de mettre ma sœur à ma place [... ils] ont tant intrigué[2]...

Deux éléments de poids ont dû se conjoindre. D'abord, on apprend qu'en 1902 Camille Claudel est démissionnaire de la Société des beaux-arts. C'est à Rodin qu'on fait savoir que « la délégation a le regret de ne pouvoir la réintégrer dans son ancien titre[3] ». Camille a-t-elle démissionné pour réagir au refus qu'elle avait essuyé avec l'annulation de la commande de *L'Âge mûr* ? Rodin a-t-il tenté de la faire réintégrer ?

1. RMP et AC, p. 264.
2. *Ibid.*
3. Lettre du 6 avril 1902, du secrétaire général de la Société nationale des beaux-arts à Rodin, *in* RMP et AC, p. 263.

Ensuite, l'apparition de la mère et de la sœur de Camille prises dans le circuit de la persécution nous fait conjecturer un deuxième événement décisif avant 1904. La famille de Camille aurait appris rétrospectivement sa liaison avec Rodin. Nous avons des raisons de penser que jusqu'alors les parents de Camille l'ignoraient. Un jour, ils ont su. Cette révélation, venue tardivement, fut un choc. On ne sait pas comment cela est arrivé jusqu'à eux. Cette liaison, si longtemps cachée, fut certainement connue en même temps que la rupture. Jusqu'à cette date, Camille, dans sa correspondance, fait état de fréquents séjours de repos dans la maison familiale de Villeneuve auprès de ses parents. Or l'on sait, par des lettres désespérées de son père à Paul, qu'en 1904 Camille est bannie de Villeneuve par sa mère qui refuse cruellement de l'y recevoir ainsi que de venir la voir chez elle à Paris : « en ce moment je vis de vraies tortures. Je voudrais que Camille vienne nous voir de temps en temps mais ta mère ne veut pas entendre parler de ça » – « sa mère l'accable et la condamne[1] ». Les différents biographes disent que M. Claudel tentait de lui faire passer de l'argent en cachette. Mme Claudel s'est sentie horriblement trompée et s'est vengée férocement en excluant sa fille.

Autour de 1887, au début de leur liaison amoureuse et clandestine, Rodin avait été invité à Villeneuve par la mère de Camille. Parlant au nom de toute la famille, Mme Claudel s'était montrée très empressée de bien recevoir le professeur de sa fille avec « Mme Rodin[2] ». Lorsque Camille sera internée, sa mère lui reprochera

1. RMP (84), p. 84.
2. JC, p. 68-69.

> l'ignoble comédie que tu nous as jouée [...], moi, assez naïve pour inviter le *grand homme* à Villeneuve avec Mme Rodin sa concubine ! Et toi qui faisais la sucrée, qui vivais avec lui en femme entretenue. Je n'ose même pas écrire les mots qui me viennent à l'esprit[1].

Qu'auraient été ces mots ? Camille, une *putain* vendant ses charmes pour l'argent, pour la réussite ? La mère exprime sa haine si longtemps contenue par l'excès d'un puritanisme cruel.

Le père de Camille est le seul à souffrir personnellement du calvaire de sa fille, il n'a aucune expression de haine envers elle. Il écrit à Paul le 2 août 1904 : « Morne, affalé dans le marasme, la tristesse, le découragement... », puis :

> [...] mais c'est avec un crève-cœur que je laisserai Camille à son isolement. Quel malheur que ces discussions, ces discordes en famille, cause d'immense chagrin pour moi. Si tu pouvais m'aider à rétablir l'harmonie, quel service tu me rendrais[2] !

Alors que Camille s'abîme dans des accusations contre Rodin, de son côté, Paul, consul de France, connaît en Chine une passion amoureuse avec l'épouse de son vice-consul, rencontrée en 1901 sur le bateau qui les emmenait en Extrême-Orient. Sa liaison avec Rosalie Vetch dure quatre ans. En 1904, elle le quitte, enceinte de lui, pour pudiquement accoucher en Europe. Sur le bateau de retour, elle rencontre un autre homme qui deviendra son

1. RMP (84), p. 131.
2. Lettre à Paul du 2 août 1904, *in* JC, p. 157.

second mari. La rupture, décidée par celle qu'il aimait dans le « déchaînement des sens », est pour lui une délivrance que seul l'engagement religieux permit de justifier. Il dira que la « renonciation pour Dieu de cette appétence essentielle [...] est une déchirure salutaire mais inguérissable[1] ».

En 1905, Paul Claudel rentre en Europe à la poursuite de sa bien-aimée, accompagné du mari doublement trompé. Il connaît le désespoir et l'envie du suicide. Puis, grâce à l'appui des pères de Ligugé, il renonce à rattraper Rosalie. Il emmène sa sœur Camille dans les Pyrénées où elle réalise un buste de lui. Paul doit s'apercevoir de la persécution qu'elle subit, et de la situation familiale : un père effondré, une mère et une sœur animées par la haine. Paul se jette alors dans un soutien public à sa sœur Camille, peut-être aussi pour se réparer lui-même de l'enfer qu'il traverse. Il rédige un article, « Camille Claudel statuaire », qui paraît dans la revue *L'Occident*, vantant la sculpture de sa sœur. Sur un ton polémique dépréciateur de l'art de Rodin auquel il compare l'art « animé » de Camille, il apporte de l'eau au moulin de la persécution de sa sœur en tournant en dérision l'œuvre de celui dont il tait le nom[2]. Il écrit dans la foulée un autre article qui ne sera pas immédiatement publié : « Rodin ou

1. Lettre de Paul Claudel à Marie Romain Rolland, *in* Gérald Antoine, *op. cit.*, p. 128.

2. « Lourd », « matériel », « ses figures [...] quand elles ne rampent pas, accolant la boue avec une espèce de fureur érotique, on dirait que chacune étreignant un autre corps essaie de refaire le bloc primitif [...], ouvrage de manant [...] desservi par une imagination naturellement morne et pauvre », JC, p. 380.

l'homme de génie », destiné à porter des coups directs et dégradants à l'œuvre du « myope » Rodin. Paul Claudel est très content de son attaque, il s'en vante auprès de ses amis. En rendant publique une version qui rend responsable Rodin du défaut d'appréciation dont sa sœur Camille est victime, Paul mime une protection qui s'avère encore plus dénégative que celle de Rodin. Dans l'entreprise de sauvetage passionnelle, Paul préfère méconnaître sa propre ambiguïté, qu'il manifeste chaque fois qu'il se félicite de ce que Dieu lui a permis d'échapper à ce que connut Camille. Grâce à son Dieu, il est devenu l'observateur d'un drame fatal dont il se lave les mains, puisque c'est Rodin le fautif. En 1913, au moment de l'internement de sa sœur, il écrira à l'abbé Fontaine : « Sans la grâce de Dieu mon histoire aurait été la sienne [celle de Camille] ou pire encore[1]. » Il pensait qu'elle expiait le crime de l'avortement. En 1951, il montre qu'il s'identifie à l'homme d'âge mûr, qui repousse les exigences du désir, de la jeunesse et du génie. Dans le même mouvement (1951), il confirme la thèse de la responsabilité de Rodin dans la déchéance de sa sœur : « le divorce était pour l'homme une nécessité, il fut pour ma sœur une catastrophe totale, profonde, définitive. [...] Elle avait tout misé sur Rodin, elle perdit tout avec lui[2]. »

Après avoir posé ses actes de bravoure, apparemment en faveur de sa sœur, Paul se marie au plus vite, en 1906, comme pour se protéger d'un éventuel retour de flamme de sa passion perdue. Aussitôt marié avec Reine Sainte-

1. Lettre à l'abbé D. Fontaine, *in* Gérald Antoine, *op. cit.*, p. 163.
2. JC, p. 395.

Marie Perrin, que la Sainte Vierge lui avait « elle-même envoyée » pour l'aider à remplir sa mission procréatrice chrétienne, Paul repart en Chine avec son épouse. Camille n'a sûrement pas ignoré que son frère se mariait à la hâte pour conjurer la menace des égarements de la passion et trouver dans la voie chrétienne la force de supporter son mal et de ne pas succomber comme elle. Paul dira que « la chair [...] ne sert qu'à avérer l'impuissance essentielle[1] ». Comme Rodin, il a renoncé à la passion amoureuse pour une conjugalité tempérée, la « commodité ».

CAMILLE, SEULE, VA RÉALISER UNE *NIOBIDE BLESSÉE*

Revenons à ce qui se passe sur la scène de l'œuvre, depuis l'annulation de la commande de *L'Âge mûr* (1899) jusqu'en 1907[2]. Parallèlement à la deuxième version de son groupe de trois, *L'Âge mûr*, Camille fit le tableau d'une petite fille morte, couchée dans les landes et visitée par les oiseaux : *Fillette aux colombes*[3] (1898). Cette fois c'est l'enfant mort qui vient faire « un en plus », à côté du dispositif persécutif triangulaire de l'homme d'âge mûr ravi à la

1. Gérald Antoine, *op. cit.*, p. 129.
2. Période pendant laquelle Camille continue de demander à l'administration l'exécution en bronze de *L'Âge mûr*.
3. Cette œuvre célèbre le deuil solitaire et sauvage d'une enfant ; « Camille imagine son enfant mort dans un sommeil de paix [...], le visage que la mère ne connaîtra pas est nimbé d'ombre », écrivent RMP et AC, p. 234.

jeunesse par la vieillesse – à l'amour par la mort –, comme une interprétation de l'impossible maternité pour Camille : le sacrifice de l'enfant en serait le résultat épouvantable. Les deux versions de la petite fille apparues à côté du groupe *L'Âge mûr* : *La Petite Châtelaine* au regard mystique et, plus tard, la *Fillette aux colombes* morte portent toutes deux (la vivante comme la morte) les signes de la pureté de l'enfant merveilleux.

Après *L'Âge mûr*, Camille réalisera des monuments à thème mythologique dont les légendes comportent chacune une pétrification. La pétrification s'apparente à la mort subite fixant le corps dans la pierre selon le dernier geste saisi, comme arrêté par le couperet de la fascination. *Persée et Gorgone*[1] (1898-1905) : Persée, selon la légende antique, voulut faire un acte de bravoure, à défaut de pouvoir offrir un cadeau de mariage à sa mère Danaé. Le roi Polydecte, son futur beau-père, espérant se débarrasser de lui, lui conseilla de tuer une Gorgone. Après de nombreuses péripéties et grâce à des artifices ainsi qu'avec l'aide d'Athéna, il réussit à décapiter la seule Gorgone qui ne soit pas immortelle, Méduse. En jouant du reflet de l'intérieur de son bouclier poli, il put voir en miroir l'image de la Gorgone afin de ne pas avoir à la regarder en face, ni à croiser son regard qui l'aurait pétrifié, et la tua. De retour il se servira de la tête tranchée de Méduse pour pétrifier son futur beau-père, le roi Polydecte lui-même, et ainsi sauver sa mère de ce tyran. Camille a fixé dans le marbre l'instant juste après la décapitation de Méduse. Persée tient de la main droite le

1. *Ibid.*, p. 194-198.

bouclier par lequel il observe encore l'image de la tête de Méduse, entourée de serpents actifs, qu'il brandit de l'autre main derrière sa propre tête. À ses pieds, le corps ailé encore convulsif de la jolie Gorgone agonisante. On a dit que la tête de Méduse a les traits de Camille elle-même, horrifiée, horrifiante. Il existe une photo de Camille posant derrière le marbre de *Persée*, où l'on peut certes voir une ressemblance des profils. Camille a saisi cet instant triangulaire, juste après le succès de la feinte, l'homme, tête légèrement baissée, est bras en croix entre le reflet captivant qu'il regarde comme s'il s'y voyait aussi lui-même et la tête tranchée par lui derrière la sienne. Faut-il y voir Paul qui, comme Persée, aurait sauvé la femme mère en décapitant la femme dangereuse ? Méduse étant une métaphore du sexe féminin, le bouclier poli serait-il une métaphore de la religion ?

Suit un groupe, *Vertumne et Pomone*[1] (1905), qui est le sosie de *Sakountala* avec quelques variantes. L'expression de la femme, Pomone, qui cède à l'amour est très intense et le baiser de l'homme à genoux d'une infinie tendresse. Cette œuvre splendide est reconnue par tous les critiques comme un chef-d'œuvre. L'appellation empruntée à la légende latine apporte à ce groupe un réseau de significations nouvelles. Pomone était la seule des nymphes à préférer les vergers et les jardins à la forêt. Farouche, elle refusait de se laisser approcher par les hommes, qu'ils soient pâtres, bûcherons ou jardiniers. Vertumne, plus décidé et plus ardent que les autres, s'obstina à vouloir séduire Pomone et se déguisa en vieille

1. RMP et AC, p. 204.

femme pour l'approcher. Il vanta ses fruits, il compara l'attachement de la grappe au sarment au lien amoureux, et l'embrassa plus ardemment qu'aucune vieille ne l'aurait fait. Et Pomone se laissa embrasser par la vieille. Ainsi travesti Vertumne raconta à Pomone que Vénus changeait en pierre les jeunes filles qui se refusaient aux garçons, et lui conseilla d'accepter les avances du jeune Vertumne. Puis il fit tomber son déguisement et se dévoila lui-même. Pomone fut conquise par le stratagème et céda. D'une vieille femme la jeune fille ne se méfie pas, elle en attend des conseils maternels bienveillants ; ceux-ci furent quelque peu menaçants. Le désir du jeune homme surgit, tout apprivoisé, parce que sorti des feintes maternelles, et, passant outre ses méfiances, la jeune femme s'abandonne. Cette même sculpture reçut aussi le nom *L'Abandon*. Pomone a la tête penchée du côté gauche, son bras gauche pend appuyé sur l'épaule de Vertumne à genoux et l'autre main est repliée très gracieusement sur son sein droit ; ils sont nus.

Cette même posture de femme nue donnera forme à une *Niobide blessée*, qui s'appuie non plus sur l'homme aimant, mais sur une branche. La légende grecque raconte que Niobé avait une si abondante postérité (les Niobides : six filles et six garçons) qu'elle se croyait forte et invulnérable. Elle railla Léto qui n'avait eu que deux enfants, Apollon et Artémis. Niobé défia les dieux en voulant comme Léto recevoir un culte, qu'elle reçut enfin à Délos. Mais Apollon et Artémis voulurent venger leur mère bafouée et tuèrent avec des flèches tous les enfants de Niobé. L'horrible vision de ses enfants mourants transforma Niobé en pierre, seules ses larmes ne cessèrent de couler.

La *Niobide blessée*[1] (1906) est la dernière sculpture de Camille trouvée achevée dans l'atelier ; elle fut achetée et éditée en bronze par l'État[2]. De multiples déterminations se croisent à propos de cette légende. La jalousie de la fécondité pousse au massacre des enfants. Apollon et Artémis seraient-ils des figures de Paul et Louise ? Il y a deux mères en jeu dans le massacre des Niobides, Léto, la mère vengée, et Niobé, la mère féconde et arrogante qui perd tous ses enfants et sera pétrifiée pleurant. La *Niobide blessée* peut être regardée comme une image de l'implorante mourant d'une flèche vengeresse pour sauver une mère indélogeable. Ici, la posture de la femme qui cède à la mort est la même que celle qui avait cédé à l'amour de l'homme. Peut-on y voir Camille ayant été captive des feintes d'un amour maternel menaçant qui céda à l'homme, puis à la mort pour sauver l'honneur d'une mère ?

Ces trois sculptures au thème mythologique se sont déclinées après *L'Âge mûr* : la décapitation de Gorgone, l'abandon à l'amour, puis à la mort, pour ou par une mère. Ne disent-elles pas la pétrification, c'est-à-dire l'acte de sculpter comme malédiction maternelle mortelle ?

Camille prend la mesure de l'enjeu, elle saisit qu'avec son dévouement à la sculpture elle n'a pas accompli sa vie

1. RMP et AC, p. 209-212.
2. À cette occasion, Camille eut encore des déboires avec l'administration pour obtenir les paiements demandés ; elle évoque des commandes qui traînaient et n'avaient jamais été soldées. RMP et AC, p. 211-212.

de femme. Dans une lettre à Eugène Blot, son fondeur et marchand, elle déclare en 1904 :

> J'aurais mieux fait de m'acheter de belles robes et de beaux chapeaux qui fassent ressortir mes qualités naturelles plutôt que de me livrer à ma passion pour les édifices douloureux et les groupes plus ou moins rébarbatifs. Cet art malheureux est plutôt fait pour les grandes barbes et les vilaines poires que pour une femme relativement bien partagée par la nature[1].

Elle se voit

> comme Peau-d'Âne ou Cendrillon condamnée à garder la cendre du foyer, n'espérant pas de voir la Fée ou le Prince charmant qui doit changer [son] vêtement de poil et de cendre en des robes couleurs du temps[2].

Elle pense que le choix de se livrer à sa passion artiste lui a fait rater les chances de sa féminité, elle ne peut en porter la robe parce qu'elle est retenue à garder la cendre du foyer. Le foyer, c'est sa mère et Villeneuve, vers lesquels son art est entièrement tourné.

LE « MONSTRE RODIN » MASQUE LA « MALÉDICTION » MATERNELLE

Revenons maintenant au réseau des proches. Il y a tout lieu de penser que le second départ en Chine de Paul marié (1906) fut fatal à Camille. Avec ses sarcasmes

1. RMP et AC, p. 265.
2. *Ibid.*

publics, il l'a définitivement coupée de Rodin. Elle devient folle. C'est cette même année 1906 que Camille commence à détruire ses sculptures ; elle écrira à sa cousine en 1912, après avoir reçu le faire-part de la mort de son cousin : « Quand il m'arrive quelque chose de désagréable, je prends mon marteau et j'écrabouille un bonhomme. La mort d'Henri a coûté cher[1] ! »

Camille évoque la « bande de Rodin » qui manipule tous ceux qui sont en contact avec elle, sa concierge, les collectionneurs, les modèles, les mouleurs, les marchands, les critiques, il lui fait « une guerre acharnée ». Le ton de ses lettres est de plus en plus incisif, violent et ironique. Elle exige de l'argent de son marchand, sinon, elle va « disparaître dans un cataclysme », elle a reçu une facture qui « menace de l'engloutir tout entière ». Dans ce style qu'elle qualifie elle-même de « littérature exubérante », elle déverse sa « rage » sur « le premier qui se trouve à [sa] portée », tels sont ses propres termes.

En 1909, Camille va très mal ; elle vit seule à Paris, démunie et persécutée. Paul revient en France pour le baptême de son fils Pierre, Camille ne sera pas présente à la cérémonie à Villeneuve. Paul note dans son journal : « À Paris, Camille folle. » M. Claudel répond à une lettre de Paul : « Pour la première fois j'entends autre chose que des paroles de malédiction... » En l'absence de Paul s'étaient ouvertes les vannes de la malédiction maternelle sur Camille. Et il écrit :

> Jusqu'ici personne n'a voulu s'occuper d'elle. Il y a bel âge que j'aurais voulu que ta mère allât la voir, vérifier son trousseau,

1. RMP et AC, p. 271.

son mobilier – car, pour moi, je n'ai jamais pu me faire entendre de Camille sans amener des scènes écœurantes[1].

La maison, le trousseau sont affaires de femmes. Il ne se trompe pas. Suivent des considérations précises sur l'argent sans cesse donné pour Camille, mais « il n'y a ni fin ni bout... ».

En t'occupant de Camille tu me rends le plus grand des services et je t'en suis profondément reconnaissant. Tu n'as pas idée de mes soucis, de mes peines, de mes tourments. En ce moment je vis dans de vraies tortures. [...] Avant tout, je tiens à ne pas perdre ton estime.

Et :

Je voudrais que Camille vienne nous voir de temps en temps. Ta mère ne veut pas entendre parler de ça, mais je me demande si ce ne serait pas le moyen de calmer sinon de guérir cette folle enragée[2].

Le père, épuisé, est le seul à pouvoir imaginer que Camille puisse guérir si elle venait voir sa mère à Villeneuve, mais il se heurte à l'attitude franchement cruelle de sa femme. Il est impuissant. Il a un sursaut de soulagement en apprenant que Paul veut bien faire quelque chose pour elle, il tente de le mettre de son côté. Il fait de l'exil où Mme Claudel confine Camille la cause de la folie « enragée » de sa fille et souhaite convaincre Paul. Cette tentative désespérée du père de faire venir Camille à

1. JC, p. 170.
2. JC, p. 171.

Villeneuve échouera. Paul n'aura pas la force de s'opposer à sa mère, d'autant qu'il ne partage pas l'hypothèse de son père. Il se protège lui-même de ce qu'il croit être les effets dévastateurs, nécessairement expiatoires de la passion de la chair.

En 1910, Camille confie à son cousin Henri Thierry que l'agent du mal est un poison : « Toute la population française est décimée par le poison des protestants, francs-maçons, etc.[1]. »

Cette fois, c'est sa sœur qui incarne la « haine noire » de la femme qui retient l'homme :

> Je suis toujours malade du poison que j'ai dans le sang, j'ai le corps brûlé ; c'est le huguenot Rodin qui me fait distribuer la dose car il espère hériter de mon atelier avec l'aide de sa bonne amie la dame de Massary [sa sœur Louise]. C'est de l'action combinée de ces deux scélérats que tu me vois dans un état pareil. Autrefois, ils avaient conclu un marché ensemble dans les bois de Villeneuve, où lui s'engagea à me faire disparaître et à la débarrasser de moi, où elle s'engageait à l'aider à mettre la main sur mes travaux à mesure que je les fais. Ils ont scellé ce marché de bons baisers sur la bouche [...] pour me dépouiller de tout ce que je possède[2].

Encore la « main » de Rodin, cette fois-ci avec l'érotique complicité de sa sœur qui, elle aussi, a la main sur la maison de Villeneuve. Cette main de l'homme, dont l'implorante s'est détachée, est devenue une main qui décommande, une main qui empoisonne pour faire main basse à la fois sur l'œuvre et sur l'héritage de la maison. « Ils

1. Lettre de 1910, RMP et AC, p. 268.
2. *Ibid.*

essaient en ce moment d'empêcher Maman de payer mon loyer pour que je sois forcée d'aller travailler pour rien[1]. » La persécution par le « monstre Rodin » protège exactement Camille d'avoir à accuser sa mère, là où elle ne peut la haïr. Camille dégage sa mère de ce complot féroce qui s'abat sur elle, en la croyant manipulée. L'élément majeur est l'impossibilité que connut Camille d'affronter sa mère en face, elle n'a pas pu contrer le cruel acharnement maternel à l'éloigner. Hors de sa présence physique, elle ne pouvait l'atteindre. Le ravage mère-fille s'est trouvé déjoué.

Camille confie la souffrance qu'elle endure à ses cousins Thierry ainsi qu'à son frère, en leur demandant de taire ses hypothèses car elle a peur de se faire massacrer par vengeance. À sa cousine, elle écrit :

> [...] on cesse tout à coup de me donner de l'argent, je me trouve du jour au lendemain sans ressources, c'est la bande à Rodin qui a travaillé la tête de maman pour obtenir ce résultat. Aussi beaucoup d'autres exécutions capitales ont eu lieu aussitôt après[2] [...].

Dans une autre lettre :

> [...] j'ai eu de tels ennuis que je n'ai plus la tête à moi. [...] En ce moment le sieur Rodin a persuadé mes parents de me faire enfermer, ils sont tous à Paris pour cela[3]...

1. *Ibid.*
2. RMP et AC, p. 271.
3. *Ibid.*

Les exécutions capitales, à l'époque, sont des décapitations. Elle n'a plus sa tête à elle, le persécuteur, avec sa « bande », a travaillé la tête de sa mère, et les sculptures sont décapitées. C'est la tête de sa mère qui est l'enjeu. Comme le portrait, la tête de sa mère était le lieu où se lisait l'expression d'un malheur non avoué. Cette tête exprimant la retenue du malheur, au cœur de la raison de l'art de sculpter de Camille, pour en déchiffrer l'énigme, se trouvait alors désarrimée, en perdition.

CRUELLE DÉPORTATION

Le lendemain de l'enterrement de son père, dont elle fut écartée, Camille fut internée à l'asile psychiatrique de Ville-Évrard par sa mère et par son frère Paul. Le père de Camille, en vie, faisait obstacle à son internement. Celui-ci au tombeau, sa maigre protection était définitivement enterrée, et dissoute sa conviction que Camille était « folle enragée » de l'exclusion de Villeneuve par sa mère. La mise au tombeau de Camille vivante par sa mère fut exécutée. Elle fut déportée, dirons-nous, parce que l'internement visait plus un éloignement sans retour possible à Villeneuve, et près de sa mère, qu'une protection de Camille elle-même ou une recherche de sa guérison.

De 1913 à 1943, Camille suppliera sa mère de la recevoir. La lecture des lettres disponibles de l'asile recensées par Reine-Marie Paris est accablante[1].

1. RMP (84), p. 125-153.

L'affaire qui devait être étouffée explose dans la presse de l'Aisne puis parisienne[1]. Paul, sommé de s'expliquer, préfère se taire. En bon catholique, il écrit : « J'ai reçu tant de louanges injustes que les calomnies sont bonnes et rafraîchissantes, c'est le lot normal d'un chrétien[2]. » Il voit sa sœur prise dans une atroce spirale de malheur que rien ne peut arrêter, elle est tombée « au rang des âmes en peine et des esprits déchus ». Il se dit engourdi par une sorte de paresse : « J'ai vu avec ma pauvre sœur combien est coupable en moi cette espèce d'indifférence. » Disons-le, un véritable abandon : « Amer, amer regret de l'avoir si longtemps abandonnée[3]. »

Mme Claudel, qui se tenait pour victime de la folie de sa fille, se protégea d'elle à tout prix. Or Camille devenait encore plus dangereuse enfermée que dehors. Sa mère fit pression sur l'administration pour qu'elle soit coupée complètement de tout contact avec l'extérieur. En septembre 1914, à cause de l'avancée allemande, Camille fut transférée à Montdevergues, dans la région d'Avignon[4], donc encore plus loin des siens, où elle restera définitivement. Sa mère veut tout contrôler et se voit « forcée de dicter » à la Supérieure ses conditions :

1. Ce sont les cousins Thierry, avertis par Camille, qui dénoncent un « crime clérical [...] d'une mère et d'un frère » avec le concours de l'Église catholique et la soldatesque, ayant commis le « rapt » et la « séquestration » du sculpteur Camille Claudel. JC, p. 204-206.

2. *Ibid.*

3. Septembre 1943, *Journal*, cité par Gérald Antoine, *op. cit.*, p. 164.

4. JC, p. 219.

> j'ai bien des fois recommandé qu'on n'envoie jamais à qui que ce soit aucune de ces maudites lettres qui, l'année dernière, nous ont tant de fois causé des misères [...]. J'interdis formellement qu'elle écrive à qui que ce soit et qu'elle reçoive de n'importe qui aucune communication, visite ou lettre [...]. Je ne puis vous dire quel danger il y a de la laisser écrire à n'importe qui. J'espère qu'on ne l'a fait sous aucun prétexte[1] [...].

Seules les lettres de Mme Claudel et celles de son frère sont acceptées. Certaines lettres de Camille passent quand même. À l'une de ses cousines, elle écrit :

> les larmes de l'exil, les larmes que j'ai versées goutte à goutte depuis que j'ai été arrachée à mon cher atelier. Vous qui connaissez mon attachement à mon art vous devez savoir ce que j'ai dû souffrir [...] je ne voudrais pas vous attrister davantage en vous faisant le récit de l'injustice dont j'ai été la victime[2] !

À Paul, elle fera appel sans succès, elle le traite d'« apathique » :

> j'ai écrit plusieurs fois à maman à Villeneuve sans pouvoir obtenir un mot de réponse [...]. Je t'avais fait promettre de t'occuper de moi et de ne pas me laisser dans un pareil abandon [...] crois-tu que ce soit amusant pour moi de passer ainsi des mois, des années sans aucune nouvelle sans aucun espoir ! D'où vient une pareille férocité ? Comment s'y prend-on pour vous détourner de cette façon[3] ?

1. RMP (84), p. 126.
2. RMP (84), p. 129.
3. Lettre à Paul, 1915, RMP (84), p. 130.

Camille ne peut pas envisager que Paul et sa mère la torturent de la sorte. Elle poursuit en demandant d'être transférée à l'hôpital Sainte-Anne à Paris :

> ce qui m'offrirait l'avantage d'être plus près de vous et de pouvoir m'expliquer clairement avec vous sur les différents points qui restent à éclaircir. [...] À vrai dire, j'aimerais mieux rentrer dans la vie civile et oublier toutes ces aventures. Tu peux dire à maman que, si c'est qu'elle a peur que je ne réclame les biens de Villeneuve, je n'ai pas cette intention-là. [...] J'aimerais mieux même n'avoir qu'une place de bonne que continuer à vivre ainsi[1]...

Elle évoque ensuite le « gredin » qui n'a fait « ce joli coup » que pour pouvoir s'emparer de ses affaires, il a peur de la voir revenir, c'est lui qui retarde sa sortie. Toujours Rodin est celui qui endosse les agissements maternels, Camille ne pouvant accuser sa mère directement ni l'affronter, elle l'implore.

UNE MÈRE PANIQUÉE

Camille demande instamment de retourner auprès de sa mère qui ne veut « à aucun prix accéder à sa demande ». Si Camille réussissait à émouvoir ses médecins avec de telles demandes, « en ce cas, dit Mme Claudel, je devrais souffrir tout ce qu'il lui plaira. Jamais je ne consentirai à cet arrangement. Elle ne nous a que trop longtemps fait

1. *Ibid.*

marcher... Elle doit rester chez vous[1] ». Le directeur, ainsi rappelé à l'ordre, doit tout contrôler et censurer. Apparemment, la mère ne supporte pas que Camille lui dise sa souffrance, elle ne veut céder à aucune compassion ni culpabilité. Elle se sent en danger et menacée :

> J'ai reçu hier une nouvelle lettre de ma fille C. Claudel m'informant qu'elle était très malheureuse et qu'elle désirait être transférée à Sainte-Anne à Paris. Je me demande comment elle s'y prend pour me faire parvenir des lettres par d'autres intermédiaires que le médecin ou vous-même. J'en suis excessivement inquiète parce qu'elle peut tout aussi bien écrire à d'autres personnes [...] je ne veux à aucun prix la retirer de chez vous [...] quant à la reprendre chez moi ou la remettre chez elle, comme elle était autrefois, jamais, jamais. J'ai 75 ans, je ne puis me charger d'une fille qui a les idées les plus extravagantes, [...] qui nous déteste et qui est prête à nous faire tout le mal qu'on pourra [...] gardez-la je vous en supplie. [...] Enfin elle a tous les vices, je ne veux pas la revoir, elle nous a fait trop de mal[2].

L'insistance paniquée de la mère pour maintenir Camille enfermée indique (comme l'accueil que reçut le plâtre de *L'Âge mûr*) qu'elle ne voit que la haine et ne veut rien savoir de sa « déclaration d'amour et de désespoir ». La mère est ravagée par la fille, elle refuse d'entrer dans le rapport direct à sa fille. Elle parle de « nous », évoquant probablement toute la famille.

Dans une autre lettre, Mme Claudel justifie sa « sévérité », elle trouve de subtils arguments pour se disculper et convaincre : « croyant toujours être la victime de tous

1. RMP (84), p. 132.
2. RMP et AC, p. 133.

[...] ce qui n'est pas vrai le moins du monde. C'est elle [Camille] qui a été son propre bourreau[1] ».

Pourtant, en 1920 (Rodin et Rose sont morts en 1917), étant donné l'atténuation, voire la disparition des idées de persécution, les médecins de Camille croient qu'une sortie peut être envisagée avec un rapprochement de sa famille, tant désiré par Camille, « cette absence de visite est en effet très pénible[2] ». Mais la mère, toujours paniquée, refuse catégoriquement ; au directeur, elle écrit :

> Si elle sortait de chez vous elle recommencerait immédiatement j'en suis certaine et nous causerait les plus graves ennuis. [...] je ne puis donc recevoir celle qui est chez vous ni vous autoriser à tenter cet essai de sortie[3].

Comme le directeur de l'asile insiste, Mme Claudel envoie un prêtre, en émissaire, l'abbé Martin (« c'est comme si c'était nous »), pour constater ce que la mère sait déjà : « J'estime, écrit-il, qu'elle n'est pas complètement guérie et qu'il est nécessaire pendant quelque temps encore de l'avoir en surveillance[4]. »

En 1923, les médecins redemandent à la famille d'essayer une sortie. Paul pense l'enlever de Montdevergues et la transférer à l'asile de Prémontré, dans l'Aisne, proche de Villeneuve ; sa mère y fait encore obstacle et écrit à Paul :

> [...] j'ai autant de peine qu'on peut en avoir de la voir malheureuse (quoiqu'elle doive exagérer beaucoup), mais je ne puis

1. RMP (84), p. 136.
2. RMP (84), p. 200.
3. RMP (84), p. 137.
4. RMP (84), p. 138.

> rien d'autre que ce que je fais pour elle et si on la relâchait ce serait toute la famille qui aurait à souffrir au lieu d'une seule[1].

Pour Mme Claudel, si Camille sortait, ce serait toute la famille qui souffrirait. Sa douleur, sa séquestration sont la clé de voûte de celle-ci. Camille ne renonce pas à encore et encore faire appel : « Il faut me retirer... Je réclame la liberté à grands cris. » Elle décrit à sa mère l'horrible hiver qu'elle a passé, « glacée jusqu'aux os, coupée en deux par le froid. [...] C'est épouvantable. Rien ne peut donner idée des froids de Montdevergues [...]. Jamais tu ne peux te figurer ce que je souffre dans ces maisons[2] ». La promiscuité, et la folie, « c'est un vacarme de tous les diables[3] ». À Paul elle écrira : « Il s'agit de tenir en respect toutes sortes de créatures atroces, violentes, criardes, menaçantes... Et comment se fait-il que moi je sois forcée de les supporter[4] ? »

À sa mère : « c'est réellement faire preuve de folie que de dépenser un argent pareil ». Camille ne comprend pas comment ceux qui ne sont jamais venus la voir puissent décider de son sort,

> il me faut souffrir le martyre [...], les maisons de fous sont des maisons exprès pour faire souffrir [...]. C'est le cas de le dire que vous soyez fous. Quant à moi je suis tellement désolée de continuer à vivre ici que je ne suis plus une créature humaine[5].

1. JC, p. 227.
2. RMP (84), p. 141.
3. *Ibid.*
4. RMP (84), p. 145.
5. RMP (84), p. 141-143.

Camille avait la hantise que les aliments de l'asile soient empoisonnés. La nourriture était la seule chose que sa mère acceptait de prendre en considération, sa façon d'« adoucir » le sort de sa fille, de justifier de la maintenir enfermée contre son gré et de ne jamais venir la voir. Camille remercie sa mère pour les « superbes colis » qu'elle lui envoie, où « tous les articles sont excellents ». « Le vin est délicieux, il me fait un bien extraordinaire », « le café est délicieux, le beurre aussi, quelle différence avec toutes ces saletés des maisons d'aliénés. Je revis quand ton colis arrive, je ne vis d'ailleurs que de ce qu'il contient[1] ». Elle tient ses vivres de sa mère. De son côté, la mère ne se laisse pas attendrir, elle demande un prix spécial puisque Camille ne mange pratiquement pas la nourriture de l'asile.

M. Claudel ne se trompait pas : le véritable *asile* pour Camille était sa mère et Villeneuve. À sa mère :

> tu es bien dure de me refuser un asile à Villeneuve. Je ne ferai pas de scandale. Je serais trop heureuse de reprendre la vie ordinaire pour faire quoi que ce soit. Je n'oserais plus bouger tellement j'ai souffert [...]. J'ai trop souffert pour ne jamais m'en remettre.

À son frère :

> mon rêve serait de regagner tout de suite Villeneuve et de ne plus en bouger, j'aimerais mieux une grange à Villeneuve qu'une place de première pensionnaire ici. [...] Quel bonheur si je pouvais me retrouver à Villeneuve ! [...] J'ai toujours été en

1. RMP (84), p. 144.

butte à la méchanceté. [...] Et pas d'espoir que cela finisse. [...] Je ne sais si tu as l'intention de me laisser là, mais c'est bien cruel pour moi. [...] Le départ d'ici est la seule chose que je souhaite... [y] renoncer pour des lubies que vous avez dans la tête[1]...

En 1926, Mme Claudel vend Villeneuve à son petit-fils Jacques de Massary, le fils de Louise, après que celui-ci se fut marié et sur le point d'avoir un fils. Cette vente se fait sans prévenir ni consulter Paul, sans non plus en informer Camille. Jacques avait perdu son père à l'âge de quatre ans, Mme Claudel (qui avait elle-même perdu sa mère à l'âge de deux ans et demi) a pour ce premier petit-fils une nette préférence, c'est à lui qu'ira Villeneuve. Paul est furieux ; il achètera un château pour y vivre avec sa propre famille.

La seule lettre directe de Mme Claudel à Camille que nous ayons (toutes les autres sont adressées au directeur de l'asile) évoque peut-être le différend à propos de la vente de Villeneuve et fait état d'accusations que Camille aurait adressées à sa mère d'avoir empoisonné son père.

J'ai sous les yeux ta dernière lettre et je n'arrive pas à imaginer que tu puisses écrire de pareilles horreurs à ta mère. Dieu seul sait ce que j'aurai subi par mes enfants ! Paul m'accable de reproches parce que, selon lui, nous aurions avantagé Louise à son détriment et toi Camille, comment oses-tu m'accuser d'avoir empoisonné ton père ! [...] Louise, prétends-tu, t'aurait volé ton héritage ? La pauvre enfant qui a eu tant de mal à élever Jacques [...] Ta lettre n'est qu'un ramassis de calomnies, toutes plus odieuses les unes que les autres[2].

1. RMP (84), p. 146.
2. RMP (84), p. 131-132.

Cette mère qui envoie des colis si délicieux pour « adoucir » la torture de Camille serait accusée d'avoir empoisonné son mari pour pouvoir au plus vite faire enfermer sa fille ! Les trois enfants Claudel tenaient plus que tout à la maison de Villeneuve ; c'est en effet Louise qui fut privilégiée puisqu'elle y demeura jusqu'à la fin de sa vie chez son fils devenu propriétaire. Nous regrettons que la lettre accusatrice de Camille à sa mère manque puisque jusqu'à présent nous n'avons eu aucun élément tangible qui montre Camille accusant directement sa mère et répondant à sa haine. Cette lettre manque-t-elle par censure familiale, ou bien Mme Claudel transforme-t-elle en accusations directes les propos douloureux de sa fille, et ainsi justifie-t-elle sa peur et son refus de la recevoir ? On ne peut pas envisager qu'elle ait inventé le thème de l'empoisonnement du père, mais qui sait comment Camille l'avait énoncé à sa mère ? Cette lettre qui manque serait le seul élément où Camille aurait manifesté une entrée dans le ravage direct avec sa mère par l'accusation.

À l'annonce de la vente de Villeneuve, Mme Claudel écrit à Paul :

> Il reste encore une bonne part pour Camille, j'espère que tu ne me blâmeras pas. Mes habits et mon linge seront pour Camille. Que faire pour elle ? On ne peut que lui adoucir la vie. [...] Il faut attendre ; on ne peut pas la mettre chez elle. [...] N'en parlons plus[1].

Attendre quoi ? sa mort ? Surtout n'en plus parler. En héritage pour Camille, les vêtements usés d'une mère une

1. JC, p. 233-234.

fois défunte pour une fille devenue méconnaissable par la souffrance. Ironie du sort, elle recevra seules les loques d'une mère qui a assidûment refusé de donner asile au corps trop féminin de sa fille. C'est probablement à cette époque que Mme Claudel détruisit le tableau d'elle que sa fille fit lorsqu'elle sculptait enfant à Villeneuve ; elle clôt dans la destruction l'événement implorant de la fille tournée vers la mère qui avait fait devenir Camille artiste.

À la mort de leur mère, Camille s'aperçoit que Paul ne fera rien pour elle. La femme de Paul ne veut pas la recevoir. Camille le disculpe toujours en le croyant naïvement manipulé par ceux (morts depuis longtemps) « qui ont voulu sauter sur son œuvre pour se faire des rentes. Et Rodin derrière eux avec sa roulure ». L'autre femme, « la roulure », est toujours là. Les rapports de Paul à sa sœur Louise tournent mal à propos de la pension des Beaux-Arts que Louise devrait intégralement transférer à Camille et qu'elle semble garder pour elle, afin de continuer l'œuvre d'adoucissement de sa mère...

Paul tente de persuader Camille que Dieu a pitié des affligés. Elle lui répondra : « Parlons-en de ton Dieu qui laisse pourrir une innocente au fond de l'asile. » Et lorsque Camille aura souffert trente ans d'asile, et meurt, Paul écrira :

> Le poids du génie est lourd à porter pour une femme. [...] Nous avons eu ensemble un moment d'indicible tendresse et d'amertume. Ma consolation est que ces trente ans de souffrance lui ont certainement valu l'accès d'un séjour meilleur[1].

1. RMP et AC, p. 276.

Pour Paul, cette consolation chrétienne le disculpe lui-même, il ne peut ignorer que pour Camille ses souffrances n'avaient aucune valeur de repentir, ni d'expiation, mais la valeur de la torture de la dépossession. Son corps de femme lui fut ravi par l'exil infligé par une mère intouchable et intouchée.

CAMILLE EN EXIL

Le départ de la famille Claudel de Villeneuve pour Paris, par la décision du père pour officiellement soutenir l'épanouissement de l'art de sa fille, fut, au dire de Paul, un « cataclysme ». Dès lors, Mme Claudel voua à Camille une hostilité qui n'a fait que croître. Cet événement a pris une valeur de « catastrophe » parce que déjà quelque chose faisait obstacle à l'amour de Mme Claudel pour sa fille aînée. Sa préférence pour sa fille Louise venait comme choix forcé contre Camille. Cette mère semble avoir été blessée non seulement par la vie de sa fille, mais par l'audace de cette fille à vouloir avec son art lire et calmer le malheur de sa propre mère. Quel était ce malheur ? Peut-être celui de la perte de sa mère ? Peut-être celui de la perte de son premier fils ? À quoi il faut ajouter la perte de son frère.

Le père de Camille fut le seul à savoir qu'elle devenait folle, non pas de l'inévitable trahison du maître amoureux, Rodin, mais d'être privée de l'accueil de sa mère et d'être écartée de sa maison de Villeneuve. Camille fut persécutée à distance par la place d'exilée que lui avait réservée sa mère. Elle ne put affronter cette mère en face, en son corps, dans le ravage. Depuis l'exode de la famille Claudel à Paris, Camille vivait l'exil. Dans sa folie elle avait conclu que son art l'avait empêchée de réaliser sa féminité : ni vêtements pour plaire, ni mari, ni enfant. Dans le hurlement de l'avortement, elle avait dû se séparer de sa parure de femme, pas de peau pour un corps de femme désirable, perdue la nudité-Rodin. Plus que son art lui-même, ce fut l'éloignement de la maison de Villeneuve et la férocité puritaine d'une mère frustrée qui constituèrent les vecteurs de son exil. Paul aurait-il pu prendre le relais du père ? Certainement pas, puisque la religion le sauva du péril qui eût été le même que celui de sa sœur et le fixa du côté de sa mère dans un puritanisme assassin. Avec l'échec de *L'Âge mûr*, l'art de Camille succomba à son impossibilité d'atteindre l'autre femme, celle qui retient l'homme par le bras pour l'empêcher d'agir en sa faveur, « sa roulure ». Ayant perdu Rodin, puis l'appui de Paul, Camille, telle la *Niobide blessée*, s'effondre et détruit les êtres de pierre qu'elle avait dressés, devenus inaptes à toucher – au sens tendre et blessant à la fois – celle à qui ils s'adressaient, sa propre mère.

La prise de corps de la sculpture s'est effectuée sur le chemin du corps maternel à atteindre. Mais ce n'est pas l'art de Camille qui a fait obstacle à sa féminité, c'est sa position *ravie* d'exilée.

TENTATIVE ÉCHOUÉE DE SORTIE DU RAVISSEMENT PAR LOL V. STEIN*

* Ce chapitre reprend certaines thèses développées dans mon texte « La raison de Lol », *in* Marguerite Duras, *Dits à la télévision*, Paris, EPEL, coll. « atelier », 1999.

Pour mieux saisir les enjeux du ravage entre mère et fille, nous allons étudier l'expérience du « ravissement » tel que Marguerite Duras le décrit dans son roman *Le Ravissement de Lol. V. Stein*[1].

Une jeune femme folle rencontrée lors d'un bal de Noël à l'hôpital psychiatrique a inspiré Duras : « Je l'ai connue. Et puis je ne l'ai jamais revue. Elle est devenue Lol V. Stein. Il ne me faut pas grand-chose. Un regard[2]. » Duras la considère « bonne pour l'asile, mais pas folle[3] ». Lol oublie de souffrir de voir son fiancé tomber amoureux d'une autre, et trouve cela « merveilleux qu'on se déprenne d'elle ». Elle vit cet événement comme un bonheur. Cette jeune fille « ravie » n'est pas marquée par la souffrance. C'est justement l'absence totale de souf-

1. Marguerite Duras, *Le Ravissement de Lol V. Stein*, Paris, Gallimard, 1964. Toutes les citations indiquées uniquement par le numéro de la page se réfèrent à cette édition.

2. Laure Adler, *Marguerite Duras*, Paris, Gallimard, 1998, notes préparatoires, archives IMEC, p. 387.

3. *Ibid.*

france qui est scandaleuse et qui *ravit* le lecteur, il y reconnaît son expérience intime la plus inacceptable, ici portée en avant, revendiquée même. On a été fasciné par le ravissement de Lol V. Stein, présenté comme un état d'aboutissement d'une féminité épurée, idéalisée. Or, le mouvement du roman est au contraire une tentative de sortie du ravissement, un trajet échoué, qui va de l'anesthésie vers le cri. Le cri sera tenté, il ne sera pas reçu.

Nous voulons faire ressortir certains traits qui sont passés inaperçus, tant nous sommes ravis par le ravissement de Lol, en tentant l'exercice périlleux de faire cas de l'état subjectif du *ravissement* que cette fiction fait exister, donc de faire cas du personnage Lol V. Stein.

Le récit est fait à la première personne, par Jacques Hold, celui à qui Lol demandera de l'accompagner dans la traversée de l'épreuve qui la concerne. Le narrateur raconte après coup : Lol a dix-neuf ans, elle est fiancée à Michael Richardson, le fils de grands propriétaires terriens, il a vingt-cinq ans. On sait que Lol a été entourée d'une grande affection dans sa famille et ensuite au collège. Son amie de collège, Tatiana Karl, dit à quel point Lol était particulière :

> Il manquait déjà quelque chose à Lol pour être – elle dit : là. Elle donnait l'impression d'endurer dans un ennui tranquille une personne qu'elle se devait de paraître mais dont elle perdait la mémoire à la moindre occasion. Gloire de douceur mais aussi d'indifférence, découvrait-on très vite, jamais elle n'avait paru souffrir ou être peinée, jamais on ne lui avait vu une larme de jeune fille (p. 11).

Ou encore :

> Lol V. Stein était jolie, qu'au collège on se la disputait bien qu'elle vous fuît dans les mains comme l'eau parce que le peu que vous reteniez valait la peine de l'effort. Lol était drôle, moqueuse, impertinente et très fine, bien qu'une part d'elle-même eût été toujours en allée loin de vous et de l'instant [...]. Était-ce le cœur qui n'était pas là ? [...] Oui, il semblait que c'était cette région du sentiment qui, chez Lol, n'était pas pareille (p. 11).

C'est pourquoi Tatiana n'avait cru qu'à moitié à ces fiançailles. « Les parents consentirent au mariage », mais Tatiana s'étonnait :

> Qui Lol aurait-elle bien pu découvrir qui aurait retenu son attention entière ? Quand elle connut Richardson et qu'elle fut témoin de la folle passion que Lol lui portait, elle en fut ébranlée mais il lui resta néanmoins encore un doute : Lol ne faisait-elle pas une fin de son cœur inachevé (p. 12) ?

La « folle passion » dans laquelle Lol s'engage ne contredit pas son absence, peut-être la prolonge-t-elle. Si, en se mariant, elle fait « une fin de son cœur inachevé », c'est avec le consentement de ses parents, qui peuvent avoir favorisé ce projet pour leur fille si difficile à saisir, soulagés peut-être de marier cet être inquiétant.

L'ÉVÉNEMENT DU BAL

Lors du bal de l'été, la petite Lol se voit ravir son fiancé par une femme plus âgée, Anne-Marie Stretter, arrivée en dernier accompagnée de sa fille. « Bâties de même manière », cette similitude physique entre mère et fille accentue sûrement le côté femme de la mère. Le fiancé de Lol les avait déjà vues à la plage le matin. L'événement est subit, Michael Richardson s'est arrêté, les a regardées entrer et a entraîné Lol vers le bar.

> Lol, frappée d'immobilité, avait regardé s'avancer, comme lui, cette grâce abandonnée, ployante, d'oiseau mort (p. 14).

Elle s'immobilise devant l'avancée érotique affichée de celle qui est mère, une femme saturée des signes de la féminité, une femme « à qui plus rien ne peut arriver ». On peut penser que Lol s'est identifiée à la fille dans le tableau mère-fille. La femme est présentée ainsi : elle avait revêtu sa maigreur

> d'une robe noire à double fourreau de tulle également noir, très décolletée [...] telle qu'elle apparaissait, telle désormais, elle mourrait, avec son corps désiré (p. 14).

Le jeune homme est bouleversé. Tatiana Karl, l'amie de collège de Lol, « l'avait trouvé pâli et sous le coup d'une préoccupation si envahissante » (p. 15-16). Son changement est devenu public. Sur son visage, « de la douleur se lisait, mais vieille, du premier âge ». Michael Richardson est saisi d'une minute à l'autre, il ne peut échapper, ni tricher, il est emporté. Les marques du bouleversement de son fiancé atteignent pourtant la jeune fille, « cette vision et cette certitude ne parurent pas s'accompagner chez Lol de souffrance » (p. 17).

Lorsque Anne-Marie Stretter se trouve seule, Richardson ne peut pas ne pas s'avancer, comme au supplice :

> [il] se dirige vers elle dans une émotion si intense qu'on prenait peur à l'idée qu'il aurait pu être éconduit. Lol, suspendue, attendit, elle aussi. La femme ne refusa pas (p. 17).

Et Tatiana, l'amie, accompagne ce mouvement, et suit Lol qui suit légèrement Richardson lorsqu'il se dirige pour inviter la femme. Et la petite Lol, telle

> une femme dont le cœur est libre de tout engagement, très âgée, regarde ainsi ses enfants s'éloigner, elle parut les aimer (p. 17).

La première danse terminée, Richardson s'approche de Lol,

> il y eut dans ses yeux l'imploration d'une aide, d'un acquiescement. Lol lui avait souri (p. 18).

Tout est en train de se faire, dans l'imminence de l'instant prolongé, mais ce n'est pas fait. Que veut Lol à cet instant ? Veut-elle garder son fiancé ? Va-t-elle acquiescer à ce qui se passe, au bal, à ce qui a lieu là sous ses yeux, avec elle et sans elle, en dehors du temps ? Richardson implore une réponse, elle peut encore le retenir. Mais, pour Lol, la question ne se pose pas en ces termes, elle ne se pose pas du tout. À son fiancé désemparé, Lol « avait souri », l'engageant ainsi dans l'histoire de l'autre femme. Le sourire est sa réponse à elle, quoique encore suspendue. Pour lui, c'est fait, le sourire de Lol vaut acquiescement, il ne reviendra plus près de sa fiancée.

Michael Richardson et Anne-Marie Stretter ne se quittent pas, ils dansent toute la nuit. Quand l'aube arrive, l'orchestre cesse de jouer, la salle de bal s'est vidée. Michael Richardson et Anne-Marie Stretter ne s'aperçoivent pas que la musique s'est arrêtée. Michael Richardson est, à cet instant, déboussolé, désorienté, perdu. Ne sachant pas comment sortir de la nuit du bal, il cherche à retomber sur ses pieds, à retrouver peut-être celle avec laquelle il était fiancé. Du fond de la salle, Lol sourit encore, du sourire de l'ange. Lol aime qu'il soit ainsi emporté, mais Richardson ne la voit pas. Maintenant il est seul à devoir sortir du bal, ils sont loin, séparés.

> À ce moment-là une femme d'un certain âge, la mère de Lol, était entrée dans le bal. En les injuriant elle avait demandé ce qu'ils avaient fait de son enfant [...].
> Ils cherchèrent autour d'eux qui méritait ces insultes. Ils ne répondirent pas.
> Quand la mère découvrit son enfant derrière les plantes vertes, une modulation plaintive et tendre envahit la salle vide.
> Lorsque sa mère était arrivée sur Lol et qu'elle l'avait touchée, Lol avait enfin lâché la table. Elle avait compris seulement à cet instant-là qu'une fin se dessinait mais confusément, sans distinguer encore au juste laquelle elle serait. L'écran de sa mère entre elle et eux en était le signe avant-coureur. De la main, très fort, elle le renversa par terre. La plainte sentimentale, boueuse, cessa.
> Lol cria pour la première fois (p. 21).

Pour sa mère, Lol est une « enfant » qu'elle vient reprendre et consoler. Elle avait promis cette « enfant » à un homme, qui l'a laissée. Elle insulte le fiancé et la femme traîtresse, une mère qui s'est mal conduite. Ainsi, elle dérange brutalement l'émerveillement de Lol. Seulement quand elle touche sa fille, Lol sort de son immobilité et lâche la table à laquelle elle s'était collée. Lol aperçoit alors la distance physique qui la sépare du couple qui dansait. La brutalité des expressions sentimentales de sa mère lui fait saisir qu'elle va perdre le couple de son fiancé et de la femme. Elle résiste à l'interposition de sa mère entre elle et eux, elle crie. « Lol cherche à les retenir, elle crie sans discontinuer des choses sensées », elle explique à Michael Richardson qu'on était trompé par l'heure d'été, qu'il n'était pas tard. Comme une petite enfant, « elle s'était jetée sur les battants de la porte », pour les empêcher de sortir, les garder, les retenir dans le miracle du suspens du bal, dans la magie du coup de foudre. Le couple part dans les jardins, honteux, les yeux baissés, et « quand elle ne les vit plus, elle tomba par terre, évanouie » (p. 22). Son cri sombre avec l'évanouissement.

Après l'événement du bal, la bourgeoisie de S. Thala s'est émue de l'histoire de la jeune Lol abandonnée. La jeune fille resta prostrée dans sa chambre, comme une malade, survivante. Duras écrit :

> Elle fut marquée de signes de souffrance. Mais qu'est-ce à dire qu'une souffrance sans sujet (p. 23) ?

Si elle souffre, elle ne le sait pas, elle ne le sent pas. Elle éprouve « une fatigue insupportable d'attendre de la sorte » (p. 23), la fatigue indicible d'une souffrance non éprouvée. Accablée par « l'étrange omission de sa douleur durant le bal », Lol devient une jeune fille éteinte qui a l'air de s'ennuyer et de n'attendre plus rien à force d'attendre. Elle s'en prend à son nom.

> Elle prononçait son nom avec colère, Lol V. Stein – c'est ainsi qu'elle se désignait (p. 23).

Elle ne prononce pas son vrai nom : Lola Stein, ni Lola Valérie Stein. Elle s'invente un nom, une écriture différente de son nom : « Lol V. Stein » serait son nom du bal, son nom du ravissement. Son nom propre devait lui être devenu étrange, ou menaçant.

Lorsqu'une femme subit l'enlèvement de l'homme qu'elle aime, ou lorsqu'elle le laisse partir, il est rare qu'elle ne souffre pas. Mais pour Lol c'est différent.

> La nuit avançant il paraissait que les chances qu'aurait eues Lol de souffrir s'étaient encore raréfiées, que la souffrance n'avait pas trouvé en elle où se glisser, qu'elle avait oublié la vieille algèbre des peines d'amour (p. 19).

Elle n'est pas comme les autres, la souffrance n'a pas trouvé en elle un corps à torturer. Dès que la femme est apparue, dans une immobilité décisive, le corps de Lol s'était oublié, comme « l'eau qui oublie de geler[1] », il n'avait plus de contours.

Duras dira après la parution du livre dans une interview télévisée :

> Lol a assisté à cet amour naissant. Elle a vu complètement la chose. Elle a assisté à la chose aussi complètement qu'il est possible jusqu'à se perdre de vue elle-même [...]. Elle a oublié que c'était elle qu'on n'aimait plus. Elle était en faveur et avec cet amour naissant. C'est ça le bal. Et c'est si merveilleux cette

1. Marguerite Duras, *La Vie matérielle*, Paris, POL, 1987, p. 32.

éviction, cet anéantissement de Lol. C'est admirable de pouvoir voir son propre amour s'éprendre d'une autre, et en être émerveillée, qu'elle en a été marquée pour la vie. Voilà. [...] Elle a compris comme ça dans la fulgurance [...] que c'était cette femme-là qui allait être l'amour de son fiancé[1].

Loin d'être un malheur, c'est un « bonheur », à vous couper le souffle. Duras invente « Lol V. Stein », le nom d'une dépossession heureuse, d'une joie du ravissement, Lol V. Stein : un être ravi de subir le ravissement, à l'inverse du mouvement empoisonné de l'envie, à l'opposé du surgissement de la haine. Elle ne connaît pas la douleur de l'abandon. Là est la diablerie de Duras. Lol incarne un point de subjectivité extrême, choquant, inouï.

LA QUÊTE DE SON IDENTITÉ

Duras construit une histoire qui déploie l'architecture logique de l'état d'extinction heureuse que connaît Lol. Du temps passe longuement après le bal. Un soir, elle s'échappe de chez elle, elle se promène solitaire sans but précis, elle rencontre un homme dans la rue. Il l'approche, il a reconnu la fameuse Mlle Stein. Pour lui, Jean Bedford, les cheveux de Lol

avaient la même odeur que sa main, d'objet inutilisé [...] ses traits commençaient déjà à disparaître dans la grise pâleur, à s'enliser de nouveau dans la profondeur des chairs (p. 30).

1. Marguerite Duras, *Dits à la télévision*, *op. cit.*, p. 13.

Comme pour trouver une contenance, Jean Bedford lui fait la cour en évoquant l'espoir d'un retour possible de son fiancé vers elle, tout en lui annonçant qu'il est parti en Inde rejoindre Anne-Marie Stretter. Mais Lol, qui porte toujours sa très belle bague de fiançailles, paraît loin d'un quelconque espoir ou désespoir de voir revenir son fiancé, elle est ailleurs. Sa mère vient encore une fois rechercher son « enfant », en fuite dans la nuit. Lol se laisse épouser par Jean Bedford par l'entremise de sa mère, et « sans l'avoir voulu ».

Il y a comme une conspiration du silence autour d'elle, orchestrée par sa mère qui veut anesthésier le bal. On ne parla plus jamais à Lol de Michael Richardson et, au mariage, on n'invita personne de ceux qui avaient assisté au bal. À la demande de la mère, le couple s'installa dans une autre ville, U. Bridge. Lol est maintenue isolée de l'événement qui la concerne, sa mère trouve en Jean Bedford un allié. Il aime ce qu'il appelle « la douceur de sa femme », son « effacement continuel ». On dit que Lol l'encourage à faire tout ce qu'il aime, à la tromper même. Lol préserve son lieu d'intime absence. La « dormeuse debout » aura trois filles. Elle vivra une vie très organisée consacrée au soin des enfants et du jardin : une vie où chaque chose est à sa place, dans un univers glacé et silencieux. Son ordre rigoureux approche de la perfection. L'indifférence et la ponctualité imposées par Lol sont probablement sa façon de garder le bal intact et de le maintenir dans le sommeil. « Elle attend », c'est désormais sa position. Elle n'attend certainement pas le retour de son fiancé qu'elle n'aime plus, elle n'attend pas le retour des amants, elle *attend son heure*.

Son heure vient dix ans après : « La mort de sa mère – elle avait désiré la revoir le moins possible après son mariage – la laissa sans une larme » (p. 35).

Alors, une ouverture s'opère : Lol et sa famille reviennent vivre à S. Thala et s'installent dans la maison des parents de Lol, maintenant décédés. Du père de Lol, on sait qu'il était professeur à l'université, il n'est présent dans le récit qu'en tant que « parents », donc joint à sa femme, on déduit qu'il mourut le premier. De retour dans sa maison natale, Lol réussit à introduire le même ordre glacé qu'à U. Bridge. Toute curiosité est tenue à distance. Cependant, dans le tracé du jardin, Lol fait « une erreur », elle dessine des allées qui partent en éventail disposées autour du porche, qui ne se croisent pas les unes les autres, elles sont donc inutilisables. On peut penser que cette erreur est un signe. Revenue dans sa maison d'enfance, derrière l'apparente vacuité d'être de Lol, quelque chose d'étrange se met en mouvement.

De sa terrasse, Lol voit un couple passer. Des mots prononcés par la femme arrivent confusément à ses oreilles : « morte peut-être ». Puis Lol aperçoit furtivement le couple s'embrasser. Le « baiser coupable, délicieux », ainsi que le visage et la silhouette de la femme, « affleurent [...] un peu à sa mémoire » (p. 43). Lol reconnaît vaguement cette femme. Elle se met à bouger.

La situation de son mari s'étant améliorée, Lol a du temps libre et prend l'habitude de se promener dans la journée, seule, dans sa ville. Quelque chose remue son somnambulisme. On n'a pas oublié, dans sa ville natale, qu'elle « fut victime de l'inconduite monstrueuse de Michael Richardson » (p. 45). Les considérations des gens, chargées d'une éventuelle brutalité qui lui rappelleraient le drame du bal, n'atteignent même pas son esprit. Sans le savoir, elle s'oriente dans ses promenades quotidiennes, elle cherche quelque chose.

> Elle se croit coulée dans une identité de nature indécise qui pourrait se nommer de noms indéfiniment différents, et dont la visibilité dépend d'elle (p. 46).

Sortie de sa maison ordonnée, la mise en mouvement de son corps fait affluer les pensées dans la bousculade qui « respirent dans un univers disponible », « le bal reprend un peu de vie ». Duras écrit qu'elle « y entre chaque jour », « vicieuse », « hantée par une seule et unique pensée » : l'instant précis de la fin du bal, quand l'aurore arriva avec une brutalité inouïe et que sa mère entra et la sépara du couple magique que formaient Michael Richardson et Anne-Marie Stretter. « Lol progresse chaque jour dans la reconstitution de cet instant. Elle arrive même à capter un peu de sa foudroyante rapidité » (p. 52). Elle se tient déchirée sans voix à cet instant précis où « une chose mais laquelle ? aurait dû être tentée qui ne l'a pas été » (p. 53).

« Il ne reste de cette minute que son temps pur, d'une blancheur d'os. » Lol s'y tient toujours, « le bal muré dans sa lumière nocturne les aurait contenus tous les trois et eux seuls ». Elle croit qu'il aurait fallu pénétrer l'espace inconnu qu'ouvre cet instant précis de la fin du bal.

> Que ç'aurait été pour toujours, pour sa tête et pour son corps, leur plus grande douleur et leur plus grande joie confondues jusque dans leur définition devenue unique, mais innommable faute d'un mot (p. 54).

Lol « a cru le temps d'un éclair que ce mot pouvait exister », un mot qui fasse une définition unique de la tête et du corps : un mot qui identifie sa personne. Elle va vers l'instant de la fin du bal qui retient le souffle de ce mot qui manque. Quelqu'un d'autre aurait dérapé, trébuché : fabriqué un symptôme pour se protéger de ce trou qui menace. Elle, Lol V. Stein, avec son sourire heureux, ouvre l'espace hors temps de la fin du bal où quelque chose n'a pas eu lieu qui aurait dû avoir lieu. « Elle sourit, certes, à cette minute pensée de sa vie », qui la retient en ne la nommant pas.

Souvenons-nous que Michael Richardson, déjà emporté par le désarroi, s'était tourné vers Lol pour recevoir d'elle un acquiescement ou un refus. Le sourire de Lol a valu acquiescement pour lui. À cet instant elle a oublié la douleur, elle a suspendu leur lien désormais pour toujours. Maintenant, faute de l'existence d'un mot qui identifie, elle se tait. Lol attend le mot, elle s'est mise dans la croyance folle qu'il existait. Duras écrit :

> Ç'aurait été un mot-absence, un mot-trou, creusé en son centre d'un trou, de ce trou où tous les mots auraient été enterrés. On n'aurait pas pu le dire mais on aurait pu le faire résonner. Immense sans fin, un gong vide, il aurait retenu ceux qui voulaient partir. Il les aurait convaincus de l'impossible [...] en une fois, il les aurait nommés eux, l'avenir et l'instant. Manquant, ce mot, il gâche tous les autres, les contamine, c'est aussi le chien mort de la plage en plein midi, ce trou de chair. Comment ont-ils été trouvés les autres ? Au décroche-moi ça de quelles aventures parallèles à celles de Lol V. Stein étouffées dans l'œuf, piétinées et des massacres, oh ! (p. 54).

Sans ce mot, les autres sont approximatifs, tricheurs. Lol voudrait murer le bal pour retenir le mot qui lui donnerait son identité propre, le trouver, le rencontrer, voir son absence, le faire résonner.

L'expérience du bal a montré la faille du serment des fiancés. Si Lol avait pu tenir le lien de promesse, lorsque Michael Richardson s'est tourné vers elle, elle aurait pu confirmer la parole donnée, renverser le désarroi qui le saisissait, ainsi garder son fiancé. La réponse de Lol est rigoureuse. Les fiançailles ne tiennent pas, parce que son identité est « de nature indécise », faute d'un mot. Lol croit follement qu'il aurait fallu « murer le bal » avec les trois personnages pour donner corps à ce mot-trou, en sa résonance, et y rencontrer réellement son absence. À cet endroit prend place un scénario à trois : Lol V. Stein est au centre d'une triangulation avec Michael Richardson et Anne-Marie Stretter[1]. Duras dit que, sans Lol, leur rencontre est une aventure érotique sans lendemain. Ils sont nécessairement trois.

RÉALISER LE GESTE ÉROTIQUE

L'instant retenu de la fin du bal contient un geste que Lol attend et auquel elle est suspendue. Et voir ce geste se substituerait à la radicale absence du mot : exactement

1. Dans son « Hommage fait à Marguerite Duras, du ravissement de Lol V. Stein », *Cahiers Renaud-Barrault*, Paris, décembre 1965, Jacques Lacan repère dans le trio que fabrique Lol « son être à trois ».

voir le dévêtissement de l'autre femme par le fiancé, voir l'enlèvement du fourreau noir avec lenteur réellement sous les yeux de Lol. La consistance d'être de Lol tient à ce geste. Sa vision du geste érotique est la source même du geste, comme s'il retenait en lui l'identité même de Lol.

> Il n'est pas pensable pour Lol qu'elle soit absente de l'endroit où le geste a eu lieu. Ce geste n'aurait pas eu lieu sans elle : elle est avec lui chair à chair, forme à forme, les yeux scellés à son cadavre. Elle est née pour le voir. D'autres sont nés pour mourir. Ce geste sans elle pour le voir, il meurt de soif, il s'effrite, il tombe, Lol est en cendres (p. 55-56).

Le bal a été interrompu par l'irruption insultante de la mère qui a fait écran, avant de voir le geste. Lol a été privée définitivement du dénudement du long corps maigre d'Anne-Marie Stretter par le fiancé, elle le veut, elle l'attend. Le voir aurait consisté en ceci :

> Dans une progression rigoureusement parallèle et inverse, Lol aurait été remplacée par elle auprès de l'homme de T. Beach. Remplacée par cette femme, au souffle près. Lol retient ce souffle : à mesure que le corps de la femme apparaît à cet homme, le sien s'efface, s'efface, volupté, du monde.
> – Toi. Toi seule.
> Cet arrachement très ralenti de la robe de Anne-Marie Stretter, cet anéantissement de velours de sa propre personne, Lol n'a jamais réussi à le mener à son terme (p. 56).

Là, elle se lie au corps de l'autre femme : « toi seule ». Lol va vers un remplacement de son corps par celui de la femme par la vision du geste. Elle tend vers une volupté de l'effacement de son corps, un anéantissement de sa propre personne. Un « terme » qu'elle n'a pas encore réussi à atteindre.

Tous les après-midi lors de ses promenades, Lol marche, elle voyage dans l'espace inconnu de cet instant qu'elle croit non accompli, vers la vision de ce geste non réalisé.

> L'homme de T. Beach n'a plus qu'une tâche à accomplir toujours la même dans l'univers de Lol : Michael Richardson, chaque après-midi, commence à dévêtir une autre femme que Lol et lorsque d'autres seins apparaissent, blancs, sous le fourreau noir, il en reste là, ébloui, [...] et Lol attend vainement qu'il la reprenne, de son corps infirme de l'autre elle crie, elle attend en vain, elle crie en vain (p. 57).

Elle veut dépasser l'infirmité de son propre corps par le remplacement. Mais son espoir est vain puisque le fiancé s'arrête, ébloui, et elle reste suspendue à cette attente de voir que le geste inachevé s'achève, de le voir jusqu'à l'accomplissement.

À Pierre Dumayet, Marguerite Duras dira :

> [...] elle aurait consenti à une sorte de vie parasitaire [...] elle aurait voulu les voir [...]. Oui, dans l'oubli d'elle-même absolu. Elle aurait voulu tout voir, tout, jusqu'à l'accouplement sans doute[1].

Duras construit le scénario à trois de Lol avec une femme de son âge, une amie de collège, alors qu'Anne-Marie Stretter était une femme mûre, de la génération de sa mère. En effet, la rencontre fortuite d'un couple passé

1. Marguerite Duras, *Dits à la télévision*, *op. cit.*, p. 14.

devant chez elle, et la phrase « morte peut-être » ont agité la mémoire de Lol, comme un réveil, réanimé le bal endormi. Lol suivra dans la rue l'homme aperçu devant chez elle, c'est l'amant de son amie Tatiana, celle qui lui avait tenu la main durant le bal.

> Elle sait qu'il va rejoindre cette femme, Tatiana Karl. Elle le suit dans toute la ville. Elle le suit jusqu'à un hôtel de passe où il rencontre cette femme qu'elle voit alors vraiment en toute clarté, qu'elle nomme en toute clarté : Tatiana Karl[1].

Tatiana une fois reconnue, Lol cherche alors à renouer avec elle. Les deux amies, qui sont maintenant des femmes mariées, évoquent l'événement du bal et l'énigme qu'il retient, toujours vivante, en chacune, comme une violence dangereuse, longuement contenue. Tatiana craint d'en parler, elle redoute une « rechute » de la maladie de Lol. Lol affiche le bonheur qu'elle connaît depuis le bal et un désir qui ne la lâche pas, elle est inquiétante.

Lol avance, aveugle et voyante, elle ne sait pas exactement ce qu'elle fait, mais elle le fait. Elle saisit assez vite que Tatiana et son amant ne s'aiment pas. Elle traque leurs rendez-vous amoureux, elle se couche dans un champ de seigle d'où elle peut secrètement les observer. En fin de journée, derrière l'Hôtel des Bois, elle guette par la fenêtre éclairée le geste qu'elle n'a pas vu. C'est le même hôtel de passe où, jeune fille, elle avait reçu le « serment d'amour » de son fiancé Richardson. Duras dira :

1. *Ibid.*, p. 16.

> Elle reste là devant la fenêtre éclairée de la chambre jusqu'au départ des amants. [...] Oui. C'est la recherche du bonheur. Son bonheur est là. Voir. Les autres[1].

Lol n'est pas voyeuriste[2], même si son but est de « les voir ». Aller les voir n'est ni une excitation ni une souffrance, c'est une nécessité, un bonheur, une joie tranquille. Il arrive que Lol s'endorme dans le champ de seigle : elle s'y repose en tout cas, elle s'y refait.

Jacques Hold aperçoit Lol de la fenêtre. Il comprend qu'il est entré dans la manœuvre de Lol. Elle acquiert un ascendant tenace sur lui et le rapport érotique avec Tatiana Karl devient de ce fait plus ardent. Il lui offre Tatiana à voir, c'est plus fort que lui. Dans le même temps se détériore insidieusement le jeu adultère des places entre lui, Tatiana et son mari, dont il est l'assistant en médecine.

Quand, de la fenêtre, Jacques Hold reconnaît dans la tache sombre l'observatrice Lol, son regard est là, il est saisi : il éprouve une émotion très violente entre le doute et l'épouvante, l'horreur et la joie. Il est tenté de la « repousser pour toujours », ou de se

> prendre pour toujours pour toute Lol V. Stein d'amour. [...] souffrant de l'insuffisance de [son] être à connaître cet événement (p. 139).

1. *Ibid.*
2. Jacques Lacan l'avait dit également dans son « Hommage fait à Marguerite Duras, du ravissement de Lol V. Stein », *op. cit.*

Cette « insuffisance » le précipite dans l'amour pour Lol. Lui seul sait qu'elle vient là, il se surprend à la guetter, mais elle a toujours dévié la conversation, elle n'a jamais dit qu'elle y était. C'est un secret entre eux dans la mesure où elle sait qu'il l'a vue et ne lui en parle pas.

Lol déclare à l'amant qu'elle l'a choisi, lui, car il lui est nécessaire dans sa recherche, cependant elle exige de lui qu'il ne quitte pas Tatiana. Elle lui dit que par la fenêtre éclairée elle voit son amie « nue, sous ses cheveux noirs ». Cette plage de chair dévoilée, lumière fragmentée, contrastée par le rideau de la lourde chevelure noire de Tatiana, dessine le lieu convoité, tache qui concerne Lol. La phrase : « nue, sous ses cheveux noirs », dite par Lol, résonne immensément aux oreilles de l'amant, « c'est ça exactement ça Tatiana », pour lui aussi. Il se demande comment Lol peut le savoir et le dire si bien. Il est impressionné.

Jacques Hold cherche Lol dans les rues sans cesse. Au rendez-vous qu'il lui donne, il reconnaît, sous sa sagesse convenue d'éternelle pensionnaire, ce qu'il a ouvert en elle. Il dit :

> Lorsqu'elle a levé les yeux j'ai vu une joie barbare, folle, dont tout son être devait être enfiévré [...]. Sa vue seule m'effondre (p. 150).

Ils ne sont pas deux, ils sont encore trois, disposés autrement cette fois. Lol approche de son but. Elle demande à l'amant cette chose extraordinaire de lui raconter comment il fait avec Tatiana. Il accepte. Lol est secouée par les mots qu'elle entend. Le récit des ébats amoureux avec « l'admirable Tatiana » l'affole, elle est agitée par « un vacarme intérieur »,

> des larmes ont rempli ses yeux. Elle réprime une souffrance très grande dans laquelle elle ne sombre pas, qu'elle maintient au contraire, de toutes ses forces, au bord de son expression culminante qui serait celle du bonheur (p. 152).

Lol réagit puissamment. La souffrance n'est pas loin de vraiment la saisir. Les formules disent quels épouvantables remous contradictoires la traversent. Mais elle réussit le tour de force de tourner son tourment à son point ultime de proximité avec l'expression du bonheur.

Quand Jacques Hold lui signifie qu'il voudrait faire l'amour avec elle, elle voudrait aussi, puis elle esquive : « Mais Tatiana est là, unique dans notre vie » (p. 153). Lol aime celui qui doit aimer Tatiana, irremplaçable. Il lui raconte tout, jusqu'à lui avouer que lorsqu'il étreint son amante et qu'il la prend, le visage caché sous le drap, elle prononce le nom bien articulé de « Lol V. Stein ». Lol l'interroge :

> – Ce n'est pas moi n'est-ce pas, Tatiana, sous le drap, la tête cachée ?
> Hold répond :
> – C'est *pour* vous[1] (p. 158).

Jacques Hold la contredit, non ce n'est pas elle, elle n'est pas remplacée, c'est *pour* elle, pour servir son bonheur. Il confirme qu'ils sont trois : Lol et Tatiana sont nécessaires l'une à l'autre par lui, elles ne sont ni inter-

1. Nous soulignons.

changeables, ni remplaçables. Mais pour Lol ce n'est pas si clair. À cet instant elle lui déclare que, lorsque Anne-Marie Stretter est apparue dans la salle de bal, immédiatement elle n'a plus du tout aimé son fiancé Richardson. Cette révélation inouïe est rendue possible depuis que Jacques Hold lui a confié que son nom « Lol V. Stein » est prononcé par Tatiana lentement, au moment de faire venir sa jouissance. Lol lui dit :

> Quand je dis que je ne l'aimais plus, je veux dire que vous n'imaginez pas jusqu'où on peut aller dans l'absence d'amour (p. 159).

Cette « absence d'amour » pour le fiancé soudaine, immense, quand la femme est apparue, ne ressemble pas au virement de l'amour en haine, c'est le bonheur inhumain de Lol, une perte d'identité accomplie en présence du corps désirable de l'autre femme : un bonheur énigmatique, effrayant pour quiconque, mais spécialement pour l'amant de Tatiana.

« Dans un certain état toute trace de sentiment est chassée », dit Lol.

LOL A OUBLIÉ D'AVOIR UN CORPS

Revenons à la question de Lol : « Ce n'est pas moi n'est-ce pas, Tatiana, sous le drap, la tête cachée ? » La question se pose donc ainsi, ce pourrait être elle. L'amant pris à témoin peut-il répondre ? La tête cachée rend-elle anonyme le corps de la femme nue dans un lit ? L'amant peut-il les substituer l'une à l'autre ? Sans la vue du visage, l'identité peut-elle rester indécise, peut-on la confondre ? Dans le désir sexuel, le corps nu et lisse de la femme n'est-il pas fragmenté, non identifié ? C'est du côté de l'amant, et dans sa perspective à lui, que Lol cherche une réponse à la question de son identité. Lol croit qu'un certain « remplacement » a déjà eu lieu :

> Oui. Je n'étais plus à ma place. Ils m'ont emmenée. Je me suis retrouvée sans eux [...]. Je ne comprends pas qui est à ma place (p. 160).

Est-ce Tatiana Karl, est-ce Anne-Marie Stretter ? L'une substitut de l'autre ? ou bien une femme quelconque, n'importe laquelle ?

Lol indique à Hold qu'il est un agent de transformation indispensable en sa quête d'identité par l'idée du remplacement des corps de femme et la vision du geste érotique jusqu'à la jouissance.

Lol improvise une soirée où tous se rencontrent dans sa propre maison : elle ouvre le scénario triangulaire clandestin de l'hôtel de passe sur la vie sociale. Elle veut savoir où en est Tatiana avec son amant, depuis qu'elle-même a fait irruption dans leurs vies, depuis que Hold l'aime. Elle pressent que les places sont en train de changer.

Lors de la réception, Tatiana, tendue par ce qu'elle devine entre son amant et Lol, se montre intriguée, elle veut savoir quelque chose de l'incompréhensible « bonheur de Lol ». Elle interroge son amant sur ce « bonheur ». Il lui répond : « Elle l'avait sans doute en elle avant de le rencontrer. » Il faut bien connaître Lol pour avoir compris ça. Ainsi il dévoile l'intérêt qu'il porte à Lol et déclenche la jalousie de Tatiana.

Entre les deux femmes les positions ne sont pas équivalentes, Lol ne saurait rivaliser, elle ne connaît pas la jalousie, elle a besoin de Tatiana. Quant à Tatiana Karl, son intuition d'une trahison la rend agressive. « Elle est embarrassée par tout le sentiment » (p. 148) qui l'envahit, elle souffre. Elle se défend comme une femme propriétaire, elle veut tout contrôler. Comment son amant peut-il aimer une « dingue » ? s'interroge-t-elle. Hold nie. Elle sait qu'il ment. Elle ne veut pas le perdre, son amant sert sa vie conjugale et doit rester à sa place. L'affection protectrice, inquiète et ambiguë de Tatiana pour cette pauvre petite Lol menacée se renverse soudain en franche agressivité. Elle dit à son amant :

> As-tu remarqué cette allure, ce corps, de Lol, à côté du mien comme il est mort, comme il ne dit rien ? [...] C'est difficile. Lol V. Stein n'est pour ainsi dire personne de conséquent (p. 185-186).

Dans leur trio il n'y a qu'un seul corps de femme désiré, c'est celui, vivant, de Tatiana. Jacques Hold ne saurait quitter Tatiana Karl, car sans elle il n'y aurait pas de corps du tout. Le dispositif est tel que plus l'une se laisse faire au feu du désir entre les mains de l'amant, plus l'autre s'éblouit de s'oublier, dans un flux communiquant entre leurs corps de femmes par lui. Il fait jouir l'une pour servir l'oubli de l'autre :

> Voici leurs voix enlacées, tendres dans la dilution nocturne d'une féminité pareillement rejointe en moi (p. 107).

Lol croit à une dépossession, mais heureuse. Elle a la folle illusion que s'il y a un corps de femme désiré par l'amant elle aura un corps selon une équation de générosité entre femmes confondues, par l'œuvre du remplacement.

UN POSSIBLE RENVERSEMENT DU BONHEUR DU RAVISSEMENT

L'amant est maintenant prêt à suivre Lol qui lui demande de maintenir pour elle la liaison intacte avec Tatiana. Elle a besoin de ce couple pour constituer son « être à trois ». Lol semble ne pas pouvoir en personne occuper la place de l'objet du désir sexuel de l'homme, peut-être à cause de la souffrance sauvage, de l'épouvante qui l'a frôlée, pas loin de l'envahir, de la dévaster complètement, de l'anéantir peut-être.

Le geste de dévêtissement n'a été qu'entr'aperçu avec Tatiana, cela n'a pas suffi. Lol veut aller le chercher et le rencontrer là où il n'a pas été vécu : à l'endroit même du bal. Elle ne veut plus le voir sur l'autre, mais le réaliser, comme le toucher. Pour elle, son corps « infirme » et l'endroit même où a eu lieu l'événement du bal sont conjoints en un seul et même lieu auquel elle veut accéder.

Lol se fait accompagner par Jacques Hold à T. Beach, elle ne saurait y aller sans lui. Ils vont ensemble « vers la mémoire de Lol V. Stein ». Dans le compartiment du train elle est soulevée par une joie immense, ils connaissent quelque chose comme « une nuit d'amour »,

Jacques Hold pense : « Lol, près de moi, se rapproche, se rapproche de Tatiana » (p. 194). « Saisie d'une gaieté imprévue, irrésistible », Lol prend du corps dans ce voyage.

Arrivés à la station balnéaire, Lol se demande « où ce corps devrait être, où le mettre exactement, pour qu'il arrête de se plaindre » (p. 200). Puis elle se rend dans le lieu même, elle se souvient encore du nom « La Potinière ». Au moment où ils rentrent dans la salle de bal, tous les détails de l'espace comptent : il fait noir, Lol évolue doucement et sûrement dans l'obscurité, elle semble reconnaître l'endroit à l'aveugle, quelque chose est imminent. Quelqu'un, un gardien, soudain allume, probablement pour y voir clair. À cet instant tendu, où jaillit la lumière sur la salle du bal, « Lol pousse un cri » (p. 210). Jacques Hold fait brusquement éteindre, il dit : « Merci, ce n'est pas la peine. »

Il aurait pu maintenir la lumière, s'approcher de Lol, et l'entourer. Le cri de Lol et la souffrance qu'il annonce l'ont terrifié. Il avait déjà pressenti en elle une souffrance jamais soufferte avant, et qui cependant est là, contenue, sauvage, affolante.

Après ce cri étouffé, au bord du bal, Lol est défaite, elle ne peut plus quitter Jacques Hold, ils vont dormir sur la plage. Ils sont perdus, ils sont collés. Elle veut manger, passer une nuit entière avec lui, c'est une évidence. Veut-elle toujours réaliser le geste malgré tout ?

Ils vont à l'hôtel. Elle se retrouve nue dans le lit avec l'amant. Et, lorsque le geste érotique sera désespérément envisagé sur son corps déserté, elle est abandonnée au silence de son être éteint, elle s'aperçoit que la pensée si présente de l'image du corps désiré de l'amante a disparu, et que même la prononciation de son nom, « Tatiana Karl », s'est évanouie. Le trio n'existe plus. Les idées de persécution affluent : elle croit que « la police est en bas », qu'« on bat des gens dans l'escalier ». Jacques Hold ne la contredit pas. Elle souffre peut-être pour la première fois.

La persécution s'empare de Lol au moment où elle occupe le lit avec l'amant – où elle est en place de l'amante qui, croit-elle, aurait dû la remplacer. Il n'y a plus rien à voir. Il n'y a pas de remplacement, ni de remplacement de remplacement, le corps a disparu, il n'y a plus de noms, plus rien. On aurait pu imaginer – voire espérer – que la persécution qui a saisi Lol la réveille, et que se brise le bonheur du ravissement. Que Lol réagisse et que s'annoncent une douleur, une violence, et avec elles l'amorce d'une résurrection du corps de Lol. Mais Duras arrête là le roman.

Nous voyons Hold, le narrateur, analogiquement placé en position d'analyste. Son nom l'indique, *hold*, il doit tenir. Lol est persuadée qu'il peut comprendre ce qui se passe, elle l'a choisi pour qu'il lui fasse voir le geste et qu'il l'accompagne dans le trajet qui la mène au-delà du dispositif triangulaire jusqu'à l'épreuve qui la concerne. Comme elle dit, il est « du voyage qu'on m'empêche de faire depuis dix ans ». Elle se demande si enfin elle va pouvoir changer ; elle croit se rapprocher de la possibilité de mettre son corps « là où il serait heureux ». Lol prend du corps pendant ce « voyage ». Mais, après le cri obturé, c'est l'extinction du corps. Jacques Hold n'a pas tenu, il n'a pas offert un support tel qu'elle connaisse la souffrance et puisse porter l'agression. Pourtant, ouvrant l'enclos du bal nocturne, au moment où elle pénètre dans la salle du bal, Lol a poussé un de ces cris torturants, immédiatement étouffé, parce que insupportable. Elle avait crié une première fois quand sa mère avait fait irruption dans le bal et l'avait touchée. Son cri avait sombré avec l'évanouissement quand le couple amoureux avait disparu de sa vue. Une deuxième fois, son cri est étouffé. Le mur n'est pas heurté, il est seulement frôlé. Si le cri avait pu être reçu, pensons-nous, cela aurait pu conduire Lol vers sa prise de corps. Une fois sortie du scénario à trois, il lui aurait fallu s'arracher en acte à l'image du dévêtissement de l'autre femme. Lol ne rejoint pas le choc de cette expérience brutale. Elle ne l'envisage pas.

Le ravissement de Lol se tiendrait dans la fermeture d'une douleur impossible à souffrir, une douleur épouvantable, insupportable à quiconque. Le ravissement serait comme l'évitement, l'escamotage d'un cri insoutenable parce qu'il serait désincarné, sans corps pour le porter. Le cri, certes, n'est pas interprétable comme cri, mais il était recevable. L'« analyste Hold » ne l'a pas reçu. Et c'est irréversible.

Avec le cri de Lol, Duras frôle de très près la possibilité d'un renversement du bonheur du ravissement par le cri et la persécution qui s'ensuit. Mais la bascule ne se fait pas, Hold l'aime trop, il a peur du surgissement de sa douleur. Il a peur pour lui, il a peur pour elle.

Si Lol a glissé dans le ravissement, c'est qu'avant même le bal elle avait en elle une disposition à s'absenter. À partir de l'événement du bal, elle était entourée par une conspiration du silence qui la maintenait dans une indifférence qu'elle nommait effrontément « bonheur », c'était un réseau fait de sa mère, de son amie Tatiana et de son mari.

Tout d'abord, sa mère était venue reprendre « son enfant » victime de l'inconduite de son fiancé. Devant la « plainte sentimentale, boueuse » de sa mère, Lol, plus qu'avant, fit le vide jusqu'à fondre dans la disparition. Sa mère escamote le sens de la vacuité de sa fille en cherchant à la contenir par certaines stratégies, comme exiger qu'on ne parle plus jamais de l'événement du bal, la marier, la faire changer de ville pour occulter le bal. De son côté, la position radicale de refus prise par Lol consistait à se laisser faire, s'échapper en douce « comme l'eau entre les mains », ne jamais opposer de résistance active, manœuvrer fantomatiquement les autres. Lol ne pouvait affronter directement sa mère, elle l'a esquivée. C'est seulement quand sa mère n'est plus qu'elle peut commencer à émerger de son anesthésie et se mettre en mouvement.

Ensuite Tatiana Karl l'a maintenue hors souffrance, lors du bal, elle l'a voulue ainsi, lisse, calme et souriante, en restant auprès d'elle, en lui caressant la main. Elle appréciait Lol ainsi « infirme ». On l'a vu, dès que Lol reparaît avec des volontés et des tactiques, Tatiana se sent en danger, et montre ses griffes. Elle est prête à écarter Lol de tout éveil.

Enfin Bedford, qui a épousé Lol pour son « absence », avait un intérêt à avoir une femme belle, silencieuse, « maladivement jeune », dont le côté anesthésié lui conférait une séduction étrange.

C'est l'amour de Jacques Hold qui lui a permis de se risquer vers la sortie – son amour fut aussi un obstacle –, le réseau, lui, ne voulait « à aucun prix » la voir sortir du ravissement. Lol a bravé le réseau.

Duras avait confié à Lacan que la phrase finale de son livre, qui ramène Lol au champ de seigle pour observer encore et toujours les amants par la fenêtre, n'était pas la fin décisive[1]. À Pierre Dumayet[2] après la parution, elle confirmera qu'à la fin, à T. Beach, Lol perd la raison, il n'y a certainement plus de retour possible à sa position dans le trio.

On apprend en lisant la biographie de Laure Adler consacrée à Marguerite Duras que l'écrivain a véritablement oscillé plusieurs fois sur la fin à donner à son roman, selon que Lol réagit (vers la sortie du ravissement), ou selon qu'elle devient folle (qu'elle s'y installe). Dans une première version Duras avait terminé son roman ainsi :

> L'exactitude de la mort des marécages remplit Lol de tristesse abominable. Elle attend, prévoit, voit. Dans ses reins une force mauvaise monte[3].

La « force mauvaise » aurait-elle été le signe de la montée en son corps d'un mouvement hostile, prémice d'une réaction de Lol ? On ne peut pas commenter cette phrase sans se référer au témoignage autobiographique de Duras elle-même. « L'exactitude de la mort des marécages » renvoie peut-être à la terre incultivable que la mère de Duras avait achetée, chaque année inondée par les eaux dévastatrices et où l'on ensevelissait les enfants

1. Jacques Lacan, « Hommage... », *op. cit.*
2. Marguerite Duras, *Dits à la télévision*, *op. cit.*
3. Laure Adler, *op. cit.*, p. 389.

qui mouraient de faim. C'est précisément dans des marécages que fut enterrée l'enfant abandonnée de la mendiante, une petite mourante que la mère de Marguerite lui avait « donnée » quand elle avait douze ans. Dans les entretiens tardifs avec Pierre Dumayet, l'écrivain confie à quel point ce « cadeau » maternel lui est resté intolérable[1]. Elle est encore bouleversée par une « tristesse abominable ». Dans le roman, la mère de Lol est celle qui, la première, a fait écran à la vision de l'achèvement du bal. On pense à la montée d'une haine envers sa mère. Elle « prévoit » quelque chose. On pense à un acte imminent. Mais Duras n'a pas retenu cette version-là de son texte.

En revanche, dans la toute dernière version : « une ambulance devait emmener Lol sirènes hurlantes[2] ». Mais, *in extremis*, Duras a corrigé sur les épreuves cette dernière phrase du livre, comme pour retenir Lol hors de la folie, l'extraire du ravissement et envisager encore un autre développement possible. Comme des points de suspension, le roman ne comporte pas son bouclage. Et, telle une errante, Lol court toujours...

En définitive, Duras optera seulement après coup pour la folie de Lol : « Elle s'appelle de tous les noms, elle sera probablement enfermée[3]. » Lol restera déplacée, et laissée à sa totale impossibilité de « vivre à son compte ». C'est la folie du ravissement, qui est cette fois « vraiment

1. Marguerite Duras, *Dits à la télévision*, *op. cit.* (p. 47-48), et « La raison de Lol ».

2. Laure Adler dit que c'est la seule correction de dernière minute, *op. cit.*, p. 386.

3. Marguerite Duras, *Dits à la télévision*, *op. cit.*, p. 16.

installée », dira-t-elle. Une folie du ravissement qui se présente comme l'envers de la persécution. Lol « qu'on ne sauve pas du ravissement[1] », écrira Lacan.

L'IMAGE N'EST PAS LE CORPS

Que retenir du ravissement que Marguerite Duras nous donne à lire ? Elle dit que « beaucoup de gens [le] frôlent mais [il] s'installe rarement complètement ; là chez Lol, il est vraiment installé ». L'état subjectif du ravissement semble décrire, avec lucidité, une pointe extrême de l'oubli de soi. À la question : « Est-ce qu'une femme qui n'est pas folle peut être comme cela ? » Duras répond : « Un peu... je crois[2]. » Les femmes de préférence auraient-elles une pente vers cet état ? La question est complexe. Quand une femme doit répondre de son sexe, comme quiconque, elle connaît par un côté ou l'autre l'expérience singulière de l'absence d'identité sexuelle, et peut croire à tort que cela n'arrive qu'à elle. C'est sur le terrain de l'image dite « féminine » qu'elle tente de parer cette absence et préfère croire que telle autre ne connaît pas le même défaut qu'elle. C'est alors souvent par l'intermédiaire d'une autre plus mûre, plus accomplie, qu'elle voit son propre corps désirant, en image : sur le thème de la beauté, « elle est belle », ce qui peut vouloir dire « elle est désirable ». Elle se place dans la perspective de l'homme désirant et voit en l'autre ce qu'elle n'est pas, ou ce qu'elle n'est pas encore – ce que personne ne peut

1. Jacques Lacan, « Hommage... », *op. cit.*
2. Marguerite Duras, *Dits à la télévision*, *op. cit.*, p. 17.

voir pour soi-même. Dans la mesure de cette impossibilité, à l'endroit vécu comme un défaut, l'image du corps de l'autre femme désirée prend une valeur idéale, érotique, captivante. Elle est éprouvée comme éblouissante, ravisseuse, elle fait sentir l'infirmité en soi et, pour certaines, au point d'en être persécutée.

Le ravissement c'est l'esquive : la préférence pour n'avoir pas de corps érotique à soi personnellement. On l'a vu, il faut une conspiration, presque un complot, pour maintenir quelqu'un dans le ravissement. Le *ravi* est un être fantôme, démuni, blessé, jouisseur clandestin, qui ne peut seul s'arracher à son état. Les autres autour se nourrissent et se ressourcent à cet être parallèle. Leur désir inhibé de hurler l'intolérable est déposé en lui. Si Lol sortait du ravissement, elle tuerait peut-être, croit-on ; qui sait ?

Mais Lol ne saurait s'en prendre à l'image du corps de femme désirable qui la ravit, encore moins la toucher. Cette image où elle croit voir l'amorce de l'extase, signe d'une jouissance, n'existe qu'en l'autre. Si une femme n'est pas à une certaine occasion persécutée par cette image, elle n'a pas de chances d'avoir à son compte un corps désirable (hors la panique), donc qu'un homme puisse la toucher, et lui faire connaître sa jouissance. Lol cherche l'accès à son identité par cet autre corps-image dans un scénario triangulaire avec l'amant.

En chaque femme, il existe une duplicité entre l'étrangeté radicale à soi-même qu'est son image de soi, et le sentiment d'altérité du corps désiré, pris par l'homme. Pour que ce corps-là soit susceptible de rentrer dans l'image, il y a lieu de s'en prendre au corps éblouissant de l'autre femme, de l'amante dont l'image ravit, afin que la souffrance vienne au corps de celle, éblouie, qui s'oublie. Que sa dépossession vire du bonheur au malheur. Que vienne la capacité à l'agressivité directe. L'atteinte de l'autre se mène sur le terrain de l'image, dans la mesure où l'image fait écran au manque des mots identifiants. Là est l'expérience persécutive du ravage que Lol ne connaîtra pas. Entre Lol et sa mère le ravage fut systématiquement esquivé, aucune douleur, aucune agressivité n'a eu lieu directement entre elles. Ni entre Lol et l'autre femme.

La mort de la mère de Lol lui a permis de s'extraire de l'anesthésie du ravissement, de se mettre en mouvement vers l'image d'une femme désirée par l'homme, à la recherche de la vision du geste érotique jusqu'à son terme inaccompli. Elle mettait à l'épreuve son « infirmité ». Où mettre son corps ? Avec le cri et la persécution, Lol entrait dans le ravage. Le cri de Lol était-il recevable et accessible ? Nous en faisons l'hypothèse, seulement si l'« analyste Hold » avait pu ne pas le prendre comme un point d'horreur. Le ravissement de Lol V. Stein reste alors l'inaptitude radicale à entrer dans le ravage.

L'UTOPIE DE L'IMPERSONNALITÉ

Revenons au bal. Face à l'abandon par l'être aimé, si l'on se défend, si on laisse monter la douleur, alors on peut avoir la honte et la pensée dans le même temps que lutter et souffrir sont des refus de la vérité de l'expérience : un mensonge, une vulgarité, une mesquinerie jalouse. On a parfois un certain regret de ne pas connaître la pureté du vide, ou du désert qui appelle loin des réactions sentimentales et de l'agressivité franche. On envie Lol, et son énigmatique « bonheur ». L'état de ravissement paraît-il enviable à Duras ? Elle dit : « Oui, tout à fait. » Il ne faut pas se tromper, cet abandon de soi, cette perte de vue de soi-même n'est pas une erreur, ni une maladie, c'est un état.

À la question posée : « C'est le roman de quoi ? » Duras répond : « De la dépersonne, de l'impersonnalité. » Ce terme d'*impersonnalité* est certainement né dans la discussion que Duras a eue avec Dionys Mascolo, au sortir du bal à l'hôpital psychiatrique où ils étaient ensemble. Ce terme extrait la « folie » d'une pensée psychopathologique. Il a nourri l'inspiration de chacun. En 1962, Dionys Mascolo écrivit sur ce bal un texte intitulé « Fragment d'utopie[1] ». Il dit sa vision de cette fête des malades : « un communisme métaphysique », modèle de la société future. Y sont abolies l'envie, les affectations et les « mines de paraître » ; y ont disparu « l'exigence mesquine de dignité, aussi bien que la communication bavarde ». Mascolo est saisi par l'évidence, les fous sont « chacun de plain-pied avec l'intimité des autres » : une « communication de douleur incommunicable à douleur incommunicable, de blessure à blessure ». Les fous, dans la fête, présentent « une inimitable gravité *ravie* ». L'*impersonnalité* y caractérise le « point parfait » d'un rapport d'amour à l'autre « perpétuel oublié-attendu » : « impersonnalité et singularité s'y rejoignent... », c'est la présence d'un nouveau principe : l'*égalité poétique*. Aux amants habituellement contraints par défense à cultiver le secret,

1. Dionys Mascolo, « Fragment d'utopie », *in* la revue surréaliste *L'Archibras*, n° 2, octobre 1967, republié in *À la recherche d'un communisme de pensée*, Paris, Fourbis, 1993, p. 190.

là « s'imposerait plutôt la souveraine négligence de tout secret, l'abandon de toute personnalité ». Voici l'utopie que propose Mascolo : « L'impersonnalité n'est-elle pas seule à entretenir la nécessaire réserve d'inconnu, seule à assurer le renouvellement continu de l'être ? Il ne serait possible alors d'aimer que des folles, que des fous. »

Combien de thèmes communs à Duras et à Mascolo peut-on repérer entre cet article et *Le Ravissement...* ! Les deux auteurs, amants, se rencontrent au lieu même de cet événement du bal des fous qui leur a fait vivre un intense et commun sentiment d'exclusion : l'exclusion de cette « étrange paix », de cet *asile*. Leurs inspirations se croisent dans leurs singularités. Certes, Duras ne saurait préconiser de faire communauté de l'état de vide séduisant qui s'empare de Lol, même si elle affirme, comme Mascolo, son intérêt pour l'« abolition des sentiments ». Lol cherche l'« effacement de sa propre personne » par le remplacement : là est, pour elle, l'« impersonnalité ». Le sentiment est, dans le roman, exprimé par l'irruption tapageuse de la mère indignée qui vient récupérer son « enfant ». C'est « obscène », dit Duras. On l'a vu, Lol ne peut pas faire face à cette obscénité maternelle. La « boue du sentiment », c'est aussi, selon Duras, la douleur des peines d'amour, et « une sorte de vanité un peu sotte d'habitude[1] » des souvenirs qui encombrent. On pense aussi à la boue des eaux de la mer qui menaçait la terre de son enfance contre laquelle il s'agit d'édifier un barrage.

Pierre Dumayet fait remarquer une ressemblance certaine dans l'œuvre de Duras entre les mères et les

1. Marguerite Duras, *Dits à la télévision*, *op. cit.*, p. 19 et 27.

filles de ses différents romans[1]. Elle ne nie pas. D'autant qu'elle confirme que toutes les femmes de ses romans procèdent de Lol. Entre mère et fille, s'il n'y a pas le heurt du barrage – du ravage, disons-nous –, c'est la pente du ravissement. Duras confiera :

> La permanence, disons les choses comme elles sont, de ce deuil que j'ai porté toute ma vie de ne pas être Lol V. Stein, de pouvoir concevoir la chose, la décrire, la dire mais de ne jamais l'avoir vécue [...]. C'est un regret, oui, mais Lol n'aurait jamais écrit[2].

C'est là que se situe le couperet d'intime exclusion entre Duras et Lol. Car l'écriture est une façon de rencontrer le cri. Et le ravissement exclut le cri. Marguerite Duras avec l'écriture est délibérément du côté du cri, contre, tout contre le ravissement.

« L'ÉCRITURE EST LA SEULE CHOSE QUI SOIT PLUS FORTE QUE MA MÈRE »

Duras a confié à Bernard Pivot que, pour elle, l'écriture est la seule chose qui ait été plus forte que sa mère elle-même[3], une mère qui est capable de donner en cadeau à sa fillette une enfant indigène mourante[4].

Cette mère de Duras était indépassable par sa folie maternelle. L'institutrice, veuve, avait tenté de toutes ses

1. *Ibid.*, p. 27.
2. *Ibid.*, p. 24-25.
3. Bernard Pivot, *Apostrophes*, Antenne 2, le 28 septembre 1984.
4. Marguerite Duras, *Dits à la télévision*, *op. cit.*, p. 47.

forces de protéger son bien et ses enfants en édifiant un barrage contre l'inexorable montée des eaux de la mer qui dévastaient tout. Malgré la trahison des employés de l'administration, elle ne renonçait pas. On lui avait vendu une terre incultivable (mourante) qu'elle avait payée avec ses économies ; elle s'acharnait en pure perte pour ne pas avoir tout perdu. Elle croyait et faisait croire à ses enfants qu'en luttant elle pourrait redonner vie à cette terre, et se venger de l'injustice. Elle voulait garantir à ses enfants une sécurité totale, au-dessus de toutes les contingences, des risques de guerre, de sécheresse, d'inondation. Ils devaient être sûrs que toujours ils auraient un toit, de quoi manger, et une mère. Cette mère, héroïque, comme le sont souvent les mères, en rajoute parce qu'elle tient à donner à ses enfants un sol indestructible, ça la dépasse, ça les dépasse. Duras dit que, pour tous ou pour chacun :

> La mère représente la folie. Elle reste la personne la plus étrange, la plus folle qu'on ait jamais rencontrée[1].

L'écriture, qui s'est imposée à Marguerite, est la seule chose qui ait été plus forte que cette mère débordée par la montée des eaux, sans cesse en lutte contre le scandale de l'administration de la colonie. Cette force aveugle de survie contre le danger imminent et permanent devait avoir un puissant attrait sur sa fille. L'écriture, pour Marguerite, fit barrage contre cet emportement maternel dans l'infernale protection toujours menacée. L'écriture, en créant un espace insaisissable directement, transforme l'événement vécu, et le « détruit ». Duras disait :

1. Marguerite Duras, *La Vie matérielle, op. cit.*, p. 56.

> [...] le livre fait ce miracle, c'est que très vite ce qui a été écrit a été vécu. Ce qui est écrit a remplacé ce qui a été vécu[1].

Tout événement dans la réalité maternelle devait être déboussolant. L'écriture doit enraciner exactement ce que la mère ne savait enraciner avec son affolement protecteur, et ainsi barrer l'envahissement par la folie maternelle.

Le ravissement est l'état d'oubli de soi devant l'image d'une autre femme plus mûre, désirée par un homme qui, par son éblouissement, capte tout ce qu'il y a de désir et maintient la fille inaccomplie en position d'enfant. Lol a cherché l'issue, elle est allée jusqu'au cri et à la persécution, mais son cri ne fut pas reçu. Elle, Duras, ne sera jamais Lol, elle écrit, *elle est cri*. L'écriture est impossible au ravissement, elle fait barrage contre, tout contre, le ravissement. L'écriture est du côté du ravage avec la mère.

Camille Claudel n'a pas pu faire face à l'hostilité de sa mère, elle fut persécutée par « la haine noire de la femme qui tient le bras de l'homme pour l'empêcher d'agir » en sa faveur. Comme Duras, elle construit, dans son art, une scène à trois qui pose un homme entre deux femmes, où l'homme est ravi par l'autre femme. Camille ne réussit pas à atteindre cette autre femme parce qu'elle ne pouvait pas affronter directement sa mère. Et Lol sera laissée au seuil de la persécution, au moment où elle sent une « tristesse abominable », et monte en elle une « force mauvaise », peut-être une amorce de ravage qu'elle ne connaîtra pas.

1. Marguerite Duras, *Dits à la télévision*, *op. cit.*, p. 49.

MARGUERITE ANZIEU, LE RAVAGE : UN ACTE D'AVERTISSEMENT ADRESSÉ À SA MÈRE*

* Ce chapitre reprend certaines thèses développées dans mon article « Faute de ravage, une folie de la publication », *Revue du Littoral*, n° 37, Paris, EPEL, 1993. [Signé Marie-Magdeleine Chatel.]

Dans sa thèse de psychiatrie publiée en 1932, Jacques Lacan rendit célèbre, sous le nom d'« Aimée », une femme qui se manifesta par un attentat manqué contre une actrice, Huguette ex-Duflos, en 1931, à Paris. Elle fut internée pendant douze ans à l'hôpital psychiatrique Sainte-Anne (de 1931 à 1943), où Lacan la rencontra et l'observa. Aujourd'hui nous connaissons son véritable nom : Marguerite Anzieu. Elle naquit Marguerite Pantaine, en 1892, en Auvergne, et mourut, en 1981, à Boulogne-Billancourt.

Nous disposons aujourd'hui de quatre livres qui parlent d'elle : la thèse de Lacan, dans laquelle il fait état d'une « paranoïa d'autopunition », en présentant le « cas Aimée[1] » ; le livre d'Élisabeth Roudinesco, *Histoire de la psychanalyse en France. La bataille de cent ans*[2], où le

1. La thèse de Jacques Lacan, *De la psychose paranoïaque dans ses rapports avec la personnalité*, parut pour la première fois en 1932, elle fut rééditée, suivie de *Premiers écrits sur la paranoïa*, Paris, Seuil, 1975.
2. Seuil, 1986, tome II.

psychanalyste Didier Anzieu se déclare « fils d'Aimée » ; le livre d'entretiens de Didier Anzieu avec Gilbert Tarrab, *Une peau pour les pensées*[1], dans lequel Anzieu parle de sa mère nommée Marguerite. Enfin, le livre de Jean Allouch, *Marguerite ou l'Aimée de Lacan*[2], qui critique la thèse de Lacan et présente une nouvelle interprétation du cas. De plus, nous avons pu nous entretenir avec plusieurs personnes qui ont connu Marguerite Anzieu après son hospitalisation (après 1943). Ces entretiens apportent quelques accents nouveaux[3].

UN ÉVÉNEMENT ATROCE

Un événement atroce se produisit avant la naissance de Marguerite, la mort de sa sœur aînée, âgée de cinq ans. Elle s'appelait aussi Marguerite.

Lacan écrit que c'est la mère qui a vécu cette tragédie :

> La famille insiste sur une émotion violente qu'a subie la mère [...] : la mort de l'aînée des enfants en effet due à un accident tragique, elle choit aux yeux de sa mère dans l'ouverture béante d'un fourneau allumé et meurt très rapidement de brûlures graves[4].

1. Éd. Clancier-Guénaud, 1986.
2. EPEL, 1990, 2e éd. augmentée en 1994.
3. Lorsque je me référerai à ces différentes sources, je les noterai du terme générique d'*Entretiens*. On trouvera le détail ici en note 1, p. 337.
4. Jacques Lacan, *De la psychose paranoïaque dans ses rapports avec la personnalité*, suivi de *Premiers écrits sur la paranoïa*, *op. cit.*, p. 175. On notera « T » les références à la thèse dans cette édition de 1975.

Comment est-il possible qu'une petite fille de cinq ans puisse brûler vive dans une maison où ses cris peuvent alerter quelqu'un ? De quelle absence les parents de cette petite fille pouvaient-ils être saisis pour qu'elle ait pu ainsi flamber sans secours ? Ce fait en lui-même, qu'on dit accidentel, est un acte fou. On touche là au pire événement subjectif dans son abîme.

Didier Anzieu affirme que Marguerite, sa mère, est née pour remplacer la première Marguerite. Il rapporte ceci :

> La famille vivait dans une grande maison de pierre [...], la pièce commune avait seule le chauffage dans une grande cheminée [...] à l'intérieur de laquelle on pouvait s'asseoir sur des bancs. La scène s'est passée avant la naissance de ma mère. C'était jour de fête. Pour aller à la messe Marguerite [...] avait été habillée d'une robe d'organdi [...] la petite était légèrement vêtue, il faisait froid, elle s'est approchée du feu... et elle est morte brûlée vive. Ce fut un choc atroce pour ses parents et pour ses deux sœurs. Ma mère alors a été conçue pour remplacer la défunte. Et comme c'est encore une fille qui est née, on lui a donné le même prénom, Marguerite[1].

L'état civil, consulté par Jean Allouch, atteste de ceci, concernant les enfants de Jeanne et Jean-Baptiste Pantaine : Marguerite est née le 19 octobre 1885 ; Élise, dite Eugénie ou Nène, le 23 septembre 1887 ; Maria, dite

1. Didier Anzieu, *Une peau pour les pensées*, *op. cit.*, p. 19-20. Dans ces deux citations, j'ai volontairement supprimé les éléments qui ont été contestés par l'état civil et dont les déformations ont été discutées dans l'étude de Jean Allouch. Ce devait être un 8 décembre, fête de l'Immaculée Conception.

Clotilde, le 15 octobre 1888 ; Marguerite décède le 10 décembre 1890 ; un enfant mort-né, le 12 août 1891 ; Marguerite Jeanne naît le 4 juillet 1892 ; puis Guillaume François, le 21 août 1894 ; Abel Marcel (dit Marius), le 11 avril 1899 ; et Émile Guillaume Clovis, le 27 septembre 1902[1]. L'événement catastrophique fut la mort de Marguerite l'aînée.

LA NAISSANCE DE MARGUERITE SELON LE VŒU MATERNEL

Dans ce texte, nous choisissons d'utiliser les prénoms inscrits à l'état civil en rappelant toutefois entre parenthèses le prénom qui était en usage dans la famille pour faire sonner celui effectivement prononcé[2]. Nous ne savons pas si cette pratique de porter un prénom d'usage officiel, ou un autre des prénoms de l'état civil, était réglée par la tradition ou si ces différents surnoms répondaient à d'autres logiques internes à la famille.

Lors de l'accident mortel de Marguerite l'aînée, Jeanne (dite Anna) et Jean-Baptiste Pantaine avaient trois filles : Marguerite, cinq ans, Élise (dite Eugénie), trois ans, Maria (dite Clotilde), deux ans. Huit mois après cet

1. Jean Allouch, *Marguerite ou l'Aimée de Lacan*, *op. cit.*, p. 154 et suivantes.

2. La mère : Jeanne, dite Anna, nous écrirons Jeanne (dite Anna), ses filles : pour Élise, dite Eugénie et Maria, dite Clotilde..., nous écrirons Élise (dite Eugénie) et Maria (dite Clotilde), ayant eu confirmation dans les *Entretiens* qu'on les nommait par leur prénom d'usage.

événement, Jeanne (dite Anna) accouche d'un enfant mort-né, ce qui laisse supposer que, lors de la mort de sa fille aînée, elle était déjà enceinte depuis peu[1]. Peut-être se doutait-elle qu'elle était enceinte à nouveau, mais elle ne le savait pas encore vraiment, ou peut-être ne voulait-elle pas le savoir ? Peut-être n'en était-elle pas enchantée ? Peut-être ressentait-elle les premiers symptômes de cette nouvelle grossesse ? En revanche, sa fille aînée Marguerite l'aurait intuitivement devinée. Il n'est pas rare qu'une femme apprenne très rapidement sa grossesse par les réactions ou les mots de ses enfants petits. Cette sorte de savoir intuitif que les enfants petits ont de la grossesse de leur mère, de façon très précoce, est un phénomène de nombreuses fois constaté. Dans la mesure où nous ne pouvons que conjecturer, selon le fil d'interprétation qui nous est propre, je suppose que Jeanne (dite Anna) était enceinte d'un quatrième enfant, que cette nouvelle grossesse la rendait bizarre, qu'elle était quelque peu ailleurs, loin de ses enfants. Sa fille Marguerite l'aînée aurait répondu par une mise en acte du mot « accident ». Ce mot était-il celui qui signait sa conception à elle, et/ou la conception de l'enfant à naître : « encore un accident » ? Elle, étant elle-même née moins de neuf mois après le mariage de ses parents, pouvait bien avoir été conçue « accidentellement ».

1. Ce n'est pourtant pas dans ce sens que vont les conjectures d'Allouch, qui suppose qu'elle n'était pas enceinte lors de l'horrible événement, et que ce fut l'accident qui déclencha la grossesse à titre de réaction vitale. Cette grossesse fut vouée à l'échec, Jeanne (dite Anna) donna naissance à un enfant mort-né.

Et l'enfant qui naît après ce désastre redoublé portera le nom de Marguerite. Il s'agit, cette fois, de la réalisation d'un vœu maternel, et même d'une requête, faite par la mère à cette enfant-là, de remplacer la défunte. La petite fille reçoit le même prénom que sa sœur morte, auquel est adjoint celui de sa mère : Marguerite, Jeanne (ce qui signerait que c'est bien du vœu de sa mère qu'elle reçoit son assignation de remplaçante). Elle occupe pour sa mère une fonction dans le deuil de la première Marguerite.

À suivre l'étude monographique de Jean Allouch, le deuil de la petite Marguerite aurait été refusé par sa mère, qui ne pouvait pas reconnaître sa responsabilité dans sa mort accidentelle. Allouch avance que la folie de Marguerite seconde dit l'impossibilité d'être assignée à la place de remplaçante de la défunte, si ce remplacement impliquait de méconnaître la responsabilité de sa mère. Le délire révélera le fait dont Jeanne (dite Anna) impose la méconnaissance à sa fille. Ce fait est le suivant : le désir d'une femme en position de mère peut se distraire de l'enfant, une femme peut désirer ailleurs qu'à l'endroit de son enfant. Ce que Marguerite a formulé ainsi : « l'insouciance des mères frivoles[1] ». Et Marguerite sera persécutée par le danger que « l'insouciance des mères frivoles » ne tue l'enfant.

Dans l'impossibilité de se considérer elle-même comme fautive, la mère accuse sa voisine. En effet, Lacan rapporte dans sa thèse :

> La mère s'est présentée dès longtemps comme une interprétative [...] persuadée de la volonté de nuire de sa voisine [...] senti-

1. T, p. 167.

ment d'être épiée, écoutée par ses voisins, crainte qui lui fait recommander la lecture à voix basse des missives qu'illettrée, elle doit se faire lire[1].

La jouissance qu'implique l'« insouciance » de la « mère frivole » est reportée sur la voisine à qui la mère impute de jouir de son malheur. Cette voisine se prénommait Eugénie, comme la fille cadette Élise (dite Eugénie). Cette sœur de Marguerite jouera un grand rôle dans sa vie.

ÉLISE (DITE EUGÉNIE), MÈRE DE SUBSTITUTION

Élise (dite Eugénie), devenue l'aînée après le décès de sa sœur, s'est occupée maternellement de Marguerite seconde, depuis l'âge de un an jusqu'à neuf ans. Élise (dite Eugénie) quitte la maison, envoyée servir chez son oncle Guillaume Pantaine, jeune frère de son père.

Nous allons suivre le fil de l'emboîtement des positions de mère, celle de la mère Jeanne (dite Anna), celle de la sœur Élise (dite Eugénie), celle de Marguerite. En effet, Élise (dite Eugénie) a fonctionné comme substitut maternel auprès de Marguerite dans ses années d'enfance. Elle sera la mère effective de Marguerite, et Jeanne (dite Anna) son « amie ».

De neuf à treize ans, Marguerite reste dans la maison familiale. Puis, à treize ans, elle la quitte pour aller à l'école primaire de la ville voisine, elle est bonne élève, sa famille veut en faire une institutrice. Elle est attirée par les lettres. Souvenons-nous que Jeanne (dite Anna) pensait que sa

1. T, p. 221.

voisine pouvait l'épier par la lecture des lettres qu'elle devait se faire déchiffrer à voix basse. Ces lettres devaient contenir des éléments intéressants qu'il fallait dissimuler à sa voisine. Marguerite consacrera sa vie à l'écrit, elle travaillera aux PTT. Elle réussira seulement le brevet simple et échouera à l'entrée à l'École normale des instituteurs. Ses premiers troubles se manifestent lors de cet échec. À dix-sept ans, elle prétend « aspirer à des voies plus libres et plus élevées », mais elle ajoute qu'elle « a besoin de direction morale ». Elle est déçue des éducatrices laïques « qui font leur leçon et ne s'occupent pas de vous ». Elle regrette les enseignantes religieuses qui « formaient les jeunes filles et voyaient loin ». Le manque de « direction morale » apparaît au moment de son échec à réaliser l'ambition d'être institutrice que sa famille nourrit pour elle, alors que sa sœur Élise (dite Eugénie), substitut maternel, n'est plus là, justement, pour la diriger. Après cet échec, Marguerite va s'installer chez sa sœur : elle revient comme une enfant chez sa mère de substitution.

Sa sœur Élise (dite Eugénie) a maintenant épousé son oncle Guillaume Pantaine. Son nom de jeune fille reste son nom d'épouse. Avec cette alliance consanguine, elle se situe en quelque sorte dans la même génération que ses parents[1], ce qui renforce son statut de mère. Marguerite ne reste que trois mois chez sa sœur et son oncle, mais, dans ce court laps de temps, deux événements importants surviennent. Marguerite, entrée aux PTT après son échec à l'École normale des instituteurs, réussit brillamment –

1. Il lui a fallu une dérogation de Rome pour l'autoriser à épouser son oncle (cf. *Entretiens*).

« dans les premières » – sa titularisation. De plus, elle tombe amoureuse, « séduite à un point extraordinaire[1] », par un homme que Lacan décrit comme :

> le séducteur d'Aimée, Don Juan de petite ville et poètereau de chapelle « régionaliste », ce personnage séduit Aimée par les charmes maudits d'une allure romantique et d'une réputation assez scandaleuse[2].

Ces deux événements font penser que lorsque Marguerite est en position de fille d'une mère – Élise (dite Eugénie) – qui la dirige, elle réussit deux façons de mettre en jeu son désir. En effet, sa sexualité féminine se déclare et elle réussit professionnellement. Sa sœur, en sa présence physique, comme mère, apporte à Marguerite la direction qui lui manquait auparavant avec les éducatrices laïques. Suite à sa titularisation, Marguerite Pantaine est nommée dans un village reculé où elle va rester confinée trois ans. Alors,

> [...] elle entretiendra son rêve par une correspondance suivie avec le séducteur qu'elle ne doit pas revoir. Il est l'unique objet de ses pensées, et pourtant elle sait n'en rien révéler, [...] « écartant, nous dit-elle, tous ceux qui se fussent offerts comme partis convenables[3] ».

Pendant cette période, Marguerite vit sur la lancée de son amour épistolaire, la correspondance constitue l'espace où se déploie sa sexualité.

1. T, p. 224.
2. *Ibid.*
3. T, p. 225.

Puis Marguerite, à vingt et un ans, est affectée à Melun (1913) où très probablement habitait déjà sa sœur Élise (dite Eugénie) avec son mari Guillaume[1]. Évidemment, si, en allant s'installer à Melun, elle ne retourne pas vivre chez sa sœur-mère, cette nouvelle disposition prend valeur d'émancipation. En se rapprochant d'elle, mais en étant indépendante, elle lui fait en quelque sorte l'affront de pouvoir se passer de sa direction maternelle.

Nous faisons l'hypothèse que la position d'Élise (dite Eugénie) comme mère de substitution était nécessaire à un certain équilibre de Marguerite, et que cet arrangement mère/fille ne devait pas changer sans dégâts. Élise (dite Eugénie) était de ce fait tenue de diriger Marguerite. C'est peut-être pour répondre à cette nécessité de maternité de substitution qu'Élise (dite Eugénie) s'est trouvée privée de tout espoir de maternité après que Marguerite fut revenue vivre dans la même ville qu'elle, mais, cette fois, pas chez elle. En effet, Élise (dite Eugénie) a subi une hystérectomie totale à l'âge de vingt-sept ans, au moment où Guillaume, son mari, allait être mobilisé (1914). Un mari mobilisé, une sœur qui s'émancipe de sa place de fille, Élise (dite Eugénie) répond-elle à ces faits qui la privent par la suppression définitive de ses possibilités de maternité ? Il était notoire dans la famille qu'un mystère planait sur les raisons « médicales » de cette opération[2].

À Melun, Marguerite, célibataire, noue une « liaison intime » avec une collègue, fille d'une famille noble déchue, que Lacan nomme C. de la N. « Intrigante

1. Cf. *Entretiens.*

2. Cf. *Entretiens.* Le mystère fut emporté avec la mort du chirurgien qui périt lui aussi pendant la Grande Guerre.

raffinée », « elle régente » l'opinion de ses collègues, « gouverne leurs loisirs [...]. Elle joue auprès de ces filles simples de l'appât des usages auxquels elle les initie[1] ». C'est à Melun que se produit ce que Lacan appelle « l'inversion sentimentale » envers son amoureux : « Je passe, dit-elle, brusquement de l'amour à la haine. » Elle évoque alors ce « triste individu » : « Il peut crever, ne me parlez plus de ce mac... et de ce malappris[2]. » Sous l'effet de sa nouvelle « liaison intime » avec C. de la N. (qu'Allouch a transcrit par : « c'est de la haine »), et sans la direction de sa sœur, les sentiments de Marguerite s'inversent : soudain « c'est de la haine » à l'encontre du « poètereau » tant aimé. Marguerite trouve en son amie une nouvelle direction morale. L'influence de l'amie consiste à donner corps aux rêves ambitieux, même si Marguerite gardait toujours par-devers elle un jardin secret.

Chacune des deux amies trouve que l'autre se distingue du commun. Marguerite relate : « C'était la seule qui sortait un peu de l'ordinaire, au milieu de toutes ces filles faites en série[3]. » C. de la N. lui dit : « Autant que je me souvienne, tu ne ressembles pas aux autres. Quand on discute tu as des réponses tout à fait inattendues. » « Je me sens masculine », affirme Marguerite ; « tu es masculine », conjugue l'amie. Marguerite a une « curiosité de l'âme masculine », bien différente du besoin sexuel[4]. Lacan insiste pour dire qu'elle est frigide. Quelle place les hommes avaient-ils dans leurs échanges de rêves ambi-

1. T, p. 226.
2. T, p. 225.
3. T, p. 227.
4. T, p. 228.

tieux ? Était-ce dans le mariage qu'ils devaient se réaliser ? Pourquoi a-t-elle décidé de répondre aux avances d'un collègue de bureau ? Son amie lui fait croire qu'elle peut se dégager de certaines limites, de certaines retenues. Par ses manières, son style, son nom, C. de la N. a eu une influence décisive sur Marguerite. La magie de la particule nobiliaire joue : Marguerite croyait que les gens qui portaient un nom noble étaient « nobles », qu'ils étaient « le sel de la terre[1] ». À Melun, la sœur, puis l'amoureux délogés du cœur de Marguerite, C. de la N. aurait insinué l'idée que d'autres modes de traiter le sexuel que le jardin secret étaient possibles : avec le mariage, par exemple. Dans ce contexte, Marguerite décide de se marier avec René Anzieu. Lacan écrit :

> elle sent venu le moment où la vie lui commande un choix. Elle le fait dans une atmosphère trouble qui [...] s'exprime assez bien dans cette réplique d'Aimée aux objections de sa famille : « Si je ne le prends, dit-elle de son fiancé, une autre le prendra[2]. »

Elle le prend pour qu'une autre ne le prenne pas. Qui est cette « autre » qui le prendrait ? Sous l'influence de C. de la N., Marguerite obéit-elle cette fois à la loi ordinaire ? Faire comme les autres. La place d'épouse qu'elle va occuper viendrait-elle parer à l'interchangeabilité, ou bien au contraire met-elle Marguerite dans le lot commun ? On retrouve la fonction de remplaçante qu'elle occupe déjà. Elle prend un homme à prendre,

1. Cf. *Entretiens.*
2. T, p. 228.

qu'une autre aurait aussi bien pu prendre, peut-être plus facilement qu'elle. Nous verrons que c'est précisément sa sœur-mère, Élise (dite Eugénie), qui le « prendra ». D'après le témoignage de Didier Anzieu[1], le père de Marguerite, Jean-Baptiste, s'opposa à ce mariage, en lui disant : « Tu n'es pas faite pour le mariage. » Il en avait même averti le futur mari qui regretta ensuite d'avoir été « sourd » à cet avertissement. Marguerite a passé outre l'avis de son père, pour répondre à d'autres impératifs.

Marguerite, « non sans courage », se fiance avec René Anzieu qui, selon Lacan, « lui offre comme époux les meilleures garanties d'équilibre moral et de sécurité pratique ». René est un homme pondéré, mais il a le verbe méridional qui vient donner un caractère agressif à ses traits qui la heurtent[2]. Marguerite contracte une congestion pulmonaire pendant ses fiançailles. Elle accuse le coup symptomatiquement de sa décision de mariage. L'amie, C. de la N., pousse les fiancés à des dépenses « somptuaires » pour leur mariage. Affectée dans une autre ville, elle s'éloigne de Marguerite, mais les deux femmes s'écrivent.

Guillaume Pantaine avait demandé à René Anzieu, alors fiancé de Marguerite, de s'occuper de sa femme Élise (dite Eugénie) s'il venait à disparaître[3] à la guerre. En bonne réciprocité familiale, ayant lui-même accueilli Marguerite, jeune fille, à son foyer, il confie sa femme au couple nouvellement fondé.

Or, huit mois après le mariage de Marguerite avec René Anzieu (1917), Guillaume meurt de ses blessures de

1. Didier Anzieu, *Une peau pour les pensées*, *op. cit.*, p. 15.
2. T, p. 229.
3. Cf. *Entretiens.*

guerre. Élise (dite Eugénie) vient s'installer chez Marguerite (1918). La « vertu frappée par le malheur », selon l'expression de Lacan, est l'arme redoutable avec laquelle la jeune veuve entre dans le récent ménage de Marguerite. Elle apporte appui et dévouement ainsi que conseils et autorité à sa jeune sœur pour les tâches du ménage, en même temps qu'elle vient trouver auprès d'elle consolation et compensation affective. Depuis son hystérectomie « un besoin de maternité profondément ressenti » l'étreint.

> Cette insatisfaction, exaltée par l'idée qu'elle est sans espoir et soutenue par le déséquilibre émotif de la castration précoce, devient l'instance dominante de son psychisme[1].

Maintenant, la situation est inversée, Élise (dite Eugénie) est en difficulté, elle a besoin d'aide, c'est elle qui vient habiter au foyer de Marguerite et René. Dans cette situation vont se manifester toutes sortes de troubles. Lacan écrit que les époux se font des griefs, particulièrement des reproches de jalousie, et « la frigidité sexuelle de Marguerite prive le conflit de tout élément freinateur ».

LE MESSAGE DE L'HYSTÉRECTOMIE

Comment Marguerite a-t-elle reçu l'événement de l'hystérectomie de sa sœur, alors qu'elle s'était installée à Melun, indépendante ? Quand elle entretenait une relation épistolaire intense avec son amoureux, elle ne parta-

1. T, p. 230.

geait pas son jardin secret avec son amie C. de la N. et repoussait tout parti convenable. Savoir sa sœur contrainte de renoncer à avoir des enfants a dû réveiller en elle le sens de sa responsabilité. Je suppose que Marguerite a bel et bien reçu le message de la suppression de tout espoir d'enfant de sa sœur comme un événement irrémédiable inscrit dans la série familiale des morts d'enfants. Si Marguerite affirme son indépendance en ne revenant pas vivre chez sa sœur à Melun, Élise (dite Eugénie) répond-elle à cette émancipation sauvage par l'hystérectomie qui la condamne définitivement à n'avoir pas d'autre enfant que Marguerite ? Les plaintes de sa sœur au sujet de l'hystérectomie ont dû ébranler Marguerite ; soumise alors à l'influence de C. de la N., Marguerite aurait-elle reçu la nouvelle de cette stérilité comme un appel ou même comme une injonction à contrer la condamnation qui accable sa sœur ? Si échapper à la direction de sa sœur-mère pour se soumettre à son amie noble et intrigante est suivi de la perte de toute maternité pour sa sœur-mère, son désir secret pour le poète s'avère alors dangereux, son érotisme littéraire se désarrime. L'inversion sentimentale qui s'est produite, faisant virer l'amour à la haine pour l'amoureux, est le signe d'un rejet farouche de son jardin secret. Deux solutions se présentaient à elle : soit revenir chez sa sœur auprès de qui elle trouve une direction morale en tant que « sa fille », ou bien fournir à sa sœur-mère l'enfant dont elle était privée. En renonçant au jardin secret littéraire, elle envisage de se marier, d'avoir un enfant et de conjurer la condamnation qui pèse sur la vie de l'enfant.

Alors qu'un parti raisonnable la courtisait[1], « pourquoi ne pas combler le manque irréversible d'enfant d'Élise (dite Eugénie) ? », a dû penser Marguerite. Cette mission aurait été le mobile ignoré de son mariage avec René. Un enfant qui contredise le destin. Mais avoir un enfant en compensation de la culpabilité de la castration subie par sa sœur-mère impliquait logiquement son désistement comme mère de son propre enfant. Marguerite pouvait-elle à la fois cesser d'être fille pour devenir mère, et, dans le même geste, se désister comme mère de son enfant et rester fille de sa sœur-mère en lui procurant un enfant qui prendrait sa place ? Ce serait précisément cet impossible qu'aurait connu Marguerite dans la folie. Plus tard sa sœur élèvera son fils et trouvera en celui-ci une consolation à sa privation de maternité.

Ce qui se joue entre Marguerite et sa sœur à propos de l'enfant constitue la scène visible d'un enjeu insu, celui du rapport à distance avec sa mère : une exigence de méconnaissance de la responsabilité de sa mère dans la mort de Marguerite l'aînée qu'elle doit remplacer.

LES GROSSESSES, TENTATIVES VOUÉES À L'ÉCHEC DE NOMMER LE SEXUEL PROCRÉATEUR

Marguerite est nantie, sa sœur est privée, peut-elle encore recevoir de sa sœur la direction que celle-ci lui avait donnée auparavant ?

1. Lacan dit d'elle « cette femme désirable ». Didier Anzieu écrit : « Ma mère était belle et instruite. [...] Elle a beaucoup plu à mon père, ils se sont aimés », in *Une peau pour les pensées*, *op. cit.*, p. 15.

Dans ce contexte, Marguerite est enceinte pour la première fois ; elle a vingt-neuf ans. Elle est porteuse de la trace de l'acte sexuel en public, le gonflement de son ventre est visible au regard des passants, des voisins, des collègues. Ainsi elle expose ce dont elle faisait secret auparavant. C'est le moment des débuts des « troubles psychopathiques » : Marguerite est persécutée par son entourage. Lacan écrit :

> les propos que tiennent entre eux ses collègues lui paraissent alors la viser, [...] calomnient sa conduite [...] les passants chuchotent contre elle, marquent leur mépris. Elle reconnaît dans les journaux des allusions dirigées contre elle. [...] Les accusations [de jalousie à son mari] se font précises et nettement délirantes. [...] « Pourquoi m'en font-ils autant ? Ils veulent la mort de mon enfant. Si cet enfant ne vit pas ils en seront responsables[1]. »

Elle alarme son entourage, commet des actes agressifs, comme :

> crever à coups de couteau les deux pneus de la bicyclette d'un collègue. Une nuit elle se lève pour projeter un broc d'eau à la tête de son mari ; une fois c'est un fer à repasser qui sert de projectile[2].

Elle accouche en mars 1921 d'une fille « née sans vie » asphyxiée par une circulaire du cordon, ce qui confirme sa hantise du danger de mort de l'enfant. « Un grand

1. T, p. 159.
2. *Ibid.*

bouleversement s'ensuit[1] », écrit Lacan. Un élément fortuit, C. de la N., avec qui elle poursuivait une amitié par correspondance, donne un coup de téléphone pour prendre des nouvelles. Et, par une découverte « illuminative », Marguerite déclare que c'est elle la responsable de ce malheur. En effet, c'est elle qui par son influence a dégagé Marguerite de la direction d'Élise (dite Eugénie) et a opéré sur elle une modification de position telle qu'elle s'est embarquée dans le mariage et la maternité contre l'avis de sa famille.

Comme sa mère, Marguerite impute ses malheurs à une autre femme : C. de la N. est désignée comme la responsable de la mort de sa fille à la naissance. Marguerite a réalisé la même chose que sa mère, la mise au monde d'un enfant mort-né. Maintenant, comment devenir mère, c'est-à-dire s'occuper d'un enfant vivant ?

Marguerite alors cesse brusquement ses pratiques religieuses, elle se renferme. Une deuxième grossesse « entraîne le retour d'un état dépressif, d'une anxiété, d'interprétations analogues ». Le 8 juillet 1923, elle donne naissance à terme à un fils, Didier ; elle a trente et un ans. Elle s'adonne à lui avec une ardeur passionnée, elle s'en occupe exclusivement jusqu'à l'âge de cinq mois, elle l'allaitera jusqu'à l'âge de quatorze mois.

> Durant son allaitement elle devient de plus en plus interprétante, hostile à tous, querelleuse. Tous menacent son enfant [...]. Des scandales multiples éclatent avec les voisins. Elle veut porter l'affaire en justice. Là-dessus son mari apprend coup sur coup qu'à son insu elle a envoyé son congé à l'administration

1. T, p. 160.

> (des PTT) et qu'elle a demandé un passeport pour l'Amérique en faisant usage d'un faux pour présenter l'autorisation maritale requise. [...] elle veut aller chercher fortune en Amérique : elle sera romancière. Elle avoue qu'elle eût abandonné son enfant. [...] C'est pour son enfant qu'elle se fût lancée dans cette entreprise[1].

Marguerite ne peut admettre aucun sentiment de rejet ou négatif envers son enfant. La menace s'adresse à lui, au travers d'elle, les proches sont perçus hostiles et complotant.

Les soins chaotiques donnés à l'enfant, les brusqueries, trop ou soudain trop peu de sollicitude ainsi que de petits incidents dus à l'inattention, décident sa sœur Élise (dite Eugénie) à s'occuper entièrement de l'enfant. Enfin, son mari choisit de se séparer d'elle, de la faire hospitaliser. Elle dira à Lacan : « Ils ont fait un complot pour m'arracher mon enfant que je nourrissais et m'ont fait enfermer dans une maison de santé. » L'allaitement devait favoriser les idées délirantes. En septembre 1924, Didier a un an, Marguerite est hospitalisée à Épinay-sur-Seine, elle y restera six mois.

Dans le dossier psychiatrique de l'internement, il y a sa demande de passeport pour l'Amérique. Marguerite projetait d'y être romancière. Elle se nomme elle-même : « Mme Anzieu, dite(s) Peyrols, Marguerite[2] », elle a signé « Marguerite Peyrols ». « Peyrols » est un nom occitan qui, semble-t-il, devait être son nom d'écrivain. Didier

1. *Ibid.*

2. Jean Allouch reproduit le fac-similé de cette demande de passeport dans la 2e édition de son livre, *op. cit.*, p. 166.

Anzieu, dans ses entretiens, rapporte que lorsque ses parents voulaient discuter sans être compris de lui ils parlaient occitan. Ce nom évoque donc le secret. Dans la région d'Auvergne où est née Marguerite, il y a un col nommé « pas de Peyrol[1] » (sans *s*), nom du passage d'une vallée à l'autre. Cette fois, l'adjectif « dite(s) » précède un patronyme comme pour un nom de plume, il ne précède pas un prénom. À la différence de ses sœurs et de sa mère, Marguerite n'était pas « dite » d'un autre prénom que le sien, on l'appelait Marguerite. Jean Allouch commente l'écriture de ce nom précédé de « dite(s) » (avec un *s* raturé) : « "Dite(s)" ne serait pas seulement l'indication d'un usage, mais la trace d'une voix qui enjoindrait de dire : "Dites"[2]. »

En mars 1925, Marguerite, sortie de l'hôpital, va se reposer dans sa maison natale en Auvergne, avec son fils. Lacan note que les deux fois qu'elle reviendra vivre dans sa maison familiale avec son fils le délire s'atténue en idées obsédantes. Cela confirme le caractère de « cercle aggravant » de la situation que vit Marguerite dans son foyer conjugal avec sa sœur et l'enfant à Melun. Peut-être retrouve-t-elle auprès de sa famille le cadre parental où elle est « fille », qui lui donne la tenue nécessaire pour ne pas délirer. Ou bien est-ce la seule proximité physique avec sa mère Jeanne (dite Anna) qui atténue le délire ? Elle confirmera plus tard qu'elle aurait dû rester auprès

1. Jean Allouch, « Conclusion de la deuxième édition », *op. cit.*, p. 594.

2. Jean Allouch avance l'hypothèse d'une hallucination, *ibid.*, p. 587-596.

de sa mère. Mais ni l'une ni l'autre ne s'est tenue à cette nécessaire proximité, au contraire.

TENTATIVE D'ÊTRE ROMANCIÈRE

En août 1925 Marguerite demande sa mutation à Paris. Persuadée d'être dépossédée de son enfant par sa sœur et son mari, elle croit à une menace sur son enfant, elle ne retournera jamais vivre au domicile conjugal, qu'elle avait quitté lors de sa première hospitalisation. Elle n'y reviendra qu'en visite pour voir son fils. D'ailleurs, on ne tient pas à l'y voir revenir. Elle s'exile.

Pendant six ans, elle vit seule à Paris dans une chambre d'hôtel, tout en menant une vie professionnelle normale aux PTT. Marguerite travaille beaucoup, elle étudie les langues, la musique, elle fréquente les bibliothèques, elle dort très peu, boit beaucoup de café. Elle prépare le baccalauréat auquel elle échouera (trois fois) ainsi qu'à un examen des PTT qui lui aurait permis d'accéder à un poste plus élevé. Les conditions pour qu'elle réussisse un examen ne sont plus réunies. Elle n'est plus en position de fille unique de sa sœur-mère de substitution. Suit une brève période de « dissipation » où elle croit devoir « aller aux hommes ». Elle cesse ses visites et séjours familiaux. On peut constater une fois encore que, lorsque Marguerite échoue à faire valoir son nom socialement (baccalauréat et examen des PTT), sa sexualité se débride.

Son échec aux examens la conduit à s'isoler et à s'adonner davantage à ses activités intellectuelles et délirantes. Elle assiège un journaliste communiste pour obtenir publication d'un article d'elle qui expose des griefs contre l'écrivain Colette. Elle croit à une menace de guerre sur son enfant, elle envoie des lettres de plaintes au commissaire du quartier. Puis elle écrit deux romans qu'elle va chercher à faire publier. Le premier roman, *Le Détracteur*, d'une grande valeur poétique et littéraire, est écrit lors de l'été 1930, au lieu, je présume, de partir en congé dans sa famille en vacances auprès de son fils. L'héroïne s'y nomme Aimée.

Marguerite a proposé ses écrits à la publication. Après un délai jugé important, l'employée (une femme) de la maison d'édition Flammarion lui a signifié le refus de le publier. Marguerite lui a alors sauté au cou pour l'étrangler. Elle s'en est sortie avec une amende importante, pour le remboursement de laquelle elle ment à sa famille en vue d'obtenir l'argent, inventant un incendie accidentel. Cette invention ne ferait-elle pas équivaloir le roman et la sœur morte Marguerite brûlée vive ? Son agression est un acte public, puisqu'il est l'objet d'une mesure de justice.

Elle écrit un second roman quelques mois après, *Sauf votre respect*, qui ne sera pas publié non plus. Signalons que dans ce deuxième roman Marguerite évoque probablement sa fratrie : « nous étions huit », « nous sommes très unis », « ceux que j'aime[1] ». En écrivant « huit », elle compte tous les enfants, s'ils étaient restés vivants, que sa mère aurait mis au monde. Deux sont présents fantomatiquement. Avec l'écriture littéraire Marguerite rend présents ces deux fantômes, l'une morte des négligences maternelles, l'autre, mort-né, qui a suivi.

1. T, p. 192.

L'image idéale pour Marguerite c'est d'être femme de lettres, de mener la grande vie, d'avoir une influence politique. Marguerite se fait romancière et tente ainsi de faire reculer ses persécuteurs qui incarnent ses images idéales refusées d'elle, les « artistes » : des personnages qui ont une présence publique et se réalisent autrement que dans la maternité. Ces images sont d'autant plus persécutives que leur brillance les rend inaccessibles au quotidien. Ce ne sont ni les collègues ni les passants. Elles sont choisies parce qu'elles incarnent un trait maternel particulier qui concerne Marguerite : « l'insouciance des mères frivoles », qui, pour elle, vaut prostitution et met l'enfant en danger de mort. La série des persécuteurs fonctionne, selon Lacan, comme des « doublets » d'un prototype, mais cette série n'est pas infinie, elle cherche son bouclage.

Ses deux romans sont dédiés au prince de Galles, personnage bienfaisant à qui elle adresse ses écrits. « Sans doute, si elle parvient à publier ses romans, ses ennemis reculeront-ils, effrayés[1] », croit-elle.

Mais la publication des œuvres de Marguerite ne se fait pas. Le jardin secret ne passe pas à la publication. C'est l'échec.

Disons, avant de poursuivre, que la seule publication effective ne sera réalisée que par l'attentat. Et, après l'attentat, ses écrits littéraires seront certes édités, mais à son insu et sous forme de fragments commentés dans la thèse de Lacan. Ils seront reçus pour leur incontestable valeur littéraire et poétique par le monde surréaliste de

1. T, p. 170.

l'époque, Dali, Éluard, Crevel, Bousquet[1], *via* le nom de Jacques Lacan, mais sans Marguerite – son vrai nom alors est occulté[2].

L'ATTENTAT COMME PUBLICATION EFFECTIVE

Après l'échec à publier ses deux romans, Marguerite va progressivement bâtir l'organisation délirante qui aboutira à l'attentat contre Huguette ex-Duflos en avril 1931. Est-ce parce que Marguerite s'est faite romancière qu'elle voit dans le journal une photo de son fils qu'elle croit désigné par les persécuteurs : il allait être tué « parce que sa mère était médisante et "vilaine" et qu'on se "vengerait d'elle[3]" » ? Elle attend anxieusement l'annonce de la mort de son fils : « S'il ne lui arrivait pas malheur maintenant, ce serait plus tard, à cause de moi, je serais une mère criminelle[4] », ajoutons : comme sa mère.

1. Joë Bousquet publie « aimée » et note qu'il s'agit d'une folle, cf. article de Danielle Arnoux, « aimée par Joë Bousquet », *Revue du Littoral*, n° 33, Paris, EPEL, 1991, p. 131-149.
2. On ne sait pas sous quel nom elle fut hospitalisée puisque Didier Anzieu dira à Élisabeth Roudinesco que Lacan ne l'avait pas reconnu comme fils de l'« ancienne pensionnaire de Sainte-Anne » lorsqu'il le reçut en analyse. Pour se justifier, Lacan dira qu'elle avait été admise sous son nom de jeune fille, donc Pantaine. Son nom de femme mariée Anzieu était, par Lacan, écarté. Cf. Élisabeth Roudinesco, *op. cit.*, p. 135, et les commentaires de Jean Allouch, *op. cit.*, 2e édition, p. 562-568.
3. T, p. 163.
4. *Ibid.*

Marguerite manifeste son indignation devant l'importance accordée dans la vie publique aux artistes. Tous ces personnages publics – artistes, poètes, écrivains, journalistes – sont haïs par elle comme fauteurs de malheur, « c'est une engeance, une race » ; elle écrit :

> [ils] n'hésitent pas à provoquer par leurs hâbleries le meurtre, la guerre, la corruption des mœurs, pour se procurer un peu de gloire et de plaisir. Ils vivent de l'exploitation de la misère qu'ils déchaînent[1].

Sa mission est de combattre la méchanceté sur la Terre ; cette méchanceté est principalement le fait des gens de lettres, des artistes, des journalistes qui ne s'intéressent qu'à leur gloire, en cela ils sont fauteurs de misère, à la différence des rois qui s'intéressent généreusement aux peuples. Dans ses écrits une part importante est consacrée à ces invectives :

> une chèvre sortie du théâtre français avec une rose humide et gluante tout en dehors étalée et un toupet blond entre les cornes, les journalistes lui ont fait brouter les plus jolies fleurs du jardin de Paris, elle a répandu ses vertus partout. C'est à fuir[2] !

Plus loin : « le public tient les cuisses », c'est le « Règne de la Honte[3] ». Les majuscules semblent indiquer le caractère mégalomaniaque de sa mission et de sa répugnance devant un monde de dépravation publique. Marguerite

1. T, p. 166.
2. T, p. 199.
3. *Ibid.*

dira qu'elle était habitée par une mission bienfaisante, elle voulait réaliser le règne du bien, la fraternité entre les peuples et les races. Un jour elle s'est « confessée » à Lacan, à condition qu'il lui évite son regard :

> Ce devait être le règne des enfants et des femmes. Il [*sic*[1]] devaient être vêtus de blanc. C'était la disparition du règne de la méchanceté sur la Terre. Il ne devait plus y avoir de guerre. Tous les peuples devaient être unis. Ce devait être beau, etc.[2].

Elle invective la cruauté des grandes personnes, l'insouciance des mères frivoles. Elle dira aussi « je m'étais vouée à un idéal, une sorte d'apostolat, l'amour du genre humain », et elle parlera de son « trop grand désintéressement ». Sa mission, si elle s'était accomplie, « devait » promouvoir le « règne des enfants et des femmes » contre le « Règne de la Honte », celui de la prostitution. Dans la formule « les enfants et les femmes », les femmes sont mères, blanchies de toute sexualité exposée en public, de toute prostitution.

Marguerite envisage de divorcer, de quitter la France avec son enfant, elle demande à sa sœur de témoigner que son mari la bat ainsi que l'enfant, sinon « je le tuerai[3] », dit-elle. Elle tuerait qui ? le père ou le fils ? L'équivoque est maintenue. Elle redevient assidue auprès de son fils tellement elle craint l'attentat qui aurait dû le frapper. Son mari et sa sœur la prient sans ménagement de cesser de les

1. Je maintiens la faute d'orthographe, qui est un fait repéré dans l'écriture de Marguerite, *via* Lacan.
2. T, p. 166.
3. T, p. 171.

importuner, c'est à ce moment-là qu'ils croient plus que jamais que Marguerite peut « kidnapper » son propre fils et ils pressentent aussi un danger imminent pour eux-mêmes. On craint en effet des actes meurtrissants, on parle de « battre », de « frapper » et de « tuer ».

« Cela a fait comme un ricochet dans mon imagination », dit-elle à Lacan, pour décrire le caractère illuminatif de l'instant de la certitude que c'était l'actrice Huguette ex-Duflos qui menaçait son enfant et qu'elle serait elle-même criminelle si elle la laissait faire. La première personne qui avait parlé de cette actrice était C. de la N. :

> Autrefois au bureau, j'avais mal parlé d'elle. Tous s'accordaient à la déclarer « racée », distinguée... J'ai protesté en disant qu'elle était une putain. C'est pour cela qu'elle devait m'en vouloir[1]. J'ai pensé que Mme Z. [Huguette ex-Duflos] ne pouvait être seule pour me faire tant de mal impunément, il fallait qu'elle fût soutenue par quelqu'un d'important[2] [...].

Lacan écrit :

> Dans plusieurs romans de Pierre Benoit, elle [Marguerite] a cru se reconnaître. Elle y voit d'incessantes allusions à sa vie privée. Elle se croit visée par le mot « choléra », [...] bafouée par l'ironie de l'écrivain quand viennent quelque part sous sa plume ces exclamations : « Quelle allure, quelle grâce, quelles jambes ! »

Érotomane, elle y trouve exactement son histoire.

1. T, p. 162.
2. T, p. 165.

Ne vole-t-on pas des lettres à l'héroïne ? alors qu'à moi aussi on m'en a volé, etc.[1].

Elle se reconnaît dans les héroïnes des romans de Pierre Benoit. Cette reconnaissance de lectrice est, pour Marguerite, dévoilement de sa vie privée, particulièrement dévoilement de son jardin secret aux yeux de son mari. « On disait qu'ils étaient trois[2]. » Elle croit que Pierre Benoit la vole et l'expose au théâtre par le corps de l'actrice mise en scène. La mise en public de sa vie privée est devenue une double prostitution : dans l'écriture et ensuite au théâtre. Elle déclare que l'actrice la « singe ». L'ayant traitée de « putain », Marguerite pensait que l'actrice devait lui en vouloir. L'ennemie prend corps dans l'image de scène, en place d'autre femme, portée au théâtre par le texte du romancier : une image idéale d'elle-même. Marguerite veut rencontrer son ennemie en face. Huguette ex-Duflos, devenue sa persécutrice, réunissait d'autres traits qui concernaient Marguerite elle-même : divorcée, elle portait toujours le nom de son mari, précédé de « ex » (rappelant sans cesse la rupture avec celui qui l'avait rendue célèbre) ; elle était blonde, or un voyant avait prédit à Marguerite qu'« une femme blonde jouerait un grand rôle dans sa vie », et elle portait un pseudonyme, son vrai prénom était Hermence.

Le dévoilement en public de son jardin secret, dans une mise en scène théâtrale, menace la vie de son fils. Nous l'avons dit, pour Marguerite, tant qu'elle n'aura pas réussi

1. *Ibid.*
2. T, p. 164.

la publication correcte de son jardin secret, c'est-à-dire une nomination qui soit effective, la trace publique de l'acte sexuel vaudra comme prostitution et menacera la vie de son enfant. Or elle a un enfant encore vivant, donc toute trace publique de l'acte sexuel, affichée et reconnue par elle comme sienne, menace la vie de son enfant.

Elle trouve dans cette disposition à trois, avec Pierre Benoit et Huguette ex-Duflos, les conditions de la rencontre avec l'image de l'autre femme qui la concerne. Là, elle doit intervenir, si elle n'intervenait pas, pense-t-elle, elle serait une mère criminelle et Huguette ex-Duflos ne serait pas avertie que Marguerite ne se laisse pas faire.

En avril 1931, à l'heure où Marguerite devait rendre visite à son fils, elle va, bien habillée et gantée, attendre l'actrice à l'entrée des artistes, qui ce soir-là jouait *Tout va bien*, d'Henri Jeanson, au théâtre Saint-Georges. Elle lui demande si elle est bien « Huguette ex-Duflos » ; celle-ci répond oui. À entendre ce que Marguerite lui dit, l'actrice veut passer, c'est alors que Marguerite brandit son couteau à cran d'arrêt dégainé, déjà tout ouvert dans son sac. Dans la lutte pour se défendre, l'actrice se saisit de la lame et se sectionne le tendon du pouce. Qu'a dit Marguerite à l'actrice ? Elle affirmera plus tard qu'elle voulait « seulement la faire parler », « la faire avouer ». Avouer quoi ? Elle veut lui faire avouer ce qu'elle lui suppose : qu'elle dise sa liaison littéraire et théâtrale avec l'écrivain Pierre Benoit ; qu'elle dise comment avoir été épouse et actrice à la fois, donc putain, sans tuer l'enfant. L'image de l'artiste mère incarne pour elle « l'insouciance des mères frivoles », cause attribuée à sa mère de la mort de sa sœur aînée qu'elle doit remplacer au prix de la méconnaissance de la responsabilité maternelle dans cette mort tragique.

Marguerite a ses règles le lendemain de l'attentat. Elle continue de délirer pendant vingt jours exactement, puis, au bout de ce temps, à la même heure que l'attentat, le délire s'en va, il est « soufflé » en un instant, il « se couche comme un paravent[1] », écrira Lacan.

Qu'on sache, Marguerite n'a plus jamais déliré de la sorte. Quelque chose avec l'attentat s'est effectué.

INTERPRÉTATIONS

Lacan, dans sa thèse, fait d'Huguette ex-Duflos une image idéale de Marguerite, un doublet d'un prototype qui n'est autre que la persécutrice principale, l'intruse, sa sœur Élise (dite Eugénie) envers qui Marguerite ne peut que méconnaître sa propre haine. Lacan affirme que la haine radicale que Marguerite voue à sa sœur pour l'avoir dépossédée de son mari et de son enfant ne peut pas s'exprimer ouvertement. En tant que sœur, Élise (dite Eugénie) était intouchable. La haine de Marguerite se serait déplacée sur une autre femme devenue persécutrice. Lacan interprète la guérison consécutive au passage à l'acte comme une « autopunition ». Marguerite a attenté à un substitut de l'objet de sa haine méconnue ; condamnée à l'hospitalisation, elle est punie, donc libérée de la culpabilité de sa haine.

1. Jacques Lacan, « De nos antécédents », in *Écrits*, Paris, Seuil, 1966, p. 66.

Jean Allouch critique cette thèse : Lacan a fait peu de cas du rapport de Marguerite à sa mère, malgré les nombreuses indications qu'il avait lui-même données. Jean Allouch met en évidence le fait que la mère, Jeanne (dite Anna), se met elle-même à délirer après l'attentat effectué par sa fille Marguerite. Dans son délire, elle impute, une fois encore, la responsabilité de son malheur à l'action hostile de sa voisine Eugénie. Cette imputation faite à une autre femme de sa propre responsabilité méconnue fait dire à Lacan : « Il y a similarité du développement psychique entre la fille et la mère[1]. » Jean Allouch pose un diagnostic de « délire à deux », entre la mère, Jeanne (dite Anna), et sa fille Marguerite, agencé en alternance : ainsi Marguerite cesse-t-elle de délirer au moment même où le délire de sa mère éclate pleinement. Le passage à l'acte a eu, selon Allouch, la fonction d'avertir la mère. Et quand Marguerite aura su que l'avertissement était arrivé à sa destinataire, par la réponse de celle-ci dans l'éclatement de son délire, alors le délire de Marguerite n'était plus nécessaire, elle le réserve, il est mis « en réserve[2] », écrit Allouch.

De quoi l'attentat était-il l'avertissement ? La mère de Marguerite a beau rendre sa voisine responsable de tous ses malheurs, selon Allouch, l'acte de Marguerite dirait à sa mère : « Ne serait-ce pas toi qui jouirais de ce dont ta folie prétend que l'autre femme jouit ? Te voici désormais avertie par mon passage à l'acte que je suis moi-même avertie de cette possibilité[3]. » Toujours selon Allouch,

1. T, p. 221.
2. Jean Allouch, *Marguerite ou l'Aimée de Lacan*, *op. cit.*, p. 415.
3. *Ibid.*, p. 409-410.

Marguerite avertirait sa mère que la mort de la première Marguerite, sa sœur aînée, est un « infanticide » ; ainsi Marguerite dit-elle non à sa fonction de remplaçante. Elle prévient sa mère que si elle-même croit son propre enfant menacé, c'est parce qu'elle (sa mère) a méconnu sa responsabilité dans la mort de la première Marguerite. Elle l'avertirait que l'« infanticide », dont elle porte le poids dans le délire à deux, pourrait bien devenir un « matricide ».

JEANNE (DITE ANNA), LA RAVISSEUSE

Qu'avait de particulier la relation de Jeanne (dite Anna) avec Marguerite ? Lacan écrit :

> Nous avons montré par ailleurs de quel attachement *exclusif* à sa mère avait été marquée l'enfance de la malade. Cette mère, nous le savons, lui a rendu son affection ; ni les années ni les "fautes" de notre malade n'ont diminué son attachement à sa fille[1].

Dans la famille, Marguerite se distinguait des autres. Lacan dit seulement ceci :

> Seule de toute la maison, elle savait contredire l'autorité quelque peu tyrannique, en tout cas incontestée, du père. Ces contradictions, à les préciser, portaient sur des détails de conduite dont on sait, quelque insignifiants qu'ils soient en eux-mêmes, quelle valeur affective ils peuvent représenter, tout

1. T, p. 282 ; nous soulignons.

> particulièrement les détails à signification symbolique de la toilette : port d'une coiffure, nœud d'une ceinture[1].

Donc Marguerite est la seule de la maison qui sache dire non au père, particulièrement sur des questions de toilette, donc de féminité. Lacan poursuit :

> Les espoirs que donnait à ses parents l'intelligence reconnue de notre malade, lui valait sur ces points [la toilette] des concessions, et même certains privilèges plus positifs [...], tels qu'un linge plus fin que celui de ses sœurs, semblent provoquer encore chez celles-ci une amertume qui n'a pas perdu sa pointe[2].

Marguerite a bénéficié « d'une différence de traitement » dont « l'auteur responsable paraît avoir été sa mère[3] », pour laquelle elle avait un attachement « exclusif ». Marguerite, « très personnelle », est à part, elle a eu des privilèges qui signent le fait qu'elle échappe à la loi qui vaut pour tous. Ces privilèges, de qui les tient-elle ? De sa mère. « Le lien affectif très intense qui a uni Aimée [Marguerite] tout particulièrement à sa mère[4] » vient certainement de la place à laquelle elle a été assignée dans le vœu de celle-ci. Ces privilèges spécialement raffinés devaient quotidiennement souligner à quel point Marguerite était, pour sa mère, son incontestable aimée, nom du destin !

Marguerite l'aînée est morte d'avoir porté sa belle robe d'organdi, linge fin par excellence, trop légèrement vêtue

1. T, p. 220.
2. *Ibid.*
3. *Ibid.*
4. *Ibid.*

pour la température de décembre. À cause de la légèreté de sa robe, elle s'est approchée du feu de trop près et elle est morte des brûlures de peau. L'élégance de la petite fille de cinq ans, faite belle pour aller à la messe un jour de fête[1], l'a tuée. Le linge fin que la mère réserva à Marguerite est-il le même que la robe de Marguerite la première ? Les deux Marguerite sont-elles, pour leur mère, enrobées et parées dans le même linge fin mortel, dans la même peau ? Une même peau pour deux, la morte et la vive ?

Parmi les phénomènes prédélirants qu'a connus Marguerite, il y a une petite histoire d'imputation avec sa sœur Élise (dite Eugénie). Marguerite rapporte à Lacan

> qu'un jour, fort animée par la contradiction, elle s'en est venue trouver sa sœur aînée et lui a présenté un sachet de parfums intact, qu'elle lui avait donné elle-même et qui était destiné à l'armoire au linge. Elle lui montre que ce sachet est intact, et lui fait en même temps grief d'avoir prétendu, à tort donc, qu'il était brisé. Sa sœur affirme là-dessus n'avoir jamais rien proféré ni de semblable, ni d'approchant. Et notre malade qui, depuis quelque temps, subit sans cesse de pareils démentis des faits retire ses imputations et reste profondément inquiète sur son propre état[2].

Marguerite accuse sa sœur Élise (dite Eugénie) de lui avoir imputé d'avoir brisé « un sachet de parfums [...] destiné à l'armoire au linge ». C'est encore le linge qui fait lien, cette fois entre Marguerite et sa sœur. Ce mécanisme d'imputation ne pouvait se poursuivre avec celle-ci puisque Élise (dite Eugénie) apportait sans cesse des

1. Le 8 décembre est la fête de l'Immaculée Conception.
2. T, p. 215.

démentis sur-le-champ. La présence physique corporelle de sa sœur sous le même toit barrait à Marguerite la possibilité de faire d'Élise (dite Eugénie) sa persécutrice, parce que l'image de l'autre prenait corps réellement. Pour qu'une personne devienne persécutrice, il faut qu'elle ne soit pas touchable en son corps au quotidien. Élise (dite Eugénie), en apportant des démentis, maintenait un lien d'agressivité et de reproches possibles entre elles. Le ravage ne peut se pratiquer que s'il y a une certaine cohabitation entre mère et fille.

Il n'y a pas trace chez Marguerite d'hostilité envers sa mère, ni de celle-ci envers Marguerite. Cette hostilité impossible à pratiquer au travers de l'agressivité alimenta la construction du délire et du passage à l'acte.

Jeanne (dite Anna) n'a pas fonctionné comme mère de Marguerite, elles étaient « deux amies », selon l'expression de Marguerite elle-même. C'est Élise (dite Eugénie), devenue l'aînée après la mort accidentelle de Marguerite la première, qui en reçut la charge. Lacan écrit :

> Encore maintenant elle ne l'[sa mère Jeanne (dite Anna)] évoque pas sans des larmes [...]. Aucune réaction n'est chez elle comparable à celle que déclenche l'évocation du chagrin actuel de sa mère : « j'aurais dû rester auprès d'elle », tel est le thème constant des regrets de la malade[1].

Marguerite pense que si elle était restée auprès de son « amie » Jeanne (dite Anna), il ne serait pas arrivé tout ça. Quoi ? sa folie, leur folie ? et le déclenchement du délire de sa mère après l'attentat ? Marguerite fut aimée de

1. T, p. 220.

Jeanne (dite Anna), peut-être de cet amour fou, inconditionnel qu'une mère peut porter à un enfant mort, un amour hors temps. Dans l'amour maternel il y a une exigence d'amour pur, un amour qui éteint le désir et méconnaît la haine, qui refuse toute manifestation d'agressivité, qui n'accepte aucun heurt, aucun impossible. En visant cet état de perfection de l'amour pur, l'amour maternel, s'il ne consent pas à se heurter à l'impossible par l'agressivité, n'est plus humainement maternel, il ne tisse plus la filiation.

Pour l'instant, disons que Jeanne (dite Anna) n'a pas fonctionné comme mère de Marguerite, justement parce qu'elle a exclu la haine de l'amour. Il n'y a eu aucun ravage entre elles. Jeanne (dite Anna) aurait assigné Marguerite à ce mirage de l'amour sans haine. Mais l'exclusion de la haine du lien maternel nous fait dire qu'il n'y a eu aucun lien maternel entre Jeanne (dite Anna) et Marguerite. La haine refusée fut mise en jeu dans la persécution. Pour Jeanne (dite Anna), c'est sa voisine qui jouit de son malheur. Pour Marguerite, la haine vire à l'imputation faite à un couple d'artistes de jouir de la déposséder de son jardin secret : l'homme (l'écrivain) la vole, et la femme (l'actrice) la « singe ». Marguerite effectivement blessera cette autre femme.

UN RAVAGE ENTRE ÉLISE (DITE EUGÉNIE) ET MARGUERITE

Marguerite a été assignée par sa mère à une place qui rendait le ravage impossible entre elles. La tâche maternelle a été confiée à sa sœur, avec qui il y a eu heureusement une face de ravage. Lacan en témoigne dans sa thèse, et Anzieu également dans ses entretiens avec Tarrab. Lacan écrit :

> Elle [Élise (dite Eugénie)] nous est arrivée de ce fait dans un état d'émotion extrême [...].
> La sœur d'Aimée nous exprima avant tout une crainte sans mesure d'une éventuelle libération de notre malade, où elle n'aurait vu rien de moins qu'une menace immédiate pour sa propre vie ainsi que pour celles du mari et de l'enfant. Elle en vint ainsi à des supplications que rien d'ailleurs ne nécessitait, pour que fût obvié à de si grands maux. Elle acheva ces propos par un tableau apologétique de son dévouement envers la malade, de la vigilance sans défaut dont elle eût fait preuve auprès d'elle, enfin des angoisses qui avaient été les siennes. L'ensemble par son ton de plaidoyer larmoyant. [...] il ressort du concours de tous nos renseignements que l'intrusion de la sœur d'Aimée fut suivie de sa mainmise sur la direction pratique du ménage[1].

Il ne peut y avoir une meilleure description du ravage qu'endure une mère par sa fille, l'ingratitude due au fait d'avoir déployé des trésors de dévouement qui se soldent par la méchanceté de la fille, voire la mise en jeu d'un danger meurtrier, le tout étant mêlé des phénomènes de transitivité qui donnent un caractère de mauvaise foi à ces lamentations. Ce tableau évoque la panique que connut la mère de Camille Claudel à l'idée que sa fille ne sorte de l'asile.

À propos de Marguerite, Lacan écrit :

1. T, p. 231.

> Elle éprouve la situation comme une humiliation morale et l'exprime dans les reproches permanents que lui formule sa conscience [...] cette humiliation s'objective dans la réprobation, très réelle, que sa sœur lui impose sans cesse[1] [...].

Dans le même passage Lacan écrit à propos d'Élise (dite Eugénie) :

> Nous avons pu noter les signes d'insuffisance glandulaire, vieillissement précoce, [...] dont l'existence concomitante chez Aimée et chez sa *mère*[2] [...].

Je suppose que « *mère* » vient ici en *lapsus calami* à la place de « sœur », dans ce passage où Lacan parle de sa rencontre avec la « sœur d'Aimée ». Ce lapsus signe que Lacan n'ignorait pas qu'Élise (dite Eugénie), en venant se plaindre des dangers qu'elle pensait courir à cause de sa sœur, était, en fait, la véritable mère de Marguerite, en suppléance à la vacance de Jeanne (dite Anna), dans le ravage.

Anzieu, de son côté, témoigne :

> J'ai été élevé par une des sœurs de ma mère qui se trouvait être ma marraine [donc déjà promise à être la mère de remplacement en cas d'incapacité] [...]. Elle ne pouvait pas avoir d'enfant et mes parents l'avaient hébergée. Elle s'est attachée à moi, à mon père également, et son rôle de plus en plus important au foyer a accru la tension qui régnait entre mon père et ma mère en raison de leur incompatibilité de caractère. Ce fut une sorte de cercle aggravant. En étant dépossédée progressivement de son

1. T, p. 232.
2. *Ibid.* ; nous soulignons.

> mari et de son fils, ma mère perdit les moyens de se défendre contre sa pathologie latente et celle-ci, en faisant irruption ouvertement, précipita la décision de mon père de se séparer de ma mère et de vivre désormais, non sans de vifs sentiments de culpabilité, avec sa belle-sœur[1].

Plus loin :

> Officiellement, en tant qu'enfant élevé par mon père et ma marraine, je savais seulement que ma mère était absente, qu'elle se portait mal, qu'il fallait qu'elle se soigne, qu'il y avait des menaces dans l'air. On me mettait en garde contre le danger de « kidnapping[2] ».

Ce témoignage laisse entendre qu'Élise (dite Eugénie) et René croyaient que Marguerite était susceptible d'enlever réellement son fils et ressentaient une culpabilité respective d'avoir dépossédé Marguerite de son enfant. Leur crainte de représailles indique le côté ravageant du rapport d'Élise (dite Eugénie) avec Marguerite.

Élise (dite Eugénie) occupe une position névrotique à l'endroit de Marguerite, elle lui suppose la même logique qu'elle, la lutte imaginaire. Cette version, qui correspond au versant Élise (dite Eugénie) du ravage, est celle qui a prévalu, aussi bien pour Lacan, qui va jusqu'à désigner Élise (dite Eugénie) comme persécutrice principale pour avoir pris la place de sa sœur. C'est probablement en partie celle de Didier Anzieu, lisible au travers de ses entretiens – mais avec un bémol. De même, cette version a prévalu dans l'opinion publique de Melun où l'on

1. Didier Anzieu, *Une peau pour les pensées*, *op. cit.*, p. 16-17.
2. *Ibid.*, p. 21.

admettait qu'Élise (dite Eugénie) avait « supplanté » sa sœur, excusant ainsi le passage à l'acte devenu « bien compréhensible ». Après l'attentat et des années d'hospitalisation, lorsque Marguerite a été hébergée, en 1943, par son autre sœur, Maria (dite Clotilde), ainsi que par la famille Debost chez qui elle a travaillé ensuite (de 1943 à 1951[1]), on racontait à Blaisy-Bas que Marguerite avait été la victime de l'intrusion de sa sœur dans son foyer : « elle avait été énervée, elle a eu un coup de fou ». Cette version « névrotique » de l'intrusion d'Élise (dite Eugénie) comme fautive du malheur de Marguerite couvre la folie de Marguerite, en la rendant psychologiquement compréhensible, et laisse intacte l'autre logique, celle de la folie.

En effet, dire que Marguerite fut la victime de l'intrusion de sa sœur, c'est méconnaître la disparité de leurs positions, c'est méconnaître le côté Marguerite de ce lien, c'est l'identifier à soi, à tout le monde. Où chercher la cause du mal, sinon dans la scandaleuse méchanceté d'autrui qui viole les liens les plus sacrés, le mariage et la maternité ? dit la rumeur. Marguerite semble avoir volontairement laissé circuler cette version banalisée encore longtemps après son passage à l'acte, avec une certaine mauvaise foi, afin de justifier auprès des gens sa condition de femme isolée des siens. On pensait autour d'elle qu'elle avait été victime de sa sœur et de son mari, elle qui se montrait si bonne, ce qui permettait de jeter un voile pudique sur son affaire à elle.

1. Cf. *Entretiens.*

Or s'il est vrai qu'Élise (dite Eugénie), une fois délogée de sa position maternelle par Marguerite, s'est fait stériliser, et s'il est vrai, comme nous l'avons conjecturé ici, que Marguerite s'est mariée selon le projet illusoire de donner un enfant à sa sœur-mère, méconnaissant que celle-ci était définitivement, rigidement, symptomatiquement[1] tenue d'occuper la fonction de mère d'un seul enfant : elle ; alors Élise (dite Eugénie) devait venir s'installer chez Marguerite pour la diriger. Mais devait-elle pour autant recevoir son enfant, impliquant que Marguerite lui laisse sa place de mère pour le nouvel enfant ? Élise (dite Eugénie) a été prise au piège de cette question. Elle a alors occupé une fausse place, elle est devenue intruse, la situation s'est aggravée par son impertinence. À ce moment-là, elle n'est plus mère protectrice de Marguerite, elle ne donne plus la direction ni le cadre, conditions nécessaires pour la sexualité de Marguerite et son inscription sociale (comme elle l'avait fait lorsqu'elle vivait chez elle, pendant les trois mois décisifs). Du côté de Marguerite, le ravage n'a pas eu lieu, ce fut le ravissement par Jeanne (dite Anna) selon une logique autre.

Dès qu'elle fut enceinte, Marguerite s'est trouvée entraînée à laisser la place à sa sœur en raison du lien en sourdine qui se poursuivait avec son « amie » (sa mère), dans la hantise de l'infanticide. D'ailleurs, Lacan écrit :

> la personnalité d'Aimée ne lui permet pas de réagir directement par une attitude de combat [...] la sœur tire sa principale force contre Aimée [...] de la conscience elle-même d'Aimée[2].

1. Jean Allouch situe Élise (dite Eugénie) en fonction de symptôme.
2. T, p. 232.

Le ravage n'a pas pu se pratiquer réciproquement, entre Élise (dite Eugénie) et Marguerite : il a buté sur le fait que Marguerite, ravie par sa mère, ne pouvait pas réagir par le combat.

Le rapport direct mère-fille de Marguerite avec sa sœur avait certes mis un cran d'arrêt dans ce qui aurait été pur ravissement, mais, une fois que la position structurante de sa sœur fut désamorcée, l'épreuve du ravage n'a pas eu lieu ; c'est dans la persécution par une autre femme que Marguerite cherchait le ravage avec sa mère.

ATTEINDRE L'IMAGE DE L'AUTRE FEMME

La série des persécuteurs s'est finalement fixée sur le couple du célèbre romancier Pierre Benoit (qui lui « vole » son jardin secret et la « bafoue »), et l'actrice (qui la « singe » quand elle interprète au théâtre les textes de Pierre Benoit et d'autres auteurs). Elle est persécutée par leur « liaison spirituelle », artistique. Le dispositif à trois cristallise l'image de l'autre femme comme désirée par l'homme et l'introduit dans un scénario qui fait cadre à la persécution. Le positionnement de Marguerite dans le scénario triangulaire lui permet d'envisager sa position et de cadrer le corps de l'autre femme dont la jouissance sexuelle supposée – jouissance des artistes – la persécute. La rencontre effective avec l'autre femme était alors possible. L'esquive physique de l'actrice a suffi pour pousser à l'acte, et Marguerite, en blessant l'actrice, atteint l'image qui la dépossède. Cette folle rencontre visait à donner corps à l'image de l'autre femme, porteuse à ses yeux d'une jouissance sexuelle menaçante.

Si, comme l'a conjecturé Allouch, Marguerite a soudain cessé de délirer parce que sa mère a accusé réception de l'avertissement que l'attentat lui adressait, alors mon hypothèse de l'attentat comme acte de ravage à défaut du ravage avec la mère se trouve confirmée. Un acte qui dit non à la fonction de remplaçante de la morte à laquelle sa mère l'avait assignée.

Après l'attentat Marguerite souhaitait vivement rester mariée à René Anzieu, qui vivait maritalement avec sa sœur. René et Élise (dite Eugénie) craignaient Marguerite, souhaitaient la maintenir éloignée. Marguerite sortit de l'hôpital psychiatrique en 1943 et ne parla plus jamais de cet épisode de sa vie[1]. Elle aurait bien voulu retrouver

1. *Entretiens.* J'ai rencontré André Chaissac et Denise Roux, fils et fille de sa sœur Maria (dite Clotilde) à Blaisy-Bas en Bourgogne, là où Marguerite a été hébergée à sa sortie de l'asile. C'est là aussi que son autre sœur Élise (dite Eugénie) a passé les dix dernières années de sa vie. Jeanne (dite Anna), la mère (« maman Anna ») et Jean-Baptiste (« Baptiste »), le père de Marguerite, y ont fait de longs séjours aussi. Leurs petits-enfants passaient toutes leurs vacances dans la maison familiale à Doumis, en Auvergne. Ils ont gardé pour Marguerite un amour militant et une vive reconnaissance pour son infatigable générosité. Puis j'ai eu l'occasion de rencontrer la famille Debost (franco-américaine) à Trouhau, village voisin de Baisy-Bas, chez qui Marguerite a travaillé comme employée de maison de l'été 1943 jusqu'au printemps 1951. Après la guerre, Marguerite a suivi cette famille avenue Mozart, à Paris. Ils ont gardé d'elle un souvenir précis et affectueux, ils ignoraient tout de son passé psychiatrique, ils ne pouvaient même pas imaginer la possibilité de son passage à l'acte, l'attentat. Dans leurs souvenirs d'adolescents, ils aiment toujours cette Marguerite croyante et originale, qui pouvait lire les présages

une place de mère auprès de son fils, ce qui ne s'est pas fait[1]. Elle s'est maintenue à distance, et adonnée à des œuvres bienfaitrices dans des activités religieuses paroissiales[2].

L'ENROBEMENT DE LA JOUISSANCE COMME PEAU

« Mais la plaine est au vent », avait écrit Marguerite ; rien n'arrête le vent. Or, pour que la jouissance d'une femme lors de l'acte sexuel trouve la décence nécessaire à celle d'une mère, elle doit être enrobée. Sinon elle est

dans la connexion de deux événements. Elle avait noué une étonnante amitié avec une blonde théâtreuse des Années folles qui portait un nom de scène et qu'elle protégeait. Marguerite a encouragé les enfants Debost, l'un dans son entreprise pour devenir musicien, l'autre dans sa « crise mystique ». Dans sa crainte immodérée d'un danger de mort pour l'enfant, elle était allée jusqu'à s'effondrer en larmes lorsque la petite Alix n'était pas rentrée à l'heure. Marguerite lui a écrit plus tard une lettre, disant : « La Prière me sauve de tout. » Enfin j'ai connu Françoise, qui fut une réelle amie de Marguerite à Boulogne, dans ses dix dernières années de vie. Elles partageaient des activités d'entraide sur la paroisse ; Françoise a gardé une vive admiration pour Marguerite, pour sa distinction, son allure, son goût pour la littérature, son « amour du prochain », sa foi. J'ai eu indirectement à connaître des propos recueillis de Clovis, le jeune frère de Marguerite, et d'un autre neveu de Marguerite, Jean Pantaine, resté en Auvergne, qui ont déclaré qu'elle souhaitait vivement ne pas divorcer de René Anzieu.

1. En 1943, Didier, futur élève de l'École normale supérieure de Paris (1944), avait vingt ans ; il avait entièrement été élevé par son père et sa marraine.

2. Jean Allouch, *op. cit.*, 2e édition, p. 579-580.

comme la plaine, dangereusement ouverte à tout vent. Pour Marguerite, si la mère est une putain, l'enfant risque la mort. L'homme qui jouit d'une femme, s'il est le père, doit en dérober la connaissance à l'enfant qui en sera issu, la lui « dissimuler[1] ». En assignant Marguerite à la place de remplaçante de la morte, selon son vœu, Jeanne (dite Anna) a dû écarter Jean-Baptiste, le père, de tout impact sur le lien privilégié mère-fille, et capturer Marguerite dans son assignation. Marguerite était la seule de la maison à pouvoir contredire l'autorité incontestée du père.

Marguerite devint certaine que « l'insouciante cruauté des mères frivoles », qui est l'effet d'un désir qui se distrait du souci de l'enfant, menace la vie de l'enfant. Cette « insouciance » valait désir sexuel qui se donne à lire particulièrement dans les écrits.

La femme de lettres, « putain », dans la mère, était un trait inassimilable par Marguerite, comme s'il lui était ravi, mais pas au point qu'elle reste ravie. Tout en n'étant pas encline à la rivalité agressive, Marguerite a pu poignarder l'image idéale d'artiste, incarnant le trait qui la persécutait, car il ne la constituait pas. Son geste devait révéler le secret de la femme publique qu'était l'actrice. Marguerite lui fit un accroc et l'éprouva comme peau. L'image persécutrice de la jouissance affichée d'une femme se révéla, par l'acte meurtrissant, être une peau qui

1. Selon Freud, « le conflit avec le père a son origine [...] dans la dissimulation, par le père, des faits concernant les processus sexuels liés à la naissance », séance du 25 novembre 1908, in *Les Premiers Psychanalystes : minutes de la Société psychanalytique de Vienne, 1908-1910*, Paris, Gallimard, 1978.

peut se blesser, se toucher[1], se trouer, et recevoir une cicatrice. Une fois le message arrivé à destination, à celle qui était visée dans l'acte au-delà de l'actrice, le pouvoir persécutif de l'image semble s'être soudain évanoui, avérant que de l'image persécutrice de l'autre femme, il n'y avait que l'enveloppe.

« Peau », est-ce le nom de là où Jeanne (dite Anna) a retenu Marguerite sa fille, dans Marguerite la petite morte ? Les deux Marguerite auraient été liées l'une à l'autre dans le vœu de leur mère, l'une nouée à l'autre par un même linge fin les enrobant toutes deux ? « Peau », c'est l'enveloppe du ventre qui s'enfle avec la grossesse, effet de l'acte sexuel, et qui dérobe l'enfant à la vue. Le grossissement de la peau, affichant la sexualité féminine dans la maternité, était impossible à exposer au regard d'autrui. « Peau », « pel » en patois auvergnat signifie aussi « putain ». On traitait ainsi la voisine Eugénie, persécutrice de la mère – « cost oun pel » : « C'est une peau, une putain[2] ! » Dans son acte meurtrissant l'actrice, Marguerite aura fait exister une peau à la jouissance maternelle qui ne lui avait pas été dérobée, ni dissimulée par les soins de son père.

Il faut souligner que la « peau » est un concept majeur des théories du psychanalyste Didier Anzieu[3]. Vaut-il

1. Jacques Lacan, « [...] dès que sa main avait touché, d'une agression non sans blessure, une des images de son théâtre... », in *Écrits*, « De nos antécédents », *op. cit.*, p. 66.

2. Cf. *Entretiens.*

3. Quelques-uns de ses ouvrages : *Le Moi-peau* ; *Une peau pour les pensées* ; *L'Épiderme nomade et la Peau psychique* ; *Le penser, du Moi-peau au Moi-pensant.*

comme nom ? Anzieu l'aurait-il reçu de l'acte de sa mère ? Ce mot serait la cristallisation, au niveau de la troisième génération, du deuil impossible par sa grand-mère (« maman Anna ») de sa fille morte enfant.

Le délire de Jeanne (dite Anna) est un délire d'interprétation, une « folie de la persécution » par sa voisine, à qui elle imputait de jouir de son malheur. Tandis que le délire de Marguerite est adressé : il cherche à prendre corps dans un faire savoir au public du trait refusé dans l'image idéale, et le trouvera par le passage à l'acte. Le trait dangereux : « l'insouciance des mères frivoles », est sexuel. En écrivant, Marguerite tentait de traiter du sexuel et de faire ainsi reculer la menace sur l'enfant. Dans le même mouvement, elle devenait écrivain, donc putain, elle aggravait la menace. Faute de ravage avec sa mère, Marguerite cherchait la publication. On ne sait pas si Marguerite aurait cristallisé son délire sur l'actrice si ses romans avaient été publiés. À défaut de la publication de ses écrits littéraires, Marguerite devait toucher en face l'image d'elle-même qui la persécutait. L'attentat fut, par défaut, une tentative de publication : en faisant une cicatrice sur la peau, il donne corps, il inscrit un non décisif que Marguerite oppose au vœu maternel de remplacement de la morte.

Après avoir reconnu sa parenté avec « Aimée » et suivi l'étude monographique d'Allouch, Didier Anzieu ajouta une remarquable postface à cette étude où l'on peut lire qu'il authentifie sa filiation avec sa mère. Son nom de Marguerite Anzieu, nom d'épouse et de mère, était en souffrance d'effectuation depuis qu'elle avait été enceinte dans le mariage.

> Je ne connais pas Aimée, je n'ai connu que Marguerite [...] que ce texte dresse à travers l'éphémère (l'effet mère) pour l'honneur de Marguerite, un sobre et strict tombeau[1].

Didier Anzieu reçoit Marguerite Anzieu comme sa mère. La revendication de Marguerite d'être Mme Anzieu, et mère d'un fils vivant, courait toujours.

Très récemment, Isabelle Lafon, actrice, et Gilles Blanchard, metteur en scène, ont extrait de la thèse de Lacan les fragments des textes d'« Aimée ». Avec l'agencement des citations, ils ont produit un texte nouveau qu'ils ont porté au théâtre. La pièce a pour titre *Aimée*, de Marguerite Anzieu[2]. Le fait de saisir ses textes littéraires et de les révéler sur scène me paraît être une réponse artistique exacte à l'art de Marguerite. En octobre 1997 à Dinan et de novembre 1999 à janvier 2000 à Paris, ces événements théâtraux[3] firent connaître Marguerite Anzieu comme écrivain en son nom, de façon posthume. Didier Anzieu accueillit la publication de la « version théâtre » des textes de sa mère :

> Ma mère a eu l'ambition de devenir écrivain. Elle a souffert de ce que ses textes n'aient pas été imprimés. C'eût été une joie pour elle de voir publiée ici une version théâtre[4].

1. Jean Allouch, *Marguerite...*, *op. cit.*, p. 592.
2. Marguerite Anzieu, *Aimée*, adaptation théâtrale de Gilles Blanchard et Isabelle Lafon, avant-propos de Didier Anzieu, Paris, EPEL, coll. « atelier », 1999.
3. Compagnie du Cap, représentations données au Théâtre des Jacobins à Dinan, en octobre 1997, et au Théâtre Le Lucernaire à Paris de novembre 1999 à janvier 2000.
4. Marguerite Anzieu, *Aimée*, *op. cit.*, p. 5.

CHRISTINE PAPIN,
OU L'ÉMANCIPATION IMPOSSIBLE

On se souvient peut-être du double crime des sœurs Papin, survenu au Mans le 3 février 1933. Ce crime célèbre a inspiré de nombreux écrivains dont Éluard, Péret, Sartre, Beauvoir, Genet dans *Les Bonnes*. Lacan a commenté le cas dans un article du *Minotaure*[1]. Paulette Houdoyer a fait une enquête historique, *L'Affaire des sœurs Papin (Le diable dans la peau)*[2], qui reproduit de très nombreux documents. Plus récemment, Francis Dupré a repris le cas du « double crime » des sœurs Papin dans un livre[3], auquel je me référerai principalement.

L'acte accompli par les deux sœurs Papin déchira brutalement une vie apparemment monotone et réglée de notables bourgeois de la province française. Le fer à

1. Jacques Lacan, « Motifs du crime paranoïaque : le crime des sœurs Papin », *Le Minotaure*, n° 3, décembre 1933.

2. Julliard, 1996.

3. Francis Dupré, *La « solution » du passage à l'acte. Le double crime des sœurs Papin*, Toulouse, Érès, 1984. Ce livre présente une documentation très complète et une analyse. On notera « FD » les références à cet ouvrage.

repasser s'est détraqué ; déjà détraqué la veille, on l'avait réparé, et puis il s'était encore détraqué, c'est ce détail anodin qui fit basculer une vie strictement ordonnée dans l'horreur d'un massacre sans précédent. Ce fut une explosion soudaine et violente. La force inouïe de son accomplissement, l'acharnement de sa réalisation, la précision des gestes donnèrent à la tuerie un caractère de pureté qui s'évalue à l'émotion qu'il suscita. Un crime qui sidère, mais ne surprendra pas quand il sera raconté, tant certaines vérités sont aveuglantes.

Le massacre se déclenche dans une maison plongée dans l'obscurité à cause d'une panne d'électricité. Il est six heures et demie du soir, en hiver. Deux femmes, Mme et Mlle Lancelin, mère et fille, rentrant chez elles, sont soudainement victimes de deux autres femmes, Christine et Léa Papin, deux sœurs, leurs domestiques.

Après le crime, on trouvera les deux cadavres disposés en équerre sur le sol du palier du premier étage : la mère est allongée sur le dos, visage cruellement démoli, yeux arrachés de leurs orbites, sexe dévoilé ; la fille sur le ventre, sexe dévoilé, fesses et jambes lacérées de méchantes plaies profondes. Un œil, celui de Mlle Lancelin, a été jeté dans l'escalier. Ce détail macabre a fait frémir ceux qui, les premiers, ont gravi les marches de l'escalier. Un œil unique, éclairé par la torche d'un flic, métonymie de ce que l'acte annonce de vision d'horreur, à ne pas voir.

On ne saura jamais ce qui s'est dit exactement entre les femmes, ni ce qui s'est passé lors du drame, ni les mots, ni les gestes, ni les cris, tant la lutte a eu lieu dans une fulgurance folle. Cela ne pourra jamais se savoir. Restent les traces d'une immense énigme, pour celles qui ont agi comme pour ceux qui les interrogeront. L'acte vient par surprise, il est porteur d'un savoir insu ; en ce sens il est réussi, il est fin et commencement à la fois.

POURQUOI PRIVILÉGIER CHRISTINE ?

L'aînée des sœurs, Christine, dira que le « coup » n'était pas prémédité : « S'il avait été prémédité, il n'aurait certainement pas été si bien fait[1] » ; elle ajoutera : « Si j'avais réfléchi, je ne l'aurais certainement pas exécuté[2]. » Elle a été « prise au dépourvu » par une force plus puissante qu'elle, démoniaque, dirait-on, relevant d'une logique qui l'a prise de vitesse. Elle a été comme traversée par un impératif.

Au moment du passage à l'acte, celui qui agit est en quelque sorte hors de lui, il est absent. Christine et Léa ne savent pas dire ce qui s'est passé parce que ça s'est effectivement passé. Certes, elles reconnaissent être les meurtrières, elles sont restées sur place pour répondre de leur acte. Le fait qu'elles ne se soient pas échappées est à la mesure de l'éclipse de leur présence dans l'instant de l'acte fou. Il y a un abîme entre ce qui s'est passé dans l'acte et leur présence dans la maison du crime, après coup. Enfermées dans leur chambre, elles attendent que la police arrive. Elles voulaient que ce soit la police qui, la première, voie ce qu'elles ont fait, et non M. Lancelin, mari et père des victimes. Que la police soit le premier public de ce spectacle incroyable, qu'elle monte vers la

1. FD, p. 44.
2. *Ibid.*

lumière vacillante de la bougie, puis force la porte de leur chambre au deuxième étage où elles l'attendaient, toutes deux, propres, nues sous leurs peignoirs, couchées dans le même lit.

Si l'acte n'est pas de l'ordre de ce qui est pensé, qu'est-ce qui est dans l'acte ? Ici il est le crime même, comme vérité réalisée. Il entraîne une infinité de tentatives de saisir le mot qui n'a pas pu se dire. L'acte a eu lieu, le mot s'en dérobe absolument ; c'est en ce sens que l'acte est grand, il est plus grand que le mot qui ne se dira pas, il arrête l'équivoque, il arrête la relance d'une signification en cours, il la conclut dans sa présence incandescente et indécente. C'est l'énigme du sexe qu'il réalise. L'acte comporte un jouir, il accomplit quelque chose qui marque une abolition, une fin ; ce ne sera plus jamais pareil après.

Il y a une corrélation entre l'absence dans l'acte et l'appel au public qu'il provoque.

Christine est l'aînée, elle est active et dirige sa jeune sœur. Léa est entièrement prise dans le pouvoir de son aînée, elle l'aime, elle la suit. Christine revendique le crime : « Mon crime est assez grand pour que je dise ce qui est » ; elle ne dit pas « ce qu'*il* est ». Le geste qui accomplit le crime est impersonnel, transcendant. Elle dira aussi : « … j'accepterai la sanction qui me sera donnée ». D'ailleurs, lorsque le verdict de la peine de mort, décapitation, est prononcé, Christine le reçoit à genoux. Quel beau geste de prise sur elle de la sentence à l'instant de sa prononciation !

En prison, elle demandera qu'on lui coupe la tête, « carrément », sans attendre. C'est logique : l'acte ne saurait attendre. « Puisque l'on doit me couper la tête, autant le faire tout de suite[1]. »

Christine s'explique. Léa répète et semble s'ajuster en écho sur sa sœur aînée. C'est Christine qui a déclenché le drame, c'est elle qui est habitée par la fureur « noire », par un hurlement qui vise loin, une nécessité impérative de faire irruption dans le public ; d'où le côté suicidaire et sacrificiel de son geste.

Nous optons pour privilégier le cas de Christine car elle assume le crime comme sien absolument, et jusqu'au bout. Il trouve sa raison en la personne de Christine, c'est elle qui porte un ressort important de l'acte, elle n'en est pas l'auteur dans la mesure où un auteur prémédite son geste, or elle a dit elle-même : « si je l'avais prémédité il n'aurait pas été aussi bien fait », et si elle avait « réfléchi » elle ne « l'aurait pas exécuté » ; elle a exécuté le crime.

LE CONTEXTE DU DÉCLENCHEMENT

Examinons, à partir des dires des sœurs, les éléments saillants de l'attaque.

Le fer à repasser était encore « détraqué » et le linge était en retard. La tâche de la journée consistait non plus à repasser mais à rattraper le retard du repassage.

Les sœurs Papin étaient des servantes modèles, consciencieuses, strictes quant à la conformité entre l'ordre reçu et son accomplissement – cela devait être une règle sans marge, sans délai, sans équivoque. Il y avait une

1. FD, p. 182.

rigoureuse adéquation entre le geste de service et l'ordre donné, au pied de la lettre. Dans la maison, seule Mme Lancelin parlait avec les domestiques. Les bonnes ne recevaient d'ordres et d'observations que de Madame, la patronne, celle-ci ne souhaitait pas que Monsieur leur parle ni qu'elles lui parlent. Était-ce pour une raison de convenance, c'est-à-dire de pudeur ? En effet, dans les maisons bourgeoises, il sied que la maîtresse de maison veille farouchement à ce que le maître de maison n'ait aucun rapport direct avec les domestiques. Celles-ci ne parlaient pas non plus avec Mlle Lancelin, car il pouvait être blessant de recevoir des ordres d'une jeune fille du même âge qu'elles (Geneviève Lancelin avait vingt-huit ans, comme Christine Papin).

Ce jour-là, les trois filles de la maison, Geneviève Lancelin, Christine et Léa Papin, avaient leurs règles. Les pantalons (culottes) tachés de sang de Mademoiselle étaient peut-être mêlés à ceux de Christine et Léa. La lingerie se trouvait au deuxième étage à côté de la chambre des domestiques, c'est là que celles-ci repassaient tout le linge, celui des patrons et celui des servantes. Quand Léa dit : « je m'occupais de *mon* linge », on ne peut pas savoir s'il s'agissait de celui qu'elle portait ou de celui qu'elle devait repasser pour les patrons.

Cette proximité du sang et du sexe, annonçant qu'elles n'étaient pas enceintes mais qu'elles pouvaient l'être, devait évoquer en chacune des sœurs, et particulièrement en Christine, la question de sa destinée particulière de femme, en comparaison avec celle de Mlle Geneviève qui, comme sa sœur (Mme Renard), probablement se marierait, et comme sa mère aurait des enfants.

À cause d'une panne de fer à repasser, ce mélange des linges s'est prolongé plus longtemps que d'habitude et même doublement. Jusqu'à quand l'ordre attendrait-il son exécution ? Jusqu'à quand les trois filles seraient-elles représentées par la proximité de leur linge froissé ? Trois jeunes filles dans le même panier, cela contrariait tout l'ordonnancement du service, qui exigeait une séparation stricte entre Mademoiselle, fille de la patronne, et les deux sœurs, les bonnes. Le linge non repassé, chiffonné, en vrac, introduisait le désordre des places, immaîtrisable, incontournable, dans l'obscurité en l'absence des maîtres. Rien à faire, c'était trop de promiscuité entre les sexes de femmes, une promiscuité sans limites, sans résorption possible dans le geste du repassage et du rangement identifiant chaque chose à sa place. C'en était trop.

Après le crime, Christine et Léa ont répondu de nombreuses fois aux questions qui leur furent posées, qu'il s'agisse des mobiles du crime ou du récit détaillé de l'événement. Les réponses ont légèrement varié de l'une à l'autre et aussi avec le temps. Il n'y a pas lieu de choisir une version plutôt qu'une autre, *a priori* chacune se vaut. On peut additionner les différentes versions.

Lisons la première déposition de Christine après le crime :

> Ma mère qui ne m'a pas élevée, est âgée de cinquante à soixante ans, je ne sais au juste, elle est divorcée depuis vingt ans d'avec mon père qui est cultivateur à Marigné ; elle m'a confiée à une sœur de mon père, Isabelle Papin, à Marigné, qui m'a élevée jusqu'à sept ans, âge où ma mère m'a reprise et me confia au Bon Pasteur, rue de la Blanchisserie. Je suis restée

dans cet établissement jusqu'à quinze ans, j'y ai appris à travailler comme couturière et brodeuse. [...]
J'entrai chez Mme Lancelin comme cuisinière. Il y aura six ans au mois d'avril prochain que je suis entrée. J'y gagnais 250 F au début et à la fin 300 F. J'étais dans cette maison depuis deux mois, quand ma sœur Léa y entra comme femme de chambre. Avant d'entrer chez Mme Lancelin je touchais moi-même mes gages et je les donnais à ma mère qui me remettait ensuite de temps en temps quelque monnaie pour mes menus achats. Ensuite je les gardais. Ma mère ne fut pas trop contente de Mme Lancelin à ce sujet parce que c'était elle qui lui avait fait remarquer qu'il fallait bien que nous profitions un peu de nos gages. Je n'ai plus jamais remis mes gages à ma mère. Je les ai mis sur un livret de Caisse d'épargne et, pour que ma mère ne fût pas trop mécontente, je lui faisais de temps en temps de petits cadeaux. Ma mère essayait toujours de me faire partir de cette place en me faisant remarquer que la patronne était bien exigeante ; bien que ce fût un peu vrai, sachant que partout il y a des ennuis, je ne voulus pas l'écouter et j'y suis restée dans cette place où l'on était en somme assez bien traitées et assez bien nourries. En dehors du service, les maîtres étaient un peu distants avec nous. M. Lancelin ne me parlait jamais et Mlle Lancelin non plus. Seule Madame me parlait, pour me faire des observations et quelquefois des reproches plus ou moins justifiés. J'étais prévenue, en rentrant à son service, qu'il ne fallait pas m'attendre de sa part à aucune familiarité, que c'était la règle de la maison. Quand le ménage était terminé, elle passait l'inspection partout et le moindre grain de poussière attirait des observations et le rappel de faits précédents du même genre. Elle trouvait aussi que les carnets de boucherie et d'épicerie montaient trop. Mais ce n'est pas ces procédés à mon égard ni à l'égard de ma sœur qui nous ont peu à peu irritées contre Mme Lancelin. Ce qui m'a fait lui faire son affaire c'est qu'elle s'est jetée sur moi en rentrant avec sa fille. Elle était depuis deux secondes sur le palier du premier étage, quand je suis descendue elle rentrait de ville avec Mlle Lancelin quand nous sommes descendues, j'avais une bougie placée dans un

petit pot sur une assiette, afin que les taches ne tombent pas dans l'escalier, je lui dis : « Madame, le plomb est encore une fois fondu en repassant, comme hier » ; Mme Lancelin me dit : « Encore détraqué ! », et comme je m'approchais d'elle, elle lança ses deux bras dans ma direction et me heurta la poitrine et le bras gauche et saisit celui-ci. Je lui dis : « Qu'est-ce qu'il vous prend ? » et j'ai boxé avec elle. Mlle Lancelin était venue aider sa mère, et ma sœur, qui descendait derrière moi, s'est jetée sur Mlle Lancelin et a échangé avec elle également des coups de poing. Voyant que je ne venais pas à bout de Mme Lancelin, je me suis mise en furie, je lui ai enfoncé mes ongles dans les yeux et je les ai arrachés. C'est alors qu'elle est tombée. Ma sœur de son côté en a fait autant à Mlle Lancelin qui est également tombée. Quand elles ont été par terre nous sommes allées chercher le marteau et le couteau dans la cuisine pour les arranger comme vous avez pu le voir. Nous nous en sommes servies l'une et l'autre et nous avons laissé le couteau sur place où vous l'avez trouvé et, sans y faire attention, nous avons monté le marteau dans notre chambre où nous nous sommes enfermées à clé et couchées en attendant l'arrivée de la police et après avoir mis le verrou à l'entrée de la rue. Je vous assure que nous n'avons pas prémédité ce coup-là, s'il avait été prémédité il n'aurait pas été si bien fait. C'est-à-dire que si j'avais réfléchi, je ne l'aurais certainement pas exécuté. Si j'avais su que cela devait tourner ainsi, je n'aurais pas fait l'observation que j'ai faite à Mme Lancelin et qui a tout déclenché. C'est moi qui avais à la main l'assiette sur laquelle était le pot contenant la bougie. [...] Quand Mme Lancelin s'est élancée sur moi, l'assiette a été cassée mais le pot ne l'a pas été. [...]

Le marteau et le couteau étaient dans la cuisine où nous sommes allées ma sœur et moi les chercher après avoir arraché les yeux de Mme et Mlle Lancelin et les avoir étendues à terre. [...]

Elle est tombée sur le coup en criant très fort. Quand j'ai été descendue à la cuisine, je ne l'entendais plus et quand je suis remontée, je me rappelle qu'elle remuait, mais si elle criait, elle

> ne disait pas grand-chose. Je ne me rappelle plus bien, j'ai tapé dessus ensuite parce que j'étais en furie. [...]
> Je regrette ce que nous avons fait et si c'était à refaire, certainement je ne le referais pas. Je n'avais aucun motif d'en vouloir à mes patronnes[1].

Dans l'obscurité, l'identité de celle avec qui elle lutte est incertaine et changeante :

> Voyant que Mme Lancelin allait se jeter sur moi, je lui ai sauté à la figure et je lui ai arraché les yeux avec mes doigts. Quand je dis que j'ai sauté sur Mme Lancelin, je me trompe, c'est sur Mlle Lancelin Geneviève que j'ai sauté et c'est à cette dernière que j'ai arraché les yeux. Pendant ce temps, ma sœur Léa a sauté sur Mme Lancelin et lui a arraché également les yeux[2] [...].

Cette version fut plusieurs fois confirmée. Christine a dit aussi : « ... non, je ne la haïssais pas. »

Lors d'une autre déposition Christine dira encore comment cela a démarré :

> [...] je me suis avancée sur le palier et en me penchant légèrement, j'ai dit : « C'est Madame qui rentre », et j'ai dit à ma sœur : « Je vais demander à Madame d'arranger le fer, si elle veut bien, cela m'arrangerait car nous sommes en retard pour le repassage[3]. »

Une fois assassinées, les patronnes furent « arrangées » par leurs bonnes. Christine utilise tous les sens du mot « arranger ».

1. FD, p. 42-44.
2. FD, p. 32.
3. FD, p. 50.

Additionnant les versions, on sait donc que l'explosion s'est passée sur le palier du premier étage, la maison étant plongée dans une obscurité qui devait redoubler le débordement du linge mélangé et en retard, en un désordre obscur intime et sexuel. Les patronnes rentrent, elles sont au rez-de-chaussée. Cette obscurité doit les surprendre et les contrarier ; les filles sont au second. Mme Lancelin monte, Christine va au-devant d'elle, elle descend avec une bougie pour éclairer. Christine a parlé la première, elle a dû justifier l'obscurité par une « observation » comme quoi le plomb avait fondu comme hier, peut-être tendue de se retrouver en défaut sans l'avoir voulu, et de façon injustifiée par rapport à la logique du strict accomplissement entre l'ordre et le geste de service. Madame se serait exclamée : « Encore ! » d'un ton agacé donc accusateur. Alors Madame aurait « lancé » un bras ou ses bras ou aurait fait « le geste de vouloir le faire » en direction de Christine, elle se serait « élancée » vers elle, elle aurait voulu se jeter sur elle, elle aurait « heurté » sa poitrine, elle aurait « appuyé » sa poitrine contre la sienne, elle lui aurait pris la main..., tout cela a été dit, on ne sait. Il ressort que dans la pénombre, comme un geste érotique, déplacé, violent, presque vulgaire, est venu accompagner la parole de Mme Lancelin, un geste aperçu qui vient donner corps à l'« encore » qu'elle prononce. Et ce geste agit le verbe « lancer » prononcé plusieurs fois par Christine et par Léa à propos de l'instant où Mme Lancelin aurait donné le signe, réel ou supposé, d'une amorce d'agression. « Lancer » est l'étincelle, le détonateur aperçu par Christine comme signe de l'intention de Madame d'atteindre Christine. Qu'est-ce qui se cristallise à cet instant qui concerne le nom Lancelin ?

1. UNE IMPUTATION

Christine dit : « Si j'avais su que cela devait tourner ainsi, je n'aurais pas fait l'observation que j'ai faite à Mme Lancelin et qui a tout déclenché. » Christine fait une « observation » à sa patronne, alors qu'elle n'acceptait pas elle-même les « observations » que Mme Lancelin ne faisait qu'exceptionnellement et unilatéralement à ses bonnes. Cette « observation » de Christine sur les plombs sautés à cause du fer s'est cristallisée en un geste érotique aperçu dans l'obscurité. Ce geste adressé à Christine a pris pour elle valeur d'attaque. Elle dira : « On a voulu nous frapper nous nous sommes défendues, vous avez vu. » Et quelle attaque ! puisque le spectacle du carnage est à la mesure de ce contre quoi Christine s'est défendu. Cette effroyable valeur d'attaque que prend le geste de Madame est à mettre en rapport avec un geste de repassage qui n'a pu s'accomplir à cause de la panne fortuite dont on ne sait pas à qui en imputer la faute. La domestique se serait sentie accusée de quelque chose qui relève des obligations des maîtres ; c'est au maître de donner des instruments qui fonctionnent pour le service.

L'« observation » que Christine fait à Madame vaut accusation. Un geste, étincelle de violence, fait basculer la responsabilité de la faute : de l'accusation faite *par* Christine, il donne corps à une accusation faite *à* Christine de s'être laissée aller à une faute de service. Avoir fait une « observation » à sa patronne, prise en faute d'un fer à repasser défaillant, a tourné carrément en une attaque. Or cette faute a pour conséquence de maintenir mêlés les linges intimes des filles. Nous faisons l'hypothèse que le pire (le crime) relève de la confusion du destin de Geneviève Lancelin avec celui de Christine.

Cette attaque vaudra pour Christine comme l'évidence que Madame a l'intention d'avoir leur peau. Elle dira : « J'aime mieux avoir eu la peau de mes patronnes plutôt que ce soient elles qui aient eu la mienne et celle de ma sœur[1]. » Il y a imputation d'attaque, comme intention de faire la peau à chacune d'elles.

Le journaliste de *La Sarthe* écrit le lendemain du crime : « Et la meurtrière [Christine] a ce mot cynique : – C'était au plus fort la "pouche[2]". » Ce mot de « pouche » (qui apparaît sous la forme de « poche » à un autre endroit) ne signifierait-il pas la « peau » ? Soit : que le plus fort ait la peau de l'autre !

Nous avons choisi de privilégier les premiers récits de Christine imputant à Mme Lancelin d'avoir voulu l'attaquer en la saisissant par le bras. Quelques mois après, en prison, elle s'est rétractée et a nié ses premières imputations en disant qu'elle avait elle-même attaqué Mme Lancelin, qui ne l'avait pas provoquée, elle s'avouait alors seule responsable du crime, disculpant sa sœur.

2. TRANSGRESSION DU PACTE

Christine, « ne venant pas à bout » de Madame, il fallut que les jeunes viennent à la rescousse : la fille Lancelin a volé au secours de sa mère, la petite sœur est arrivée pour

1. FD, p. 33.
2. FD, p. 36.

soutenir son aînée. Soutenir et protéger une mère contredit la loi de la suprématie maternelle en révélant la faiblesse de la mère. Lorsque Mlle Lancelin entre dans la bagarre pour soutenir sa mère dans la lutte, cette transgression des règles du jeu a dû porter à son paroxysme d'irréversibilité la montée de fureur de Christine déchaînée. En rétablissant le clan des patronnes face au clan des bonnes dans la lutte, Geneviève Lancelin rompait le pacte selon lequel les questions de service se réglaient avec la seule Mme Lancelin. Les chances d'un arrêt de la bagarre ont dû alors s'effacer, la tuerie était devenue irréversible. Notons que les seules traces d'agression, particulièrement sur le corps de Christine, ont été faites par Geneviève Lancelin – poignée de cheveux de Christine retrouvée dans sa main. Christine dira aussi qu'elle a reçu un coup de pied de Mademoiselle dans sa chute – ce coup de pied réclamait vengeance au même endroit. Mlle Lancelin est la seule avec qui Christine ait voulu répliquer au coup par coup, en miroir dans l'agression. Mlle Lancelin serait située pour Christine comme une semblable, inassimilable comme telle. Avec l'entrée dans la lutte de Geneviève Lancelin, Christine est « devenue furieuse », sa sœur dit qu'elle criait et soufflait d'une colère noire.

En effet, le quatuor pouvait supporter certains modes de relations alors que d'autres étaient impraticables. Le lien entre Mlle Geneviève et Christine, outre le fait qu'il réalise une transgression, faisait circuler la parole entre Geneviève, Christine et Léa, les mettant sur le même pied et faisant alors apparaître Mme Lancelin en tant que mère unique des trois filles, mère et patronne à la fois. Une telle disposition paraît intenable, elle enlevait à Christine sa position maternelle vis-à-vis de Léa.

En cette affaire, il y a une connexion et une communauté de position entre mère et maîtresse dans la femme qui dirige. Mme Lancelin, mère et maîtresse, dirige ses bonnes et dirige sa fille. Christine dirige Léa comme une mère, mais elle est servante, donc dirigée par sa maîtresse. Mlle Lancelin ne devait pas diriger les bonnes et encore moins l'aînée, Christine, qui dirigeait sa sœur. La direction maternelle se confond avec la direction du service, à ceci près qu'à cette époque, on tentait d'encadrer le service par des règles sociales et financières, alors que la direction maternelle, elle, est sans bornes. Pour Christine, il était exclu qu'une fille devienne maîtresse.

3. L'ACTE RÉALISE UN INSTANT DE MIROIR

Nous faisons l'hypothèse que les bonnes se sont vues un instant, le temps d'un éclair, en tant que couple dans le couple mère-fille des patronnes en face, dans la fulgurance. Il ne s'agit pas de reconnaissance individuelle une à une dans le miroir, mais de la vision de l'assemblage : l'« arrangement » du duo face à l'autre duo en image.

Le couple des sœurs, image de siamoises[1], s'est captivé, mêlé, ravi, un instant dans le couple mère-fille. C'est l'impossibilité d'une identification, non des personnes, mais des liens, c'est-à-dire du lien qui unit les sœurs avec celui qui unit la mère et la fille, patronnes, qui a produit l'ex-

1. FD, p. 145.

plosion. Cette impossibilité d'identifier le lien mère-fille entre les sœurs a sauté aux yeux de Christine. Nous avancerons que l'extrême proximité du couple des sœurs colmatait une impossibilité échue à Christine : celle de devenir mère d'une fille. Cet instant de rencontre pure, réelle, à fait exploser les termes même de cette impossibilité.

La tuerie s'est passée en deux temps. Premier temps : la lutte au corps de Christine avec Madame, puis Mademoiselle est venue seconder sa mère, et très vite Léa est venue à la rescousse de sa sœur déjà aux prises avec la mère et la fille. Christine aurait alors lutté avec Mademoiselle seule, en l'assommant et en lui arrachant un œil qu'elle lance dans l'escalier – détail précis qu'elle évoquera sans équivoque. De son côté, Léa s'acharne sur Madame et lui arrache avec ses doigts les deux yeux vivants alors qu'ils la « regardaient ». Deuxième temps : les femmes agonisent et ne « remuent » presque plus. Les filles ne s'arrêtent pas à la mort, elles vont chercher couteaux et marteau et s'« acharner » : elles s'emploient à « démolir » la mère, plutôt sur la partie haute du corps, sexe dévoilé. Quant à Mademoiselle, son sexe, une fois dévoilé, reçoit de Christine de terribles coups de marteau et de Léa de multiples plaies profondes sur la partie basse de son corps : fesses, jambes, cuisses. Ces entailles spéciales seront nommées « enciselures » par Léa, elles ont été faites grâce à un petit couteau à dessert, choisi à dessein parce qu'il coupait bien. Francis Dupré y voit qu'elles ont « préparé » les cadavres en bonnes cuisinières, comme on pare une viande en cuisine. Les femmes furent assommées, saignées, dépouillées, ciselées, ainsi « arrangées » comme objets prêts à cuire et à manger[1]. Souvenons-nous que Christine a prétendu que Madame avait « heurté » sa poitrine, ou « appuyé » sa poitrine contre la sienne. Et, sur le guéridon, sont restés posés là deux petits pains intacts, comme la signature des deux sœurs Papin.

La force qui animait Christine ne visait pas la mort, ni l'assassinat, cette force visait une image composée des deux corps assemblés, disons : deux corps « arrangés » en mère-fille. Ces corps ont été « démolis » et tailladés l'un sur le haut, l'autre sur le bas, réduits à des tas de viande, disposés en équerre, en L, par des gestes poussés au paroxysme de la passion. On pourrait élucubrer sur cet « arrangement » sans avoir aucune garantie de dire juste.

Nous ne pouvons pas ne pas souligner la communauté morphologique de l'œil et du sexe féminin, sa forme de fente : ouverture sur l'énigme du « mystère de la vie », selon la jolie expression de Christine. Peut-être Mme Lancelin était-elle déjà ménopausée, ce qui aurait rendu encore plus improbable, pour Christine, rejetée dans le clan des filles, de soutenir son lien d'équivalence à Madame. Le sang des règles a sauté aux yeux d'une pathétique curiosité sur la destinée féminine, celle du « mystère de la vie ». Ce qui a été atteint par l'acte, c'est l'énigmatique relais entre une mère et sa fille : comment de mère en fille se passe l'accès au « mystère de la vie », la possibilité du mariage et de la maternité ?

1. C'est ainsi qu'on prépare les lapins. On a comparé aussi les « enciselures » aux traces qu'on fait sur le pain avant cuisson. FD, p. 242-243.

Clémence Derée, la mère de Christine et de Léa, fut mariée à Gustave Papin, leur père. Ils eurent trois filles : Émilia, née en 1902, Christine, née le 8 mars 1905, Léa, née le 15 septembre 1911[1].

Christine sera confiée de l'âge d'un mois jusqu'à sept ans à la sœur de son père, Isabelle Papin, belle-sœur de Clémence. Notons que Clémence confie ses filles dès leur plus jeune âge. Elle retire Christine de chez sa belle-sœur quand les choses tournent mal avec son mari, à la naissance de Léa – il aurait violé l'aînée, Émilia. Clémence demande le divorce et place Christine en pension au Bon Pasteur, près de sa sœur aînée Émilia qui, à la suite du viol, y serait rentrée. Mais, à quinze ans, Christine, peut-être avec raison, veut suivre Émilia dans sa décision de devenir religieuse. Clémence lui refuse cette option et la retire du Bon Pasteur pour la placer comme employée dans des maisons bourgeoises, d'où Christine tentera plusieurs fois de s'échapper pour retourner au Bon Pasteur. Mais Clémence ne le voulait à aucun prix. Le choix de se faire religieuse équivaut à inscrire le renoncement à une sexualité procréatrice. Mais surtout, en devenant religieuse, Christine entrait sous une autre loi que celle de sa mère et s'émancipait de celle-ci. Malgré l'insistance de Christine, Clémence refuse cette solution et rompt avec sa fille aînée, Émilia. Émilia, passée entre les

1. FD, p. 128.

mains du père, avait réussi à quitter sa mère pour trouver une autre filiation – elle s'appelle sœur Sainte-Marie de la Nativité. Elle porte un nom dont les termes peuvent évoquer ce à quoi elle renonce en entrant dans la vie religieuse : sœur, mari, enfant.

Christine occupe une position spéciale dans le désir de sa mère puisque celle-ci la met toute sa vie en présence d'une « sœur Papin » : d'abord sa tante Isabelle Papin (sœur du père), ensuite Émilia (sa sœur aînée), puis Clémence enverra très vite auprès d'elle sa petite sœur Léa, qui la suivra dans les mêmes places. Lorsque les sœurs Papin entrent au service des époux Lancelin, ceux-ci ont probablement encore leurs deux filles à la maison (avant que l'aînée ne se marie). Les sœurs Papin deviennent donc les servantes des sœurs Lancelin.

« Sœur Papin » est une nomination importante que Clémence a imprimée dans la vie de Christine ; serait-elle le chiffre d'un vœu maternel ?

Que représente la sœur à laquelle Clémence accole Christine ? Dans sa fonction de mère, Clémence se fait seconder par une sœur qui a pour fonction d'être près de sa fille Christine, de veiller sur elle, afin qu'elle ne soit pas seule dans un monde étranger, éventuellement hostile, loin de sa mère. Clémence veille sur Christine par « sœur Papin » interposée. Cette veille est ambiguë, protection aussi bien que surveillance, mais aussi mise en veilleuse. Quelque chose couve. Selon le vœu de Clémence, Christine doit rester confinée dans une proximité familiale, la chaleur d'une sœur faisant écran aux influences éducatrices, affectueuses et érotiques des autres qui l'approchent. Clémence tient à ce que Christine ne passe pas sous une autre domination qu'elle. Elle veut la maintenir sous sa coupe maternelle, dans son amour. Comme cet amour ne peut pas s'exercer directement, Clémence tient sa fille à bonne distance grâce à une sœur. Lorsqu'elle sent le risque de perdre son pouvoir sur ses deux filles, elle les retire des maisons où elles sont placées sous prétexte que les conditions de travail ou de salaire ne sont pas satisfaisantes. Clémence touche elle-même la paye de ses filles.

Clémence ne s'occupait pas de ses filles au quotidien. En revanche, elle exigeait qu'elles soient bien mises, leur faisait des observations sur leur toilette, car il y avait toujours, semble-t-il, à redire. À chaque rencontre le regard strict et sévère de leur mère jugeait si leur tenue était impeccable. La photo de Christine et Léa en médaillon, trouvée chez Clémence après le crime, témoigne de l'image parfaite du couple des sœurs, telle que leur mère voulait les garder en son pouvoir, sous son regard[1]. Mais Clémence, en soumettant ses filles à d'autres influences, risquait de les perdre, elle devait donc chaque fois tester l'efficacité de son pouvoir de les conserver. Elle paraît persécutée par qui pourrait les lui prendre. Clémence témoigne d'un amour tyrannique et totalitaire, parasité par son revers de haine adressée aux éventuels rapteurs de ses filles.

Une femme a le sentiment du rapt de son enfant dans la mesure exacte où elle ne peut pas s'en occuper elle-même, malgré l'envie qu'elle en a. Cette envie est parasitée par des impulsions agressives, voire meurtrières, à l'égard de l'enfant. Ces impulsions, impossibles à reconnaître, sont

1. FD, p. 145.

supposées à celle qui tient cette place de substitution, celle qui s'occupe de l'enfant et qui a la chance de vivre proche de lui, de pouvoir le toucher, d'en jouir directement.

La rapteuse est la femme qui se substitue à Clémence en s'occupant de l'enfant. C'est pourquoi Clémence gardait le pouvoir de retirer ses filles de leur emploi et touchait leur argent. Clémence désignait ceux qui avaient autorité sur ses filles comme persécuteurs potentiels. Il fallait que cette autorité de substitution reste en suspens et ne pose aucun acte d'inscription de ses enfants dans une nouvelle filiation, qu'elle ne les adopte pas. Le dispositif de Clémence reposait sur une méfiance commune envers les patrons, qui soudait la mère à ses filles selon le slogan unique : « Il ne faut pas se laisser faire[1]. »

Léa n'étant en principe pas susceptible, pour Clémence, de rapter Christine, sa présence devait au contraire la protéger. Léa vouait à Christine un amour sans limites, elle ne pouvait qu'être bonne. Toujours Christine prenait soin de sa jeune sœur. Lacan écrit qu'elles n'avaient pas entre elle la distance suffisante pour se meurtrir.

Le linge occupe une fonction toute spéciale dans cette pratique maternelle d'évitement de la haine. Les deux jeunes employées passaient leur temps libre à broder du linge fin avec la délicatesse et la perfection d'un savoir-faire raffiné. Le linge touche à la peau dans son intimité. Il enveloppe et pare la jeune fille pour la montrer belle, désirable, mais aussi pour cacher sa féminité provocatrice derrière un voile de pudeur et de vertu. Les deux sœurs

1. FD, p. 154.

rangeaient leurs toilettes dans une malle spéciale où elles conservaient leur linge précieux qui les unissait silencieusement à leur mère. Ce savoir-faire raffiné avec le linge tissait un certain érotisme entre elles. Elles se faisaient une image d'élégance, de ressemblance, à soumettre au regard exigeant de Clémence. Ces deux jeunes filles offraient à voir une version noble de leur condition subalterne, un couple magique, refusant l'humiliation.

Dans l'impossibilité de connaître la part de rejet présente dans sa fonction maternelle, sous la forme d'une possible agressivité au quotidien, Clémence coince ses filles dans une image narcissique unique, qui les noue en couple pour l'image. Cette image, fabriquée et encadrée avec le linge, se maintient en offrant à voir sa perfection au regard exigeant de Clémence. Faute de pouvoir pratiquer le « ravage » nécessaire entre mère et fille, Clémence a engagé ses filles dans la passion du linge fin et brodé qui les unit dans un mouvement d'enveloppement érotique, enrobant leur sexe dans une même image de siamoises, parfaites, à ne pas toucher. Cette fonction d'enrobement redoublé devait contenir et étouffer l'agressivité.

INTERVENTION DE MADAME LANCELIN

Alors que les deux jeunes filles sont à son service depuis trois ans, Mme Lancelin décide d'intervenir auprès de leur mère pour qu'elles disposent elles-mêmes du produit de leur travail, de leurs « gages ». Ainsi, Mme Lancelin s'interpose dans le dispositif de la mainmise de Clémence sur ses filles. Christine décida de ne plus donner ses gages à sa mère, mais de les déposer sur un livret de Caisse d'épargne. Dès lors, au lieu de recevoir de Clémence « quelque monnaie », c'est elle qui lui faisait « de petits cadeaux pour qu'elle ne fût pas trop mécontente[1] ».

La version de Clémence est celle-ci :

> d'abord elles me donnaient leurs économies que je mettais à la Caisse d'épargne, ensuite je leur ai remis le livret pour qu'elles placent elles-mêmes leur argent[2].

Clémence fait comme si c'était elle qui avait décidé de remettre leurs gages à ses filles, alors que c'est probablement Mme Lancelin qui le lui a imposé. Clémence n'était pas contente. Christine lui a tenu tête en restant au service de Mme Lancelin contre sa volonté. Le refus de Christine de se faire « retirer » par sa mère de la maison Lancelin est un événement inédit. Cette fois, Christine ne se « laisse pas faire », non par les patrons mais par sa mère, elle change de camp. L'événement est là.

On enviait aux Lancelin ce couple de perles rares qui les servait avec rigueur et soin. Christine et Léa étaient irréprochables. Elles savaient être impeccables dans leurs gestes et leurs tenues. Ce charmant ballet des deux sœurs devait apporter à cette maison bourgeoise une touche érotique aussi tendue que contenue. Elles se ressemblent et se coordonnent merveilleusement, elles incarnent un adorable couple mère-fille ambigu. Elles offrent aussi une image fascinante de jumelles soumises, effarouchées et fières, étranges et mystérieuses. Elles devaient donner la mesure « couple » aux liens dans cette famille, le couple

1. FD, p. 140.
2. FD, p. 134.

Madame-Monsieur, le couple Madame-Mademoiselle, et faisaient circuler un charme discret dans la maison Lancelin. Mme Lancelin connaissait certainement l'emprise de Clémence sur ses filles qui rivalisait avec elle, elle sentait sûrement aussi son hostilité. Elle a voulu mettre Clémence au pas des lois sociales en faisant profiter ses bonnes de leur argent. Christine, cette fois, n'obtempère pas aux ordres de sa mère. Clémence est soudain privée de son pouvoir de mainmise maternelle sur ses enfants sans son autorisation. Elle réagit violemment. L'émancipation par l'argent déclencha des brouilles entre les filles et leur mère. La patronne exigea alors que leur mère ne vienne plus les chercher chez elle. Cette deuxième intervention isola les deux filles de leur mère, clôturant le couple des bonnes sur lui-même, dans l'enclos de la maison Lancelin.

Le témoignage de M. Lancelin indique le changement qu'opéra chez les sœurs la rupture imposée avec leur mère :

> Ayant eu connaissance de la brouille survenue entre la mère et les filles et de plusieurs scènes assez violentes entre elles, nous avions déclaré ne pas vouloir nous y mêler et avions demandé aux filles que la mère ne vienne pas les réclamer à notre domicile. Cette brouille avec la mère a aigri certainement le caractère des filles qui sont devenues sombres et taciturnes. Depuis cette époque, ni ma femme ni moi n'échangions de conversation avec elles en dehors du service. Elles étaient polies, nous sentions que les observations seraient mal reçues et comme notre service de maison était très bien fait, et ne donnait lieu à aucune critique, nous patientions[1].

1. FD, p. 142.

Patienter ? En attendant que ça se passe, ou en attendant que quelque chose se passe ?

Voici les récits de Clémence :

> Ce jour-là [le deuxième dimanche d'octobre 1929], comme elles étaient en retard à venir me chercher, je vais au-devant d'elles, je rencontre Mme Lancelin et sa fille dans la rue des Arènes. Elles me disent que mes filles sont prêtes à sortir, je vais jusqu'à la maison Lancelin. Mes filles sortent au bout d'un moment, elles me disent que le matin, elles ont vu une dame qui me ressemble, elles me paraissent toutes changées à mon égard. Elles me disent « au revoir maman », et partent seules d'un autre côté et me laissent. Je ne les ai jamais revues depuis ce jour-là. Je leur ai écrit bien des fois, elles ne m'ont jamais répondu. Je suis allée les demander chez Mme Lancelin un mercredi pour qu'elles viennent voir leurs oncle et tante qui passaient au Mans ce jour-là, on me répondit que cela dérangeait et que, du reste, elles étaient sorties toutes les deux. Effectivement, je les ai rencontrées à la gare, assises sur un banc, elles m'attendaient pour passer avec moi sur le quai pour le passage du train. Je n'ai jamais su pour quel motif mes filles ne voulaient plus me voir[1].

Puis :

> Christine et Léa ne me regardaient plus et semblaient me fuir, elles ne répondaient plus aux lettres que je leur adressais et j'en souffrais beaucoup. Un jour que j'attendais mes filles rue Bruyère, Mme et Mlle Lancelin, auxquelles j'avais demandé si mes enfants allaient bientôt sortir, eurent l'air de rire de moi. J'ignore le motif qui a fait changer à tel point l'attitude de mes filles – car précédemment elles m'étaient soumises. Mes enfants

1. FD, p. 134.

n'ont jamais fait de maladie grave et elles s'étaient toujours très bien conduites. Je n'ai jamais eu de conversation avec mes deux filles depuis 1929. Je les ai rencontrées quelquefois en ville, mais elles ne répondaient jamais aux paroles que je leur adressais[1].

Étrange rupture sans parole, les filles se détournent de leur mère sans s'expliquer, elles ne lui sont plus « soumises » parce que Mme Lancelin leur a demandé d'éloigner leur mère de chez elle. Clémence les voit « folles » : « Je les ai trouvées changées ! Elles avaient l'air de deux folles : elles gesticulaient, elles avaient la figure toute luisante et les traits décomposés[2]. »

La « dame », vue le matin même, qui « ressemble » à Clémence, serait-elle Mme Lancelin ? Il paraît qu'entre elles, elles la nommaient « maman[3] ». Mme et Mlle Lancelin « eurent l'air de rire » de Clémence. L'atmosphère de cette rupture est floue, sans explication. Les phénomènes ambigus sont maintenus comme tels. Quelque chose est esquivé : ni la rencontre ni l'affrontement ne semblent possibles.

Certes, l'acceptation inédite par Christine, influencée par Mme Lancelin, de garder ses gages, résistant ainsi à la mainmise de sa mère, déclencha de violentes disputes. Mais c'est l'éloignement forcé de Clémence de la maison Lancelin qui, en redoublant l'émancipation, sera fatal. Le lien de service entre les bonnes et leurs patrons s'est resserré, les filles sont passées sous la coupe de Mme Lancelin. Celle-ci interdisait dans sa maison toute

1. FD, p. 133.
2. FD, p. 132.
3. FD, p. 141.

agressivité entre les filles et Clémence et toute rencontre physique entre elles. Demandons-nous pourquoi les filles se sont « laissé faire ». Pourquoi ont-elles choisi de suivre Mme Lancelin, comment se fait-il que cette dernière ait si bien réussi ? Pourquoi Christine se soumet-elle à sa patronne ?

Mme Lancelin était très exigeante, « elle passait l'inspection partout et le moindre grain de poussière attirait des observations et le rappel de faits précédents du même genre[1] ». On dit qu'elle mettait ses gants blancs et les passait sur les meubles pour effectuer son inspection. L'excès d'exigence a tissé un lien particulier entre Madame et Christine. Chacune se tenait à carreaux : aucun écart, aucun grain de poussière ne devait enrayer cette machine. D'ailleurs, Christine dira : « Mme Lancelin aimait le travail strictement fait, je trouvais cela très bien[2]. » Chacune des deux refuse à l'autre l'occasion de jouir de lui faire un reproche, sauf s'il est justifié. Elles se sont rencontrées sur le plan de la rigueur – faire coïncider l'ordre et le geste de service, sans marge, sans équivoque, sans écart. Christine reconnaît cette rigueur à Mme Lancelin, en cela elle l'admire, elle relève le défi logique, elle l'aime.

Quelques années auparavant, il y avait eu une affaire humiliante entre Mme Lancelin et la petite Léa. En faisant le ménage, Léa avait laissé tomber un papier sur le tapis. Mme Lancelin avait eu un geste brutal : « Elle me saisit par le bras gauche, dit Léa, avant que je ne puisse me douter de son geste, en me pinçant, et elle me força à

1. FD, p. 140.
2. FD, p. 67.

m'agenouiller en me disant : *"Ici, un bout de papier !"* puis elle me laissa et repartit dans sa chambre sans rien dire[1]. » Christine, de la pièce à côté, avait entendu le bruit mat du heurt des genoux de sa sœur sur le plancher[2]. Mme Lancelin ne parle pas à sa domestique, c'est l'index pointé sur la faute de Léa, par la désignation de la preuve en sa présence – un bout de papier qui fait tache sur le tapis –, sans mot, et la surprise d'un forçage physique humiliant, telle une esclave. Seules les traces restent marquées : au bout de papier, criant silencieusement la faute, répond le pincement du bras, puis le bruit mat du heurt des genoux sur le plancher.

Cet incident, en principe, aurait dû arranger le lien des bonnes avec leur mère, car, une fois rapporté à Clémence, il avait nourri leur commune méfiance à l'endroit des patrons. Il avait été convenu que cela ne se reproduirait pas deux fois et que sinon il faudrait se défendre et surtout « ne pas se laisser faire », règle d'or de Clémence, qui lie ses filles à elle dans une soumission renouvelée.

Cependant, dans la pureté de son style, dans sa forme scandaleuse, cet incident ne devait pas déplaire à Christine, il augmentait l'image stricte et rigoureuse qu'elle avait de Mme Lancelin. Toutes deux engagées dans un réciproque défi de ressemblance dans l'invention d'un style de savoir-faire qui contienne la jouissance de l'autre dans l'imminence d'un « pas le moindre faux pas ! », pas d'erreur. Cela a plu à Christine, même lorsque Mme Lancelin a humilié

1. FD, p. 153.
2. FD, p. 44 et 153.

sa sœur, parce que c'était justifié. D'ailleurs, après, Christine minimisera cet incident.

Après la brouille avec leur mère et sa mise à distance, le slogan : « il ne faut pas se laisser faire par les patrons » était révolu, il avait sourdement changé d'adresse, il s'adressait à Clémence. Mme Lancelin avait bel et bien réussi à renverser les alliances, à couper les filles de leur mère.

Quand on interroge Christine sur sa condition humiliante de domestique, elle dit : « Si je l'avais trouvée telle, je l'aurais changée », et elle ajoute : « Il y a des métiers plus humiliants, faire la noce par exemple. » Être domestique peut donc se comparer au « métier » de « faire la noce ». Le domestique loue ses services qui mettent son corps à contribution, la prostituée loue son corps directement, sexuellement, ces deux « métiers » sont comparables, ils mettent en jeu une jouissance du corps rétribuée. Entre Mme Lancelin et Christine, il y a un « faire la noce » présent en tant que contenu. Faire la domestique, c'est repousser à chaque instant une prostitution, une jouissance sexuelle impraticable, un « faire la noce » impossible, car la noce est impossible à Christine.

L'ISOLEMENT

Une fois Clémence écartée, la surveillance maternelle n'a plus de support, les filles sont soustraites au regard de leur mère. Cette soustraction a de sérieuses conséquences : un assombrissement de l'humeur, une fermeture farouche de l'îlot des deux bonnes à l'intérieur de l'intimité des Lancelin. Elles sont devenues « aigries »,

« sombres » et « taciturnes ». On ne se parle plus. Les Lancelin savaient que les « observations » seraient mal reçues. Elles se renferment davantage l'une et l'autre dans une rumination commune.

On raconte qu'enfant Christine a sauvé Léa d'un accident de circulation où la petite aurait failli mourir. Elles se sont touchées au niveau de la plaie, elles ont mêlé leur sang : selon une voyante, elles avaient fait la « ligature » des gitans. Il n'y a aucun signe de rivalité ni de distance entre elles, la petite Léa est entièrement dévouée à sa sœur et amoureuse d'elle, Christine la contrôle et la commande, elle la tient. Il n'y a pas entre elles la distance nécessaire qui différencierait deux images individualisées.

Clémence fut la grande ordonnatrice du collage de ses filles par la nécessité où elle se trouvait de garder Christine en son pouvoir par « sœur » interposée. Il fallait avoir Mme Lancelin à l'œil, pour que Clémence ait regard sur ses filles. Ce dispositif contraignant faisait tenir mère avec filles. La mise hors jeu de Clémence par ses filles, à la demande de la patronne, a révélé que, sans l'hostilité commune envers les patrons, Clémence n'a plus de prise sur le corps de ses filles. Dans la nouvelle situation, Clémence ne peut pas s'en prendre à Léa, comme elle avait pu le faire contre Émilia, puisque Léa n'a aucun pouvoir sur Christine. Clémence a perdu son lien à Christine parce qu'elle a perdu le levier de l'hostilité envers ceux qui ont le pouvoir sur elle. En écartant physiquement Clémence, Mme Lancelin coupe tout support à l'hostilité entre mère et filles : elles ont perdu le regard de leur mère. Avoir fait profiter les jeunes filles de leurs gages a entr'ouvert entre mère et filles un ravage salutaire que Mme Lancelin n'a pas supporté. Exclure Clémence de sa maison, c'était exclure la rencontre des corps entre mère et filles, exclure tout ravage entre elles.

Le ravage, à peine amorcé, fut refusé. Le dispositif maternel du traitement de l'agressivité par contournement et clivage s'est trouvé rompu. Des mécanismes d'imputations sont apparus. Les filles se sont isolées malgré les tentatives réitérées, écrites et parlées, de Clémence pour reprendre sa place et son influence. Leur mère n'arrivait pas à les rattraper, leur corps lui échappait. Des phénomènes persécutifs sont apparus au lieu de s'affronter en face, et de s'expliquer. Mme Lancelin avait réussi à ravir les filles dans sa maison sans heurt ni explication avec leur mère.

On sait que Clémence a écrit des lettres auxquelles ses filles ne répondirent pas[1]. Seules deux lettres émergeront de ce silence lourd d'imputation[2]. Ces lettres datent du début 1931, donc environ un peu plus d'un an après la mise à l'écart de Clémence. Ces lettres, en souffrance depuis deux ans, gardaient une actualité, puisque, après le crime, Clémence en fera état. Conservées par les destinataires, on les a retrouvées dans leur chambre. Malgré l'éloignement de leur mère, ces deux lettres étaient là, restées sans réponse, attendant une suite. Dans ces lettres en suspens, il va se confirmer que Christine est l'enjeu de l'amour de sa mère.

1. FD, p. 133.
2. FD, p. 42.

Première lettre : « Il y a une jalousie sur vous et sur moi »

Dans la première lettre, en date du 3 février 1931, Clémence dit son affection, son amour maternel incommensurable et inconditionnel pour ses deux filles, au-delà des contingences et jusqu'à la mort. Elle se pose en mère toujours aimante et disponible malgré les obstacles. Elle montre que la mère est bien au-dessus, incomparablement au-delà de la maîtresse.

Le Mans, 3 février 1931[1]

Mes deux chères filles,

Je vous demande de vos nouvelles ; si vous pouvez m'en donner je serais heureuse d'en avoir. Mon cœur ne vous oubliera jamais jusqu'à mon dernier soupir. Si la vie qui vous entoure ne vous plaît plus, revenez vers moi. Mon cœur vous

1. Version *instruite*, FD, p. 135 et voici la version *telle quelle* :

Le Mans, 3 février 1931

Mes 2 cher filles,

Je vous demende de vos nouvelles si vous pouveze mendonné je serais heureuse danavoire mon cœur ne vous aubliras jamais sur ce mon dernier soupier si la vie qui vous entour ne vous plais plus revenez ver mois mon cœur vous receveras tousjour si aveze des enpaicement a present pour vous separret de moi plus tard reveneze a moi et je serais heureuse de vous recevoire sur mon cœur si vous aveze plus mon adresse ecriveze a la famille à Saint Mars Dautille il seront tousjour au je serais a travaillé si vous aveze besoins d'argans ecriveze moi je vous envoirais de suite dans la vies on ne sait pas ce qui nous attans il a que dieu mais les hommes en font grandement leur part surtaus la jalousies que il a sur vous et moi enfin faite pour le mieux on croise avoire des amies et souvent ces de grand

recevra toujours. Si vous avez des empêchements à présent pour vous séparer de moi, plus tard revenez à moi et je serais heureuse de vous recevoir sur mon cœur. Si vous n'avez plus mon adresse écrivez à la famille à Saint-Mars-Dautille, ils sauront toujours où je serai à travailler. Si vous avez besoin d'argent écrivez-moi je vous en enverrai de suite. Dans la vie on ne sait pas ce qui nous attend. Il y a Dieu mais les hommes en font grandement leur part, surtout la jalousie qu'il a sur vous et moi. Enfin, faites pour le mieux. On croit avoir des amies et souvent c'est de grandes ennemies, même ceux qui vous entourent les plus près. Voulez-vous écrire à votre grand-mère à Saint-Mars-Dautille ? Elle serait si heureuse d'avoir un mot de ses deux petites filles. Je finis en vous embrassant de tout cœur. Votre mère Clémence Derée, 61, rue Premattoire. J'attends une réponse de vous Christine et Léa.

Clémence avance timidement, elle cherche à récupérer ses filles en se montrant totalement ouverte, même tolérante : « Si la vie qui vous entoure ne vous plaît plus [Les Lancelin], revenez vers moi. » Le persécuteur y est désigné indirectement, de façon ambiguë. « Si vous avez des empêchements à présent pour vous séparer de moi, plus tard revenez à moi et je serais heureuse de vous recevoir sur mon cœur. » La compréhension de la phrase est difficile : « Des empêchements pour vous séparer de moi », alors qu'elle veut dire : « Si des empêchements supposés extérieurs à votre volonté vous séparent de moi, plus tard revenez à moi selon votre volonté, et la mienne. » Mme Lancelin est l'empêcheuse, mais l'ambi-

ennemies maime seux qui vous entour les puis praix vouleze vous écrire a votre grand mères a Saint Mars Dautille elle serais si heureuse davoire un mot de ces 2 petite fille je fini en vous embrassent de tous cœur votre mêre clemence Derée 61 rue premattoire jatans une reponse de vous christine et léa

guïté de la formulation laisse glisser ce qui doit être la vérité : les filles sont empêchées de se séparer de Clémence. Elles ne peuvent se séparer d'elle, c'est pourquoi elles se sont laissé isoler par Mme Lancelin.

Clémence distingue Dieu et les hommes, la jalousie semble faire la distinction. La « jalousie sur vous et moi » l'unit à nouveau à ses filles. « On croit avoir des amies et souvent c'est de grandes ennemies, même ceux qui vous entourent les plus près. » Clémence parle en général, comme pour ne donner aucun nom. Les mots « amies » et « ennemies » sont au féminin pluriel, ils désignent les dames Lancelin. Clémence sait que la vie au plus près est le lieu de l'ambiguïté entre l'amitié et l'inimitié, c'est pourquoi elle s'est toujours gardée à une distance certaine de ses filles. Dieu est ailleurs, dans une autre dimension. Clémence propose de l'argent, comme Mme Lancelin l'a fait, mais elle fait la différence, elle le fait comme mère, non comme patronne. Elle se montre généreuse, elle évoque sa propre mère comme point fixe de la famille par qui elles pourront toujours la retrouver. Sa propre mère est mise en opposition affectueuse et familiale à Mme Lancelin. Le lien maternel se distingue de celui de la maîtresse parce qu'il est hors la jalousie, mais aussi parce qu'il s'enracine dans la génération. Clémence rappelle à ses filles leur place à la troisième génération : lui répondre et écrire à leur grand-mère, c'est tenir leur place.

Clémence cherche à réveiller l'amour filial de ses filles et à renouer avec elles, mais c'est trop tard. L'acte de Mme Lancelin a opéré un changement dans le dispositif des places respectives. L'affaire est enclenchée et se décline selon une logique qui esquive les face-à-face aux bons endroits. Aucunes retrouvailles ne se feront entre Clémence et ses filles.

Deuxième lettre : « Ma Christine, ma Christine »

La deuxième lettre vient redoubler la première, un mois après[1].

En trois jours des années ma Christine ma Christine.

Le Mans, 5 mars 1931

Mes chères petites filles ne vous inquiétez pas de ma santé ; je vais bien et je pense toujours que vous allez me revenir sur mon cœur, je compte toujours sur vous deux malgré une douloureuse peine ; on m'a appris qu'on fait tout pour vous faire rentrer dans un couvent pour être religieuses. Vous m'aviez toujours dit que jamais vous ne rentreriez dans un couvent, que

1. Version *intruite*, FD, p. 136 et voici la version *telle quelle* :

en 3 jour tes anné ma Christine ma Christine

Le Mans, 5 mars 1931

Mes cher Petite fille ne vous enquetés pas de ma santé je vais bien et je pense tousjour que vous alleze mes re*ven*ier sur mons cœur je contes tousjours sur v*ou*s 2 malgret une douloureuse paine que on ma aprise que on fait tous pour vous f*ai*re rentrés dans un couvant pour aitres religieuse vous mayes tousjour dit que jamais vous ne rentreries dans un couvant que ce netès pas vos aides je les contrais vos haides qui sont biens onnaites de restès taus 2 au bien vous margès et ellevés une belle famille je sait que tous 2 vous aimés bien les enfant jamais je ne accetterés jamés je necetterés une ch*o*se parelles ces pas dieu ces forcès la loi de dieu sa ne leur parteras pas chences mais voila ma dernier volotés je ne suis pas enfin vous le saveze je crois en dieu mais en dieu selle et bien voila jamais je ne sereze enterrés par les prêtrés ce fini et dieu ne menvaudras pas et dieu ne mevouderas pas ces volets ces violets la foi de dieu de force 2 jeune fille a rentès en un couvent nous ne demades riens a perconne ces la jalauseries de vous il a une jalasies sur vous et sur moi ne vous laissere pas faire lutés jusque au dernier momant votre mêtraisse est bien aucourent je sait que ces /arroshides/ jamais je remeterés les paix dans une église cotolique ce sont des catoliques qui vous faire ce n'était pas vos idées. Je les connais vos idées qui sont bien honnêtes : de rester toutes deux ou bien vous marier et élever une belle famille ; je sais que toutes deux vous aimez bien les enfants. Jamais je n'accepterai une chose pareille. Ce n'est pas Dieu, c'est forcer la loi de Dieu. Ça ne leur portera pas chance. Mais voilà ma dernière volonté : je ne suis pas... enfin vous le savez, je crois en Dieu, mais en Dieu seul. Eh bien voilà : jamais je ne serai enterrée par les prêtres. C'est fini. Et Dieu ne m'en voudra pas. Et Dieu ne m'en voudra pas. C'est violer la loi de Dieu de forcer deux jeunes filles à rentrer au couvent. Nous ne demandons rien à personne. C'est la jalousie de vous ; il y a une jalousie sur vous et sur moi. Ne vous laissez pas faire. Luttez jusqu'au dernier moment. Votre maîtresse est bien au courant. Je sais que ces [*un mot illisible*]. Jamais je ne remettrai les pieds dans une église catholique. Ce sont des catholiques qui vous font faire cette chose-là, on vient de me le dire. Mes enfants, mes enfants, vous êtes honnêtes, ne craignez pas la justice. Mon cœur sera toujours trouvé pour vous recevoir. On vous a détournées de votre mère, c'est pour que vous ne voyiez rien de ce qu'on vous a fait, les misères qu'on vous fait depuis six mois. Ma famille vous recevra toujours. Revenez si vous le pouvez, et ne tenez pas à vos maîtres. Dieu n'admettra jamais d'enfermer deux jeunes filles malgré leurs idées. Plus on est honnête, plus on est malheureux chez les catholiques. Partez, allez à la campagne le plus vite possible pour votre santé. Ne regardez

su cettes choses l*a* on viens de me le dires mes enfants mes enfants vous aites onnaites ne creyes pas la justice mon cœur ceras tousjours trouver pour vous recevoir on vous a detournés de votre mêre cettes pour que ne voiyeriens de ce que on vous a f*ai*t les miserres que on vous a fait depuis 6 mois mafamille vous recevras tousjour reveneze si vous le pouveze et ne tenés pas a vos mêtres Dieu noudemeteraz jamais denfermés 2 jeunne filles malgré leurs h*idè*s plus on est onnaites plus on est maleureux chez les catoliques partès allez à la campagnes le plus vites posibles pour votre senté ne regardés pas a l'ergans on va vous faire tombés pour aitres les mêtres de vous on vous enoiras a l'opitable vous paireze bien plus chaires et la on feras ce que on vouderas de vous partès vous ne sereze plus vos mêtraise on vous feras entrés en nenportes quelles couvent ne donnceze pas de 8 jour partes a la campagne voiyeze les mêtres grignès ces une bonne famille et cela ne vous couteras pas cheres et vous aure du lait et le bons l'air du courage mon cœur vous parles ces pas ma bouche

> pas à l'argent. On va vous faire tomber pour être les maîtres de vous, on vous enverra à l'hôpital, vous paierez bien plus cher et là on fera ce qu'on voudra de vous. Partez, vous ne serez plus vos maîtresses. On vous fera entrer dans n'importe quel couvent. Ne donnez pas vos huit jours. Partez à la campagne, voyez les maîtres Grignès, c'est une bonne famille et cela ne vous coûtera pas cher et vous aurez du lait et le bon air. Du courage ! Mon cœur vous parle, c'est pas ma bouche.

Clémence fait mine de supposer que ses filles s'inquiètent d'elle : « Ne vous inquiétez pas de ma santé », or c'est elle qui s'inquiète de ce que ses filles ne s'inquiètent pas d'elle. Elle a besoin d'elles : « Je compte sur vous deux malgré une douloureuse peine. » La peine est celle-ci : « On m'a appris qu'on fait tout pour vous faire rentrer dans un couvent pour être religieuses [...] on vient de me le dire. » Est-ce la blanchisseuse par qui elle fait passer les lettres, pour les remettre en mains propres aux filles, qui lui a dit ? Ainsi Clémence, qui ne peut se rendre à la maison Lancelin, contacte indirectement ses filles par la blanchisseuse, donc par le linge. Peut-être celle-ci lui a-t-elle dit qu'on les avait vues à la messe le dimanche aux côtés des Lancelin. Cette famille catholique se montre-t-elle doublée du couple magique de ses deux domestiques farouches, élégantes, qui ne parlent pas, qui ne fréquentent pas le moindre garçon ? Que vont-elles devenir, ces nobles filles modestes ? Sinon toujours domestiques chez les Lancelin ? Pourquoi pas religieuses !

Adolescente, Christine voulait se faire religieuse comme Émilia, et Clémence s'y est farouchement opposée, elle ne l'a certainement pas oublié. Ce souhait d'aller au couvent, que Clémence ne peut reconnaître comme étant celui de Christine, fait retour sous la forme du détournement par les catholiques qui ont pouvoir sur ses filles. « On fait tout pour vous faire rentrer dans un couvent pour être religieuses. » Qui ? Les Lancelin comme les religieuses du Bon Pasteur, en tant que catholiques, sont ici amalgamés, ils occupent pour Clémence la place de ravisseurs de ses filles. Le ravisseur ne peut que vouloir changer la filiation, inscrire les filles sous un autre nom comme pour Émilia. « On vous a détournées de votre mère », c'est exact. Mais voilà, Clémence lâche l'enjeu : « Je les connais vos idées qui sont bien honnêtes : de rester toutes deux ou bien vous marier et élever une belle famille. » « Jamais je n'accepterai une chose pareille » ; quelle chose ? est-ce le couvent ? Ce n'est pas clair. On pourrait lire qu'elle n'acceptera jamais que ses filles veuillent « [se] marier et élever une belle famille ». Or logiquement elle prétend qu'elle n'acceptera jamais que ses filles deviennent religieuses et lui échappent. Pour les séduire, Clémence indique ce qu'elles risquent de perdre à se dévouer ainsi aux catholiques. Elle leur dit ce qu'elles veulent réellement : « Je sais que toutes deux vous aimez bien les enfants. »

Clémence leur promet mariage et enfants, c'est la promesse suprême. Elle met en jeu son autorité symbolique. Elle différencie bien Dieu, et les catholiques, ceux qui ravissent les filles. Elle a déjà perdu Émilia. « Ce n'est pas Dieu [qui le veut], c'est forcer la loi de Dieu. » Clémence est affolée, elle hurle la souffrance d'avoir perdu ses filles. Elle désigne la persécutrice principale : « Votre maîtresse est bien au courant. » Mme Lancelin sait. C'est elle, en tant que catholique, qui est désignée comme la responsable du ravissement des filles. Clémence impute à Mme Lancelin de vouloir condamner ses deux filles à renoncer au mariage, aux enfants. Elle reconnaît en sa persécutrice la jouissance qu'elle ne peut pas reconnaître en elle-même : jouir de priver ses filles, particulièrement Christine, du destin conjugal et maternel.

Elle annonce l'inévitable : « Ça ne leur portera pas chance. » La malchance va frapper.

Puis le chantage : Clémence met en jeu sa mort, le rite de l'enterrement, « je ne serais pas enterrée par les prêtres », « c'est fini ». « C'est violer la loi de Dieu que de forcer deux filles à rentrer au couvent », la loi de Dieu « seul », c'est la loi sacrée de l'amour, de l'amour maternel, il faut séparer Dieu et les hommes. Les hommes sont les catholiques, les prêtres, les religieuses qui sont habités par la jalousie, ils ravissent et détournent les enfants d'une filiation sacrée, la filiation de l'amour maternel incommensurable, et d'avoir une belle famille. Ils forcent la loi de Dieu, ils détournent pour leur jouissance à eux. « Il y a une jalousie sur vous et sur moi. Ne vous laissez pas faire » – règle d'or. Clémence se place avec elles comme menacée par les mêmes persécuteurs.

Comme si les filles s'étaient trompées de famille. Mme Lancelin est supposée être jalouse de l'amour qu'il y a entre Clémence et ses filles, elles sont en danger. Les filles, prises au piège des catholiques, risquent de n'être plus maîtresses d'elles-mêmes : « Partez, vous ne serez plus vos maîtresses. » Là encore le propos est équivoque, Clémence emploie le mot « maîtresse » cette fois dans le sens d'être « maître de soi », mais on peut entendre son injonction autrement : Partez pour n'être plus vos maîtresses (identifiées à « vos patronnes »).

Clémence sait que le détournement de ses filles par les Lancelin est en cours, qu'il n'est pas achevé. Elles ne sont pas encore entrées définitivement dans une nouvelle filiation, comme l'a fait Émilia. La sensation du danger a dû être ressentie par Clémence, sachant ses filles devenues de plus en plus farouches et repliées. Clémence anticipe l'imminence du bouclage du rapt par l'hypothèse de l'entrée forcée au couvent : une nouvelle nomination, une adoption.

Sur la deuxième lettre, un message est écrit à l'envers, cette fois adressé à la seule Christine ; ce message devait clignoter lorsqu'elle lisait la lettre. On peut lire en retournant la lettre : « en trois jours tes [ou « des »] années ma Christine ma Christine. »

Cela confirme une fois encore que Christine est l'enjeu dans l'affaire de Clémence. Cette petite phrase d'appel amoureux dit le redoublement insistant d'affection pour la seule Christine.

Nous sommes le 5 mars 1931, dans trois jours, le 8 mars, en effet, c'est l'anniversaire de Christine. Clémence émue évoque les années déjà passées qu'on comptera dans trois jours. Quel âge aura Christine : vingt-six ans[1], âge qu'avait Clémence à la naissance de Christine, qui sera nommée « Christine, Germaine, Clémence[2] ». Elle porte le nom de sa mère. Elle atteint

1. Ce point a son poids puisque Francis Dupré fait une erreur, il donne à Christine vingt-six ans ; lors de sa déclaration du 12 juillet 1933, lorsqu'elle veut assumer l'entière responsabilité du crime (rétractation), elle avait en fait vingt-huit ans. FD, p. 54.

2. *Ibid.*

l'âge de sa mère à sa naissance. Mais elle, Christine, n'est pas près de mettre au monde un enfant.

Ce message est un cri amoureux et nostalgique de Clémence à sa fille Christine à propos de son anniversaire, leur anniversaire commun (naissance de l'une et accouchement de l'autre). Christine, confiée dès l'âge d'un mois, reste-t-elle pour sa mère fixée dans le temps de ce premier mois, dans l'amour de son apparition à sa naissance, porteuse d'un vœu, mais lequel ?

UN VŒU D'ÉMANCIPATION IMPOSSIBLE

Les deux lettres conservées sont restées en suspens, les filles n'ont ni obéi à leur mère en quittant précipitamment la maison Lancelin comme elle l'ordonnait, ni nié ses affirmations. L'été suivant, en septembre 1931[1], les patrons étant absents – ce qui a son importance car la présence physique quotidienne de Mme Lancelin maintenait la rigueur de son regard sur ses bonnes –, les filles écrivent au maire [mère] de la ville pour se plaindre de « séquestration ». Leur plainte croise les imputations de leur mère : pour Clémence, elles sont « détournées » ; pour elles, elles sont « séquestrées ».

Le maire les convoque, car elles lui font grief de ne pas les défendre contre cette « séquestration » [par les Lancelin]. Par lettre, elles ont accusé le maire de leur nuire en ne les protégeant pas. Comme quoi, quand elles se sentent en danger, ne pouvant faire appel à leur mère,

1. FD, p. 146.

elles se tournent vers l'autorité légale, le maire. Elles se sont présentées à la mairie très élégantes, gantées ; elles ont paru « persécutées », « piquées », « excitées », au point que le maire n'a pas voulu les rencontrer lui-même, pour ne pas prendre leurs griefs en face. Il les a fait recevoir par le commissaire central.

Après cet incident bizarre à la mairie du Mans, M. Lancelin fut convoqué et alerté sur le fait quc quelque chose ne tournait pas rond chez ses domestiques, dans sa propre maison. Il fit la sourde oreille[1]. Il a manifesté clairement qu'il voulait les garder étant donné qu'« elles donnaient entièrement satisfaction du point de vue du service ». En somme, les patrons participaient aux phénomènes étranges qui habitaient les jeunes filles, et M. Lancelin a montré qu'il couvrait tout ce qui se passait dans sa maison. Seule importait l'« entière satisfaction », une jouissance sans égale.

Lors d'une reconstitution du crime, Christine dira qu'elles venaient à la mairie pour « émanciper Léa ». Cette fois, il ne devait plus s'agir d'émancipation comme l'avait pratiquée Mme Lancelin en les faisant profiter de leurs gages, mais d'une demande d'émancipation légale. En septembre 1931, Léa a vingt ans, un âge qui devait prendre sens. Christine a évoqué un « acte de naissance ». L'émancipation par la patronne, puisqu'elle intervenait sur la jouissance de l'argent, touchait aussi à l'inscription de leur nom. Si Clémence ne portait plus les sommes gagnées par ses filles sur un livret spécial, c'étaient elles qui devaient les porter elles-mêmes. Mais en avaient-elles un chacune, ou

1. FD, p. 148-149.

bien tout l'argent était-il porté sur celui de la plus grande, Christine ? Christine dit avoir voulu pratiquer l'émancipation de sa sœur, comme Mme Lancelin l'a fait sur elles, ou sur elle, l'aînée. La demande d'émancipation de Léa en l'absence des patrons était une tentative désespérée d'imaginer se libérer de toute mainmise, alors qu'elles viennent se plaindre d'être séquestrées. C'est vers le maire qu'elles se tournent, à défaut de leur mère, peut-être parce qu'il est le représentant d'une loi au-dessus de la loi maternelle, au-dessus de la loi des patrons, pour demander l'émancipation de celle qui était par définition totalement soumise, donc inémancipable. Sans la contrainte de la direction de sa patronne pour la tenir, Christine dirigeait Léa et tenait seule la maison, elle a certainement dû se sentir flotter. Christine, en demandant l'émancipation légale de sa sœur inémancipable, vient chercher à la mairie l'appui qui se dérobait à sa direction. Par sœur interposée, elle manifeste qu'elle-même n'était pas émancipée.

La visite des sœurs Papin à la mairie était un signe avant-coureur de la folie qui couvait dans la maison Lancelin. Ce signe fut bien étouffé par les patrons qui ont fait comme si rien d'anormal ne s'était manifesté avant l'explosion fatale. Après le crime, les experts de justice, eux aussi, ont négligé les incidents de la mairie et ont refusé de reconnaître leur dimension folle. L'expertise psychiatrique n'a pas conclu non plus que l'acte meurtrier était mû par la folie. Christine a été jugée entièrement responsable du crime – sa sœur Léa considérée comme son adjointe –, aucune circonstance atténuante ne fut reconnue à son acte. Le 30 septembre 1933, Christine fut condamnée à mort, et Léa à dix ans de travaux forcés. Plus tard, Christine, devenue muette et étant mourante, sa condamnation fut transmuée en hospitalisation à l'asile d'aliénés, où elle mourut.

« JE CROIS BIEN QUE J'ÉTAIS LE MARI DE MA SŒUR »

Lorsque Christine sera en prison elle ne supportera pas la séparation forcée avec Léa, une séparation effroyable, intolérable pour elle. Les deux sœurs font la grève de la faim jusqu'à ce qu'on les réunisse pour les repas. En juillet 1933, Christine atteint le paroxysme des crises d'excitation érotiques et obscènes : elle montre son sexe, elle veut s'arracher les yeux, elle s'attaque aux codétenues, « elle réclame sa sœur à grands cris et demande son mari et son enfant[1] ». Elle se cogne dans les portes comme si elle allait passer à travers. Léa écartée, c'est « son mari et son enfant » que Christine réclame.

Une codétenue déclare que le 10 juillet, en prison, Christine « voyait sa sœur pendue dans un arbre, les jambes coupées[2] ». Le lendemain, Christine eut une grande crise de violence :

> Christine Papin s'est levée d'un bond, s'est précipitée vers la fenêtre et a saisi les barreaux à pleines mains et s'est écriée : « Pardon ! Pardon ! Je ne recommencerai plus. [...] C'est moi qui ai attaqué Mme Lancelin. [...] Madame la gardienne-chef a fait venir sa sœur Léa ; quand elle l'a vue, elle l'a prise dans ses bras et l'a serrée à l'étouffer. Puis s'étant assise, sur l'invitation de la surveillante, sur le bord du lit avec sa sœur, elle a enlevé sa chemise et dans un état d'exaltation croissante, elle lui disait :

1. FD, p. 168.
2. FD, p. 169.

« Dis-moi oui ! Dis-moi oui. » Elle avait des yeux effrayants et demandait à la surveillante de la laisser seule avec sa sœur[1].

Après, « elle se contente de s'agenouiller et de prier ». À cette même date, Christine a demandé à faire une nouvelle déposition dans laquelle elle revient sur toutes ses premières déclarations. Elle déclare assumer entièrement la responsabilité du double crime, elle disculpe sa sœur Léa, affirmant qu'elles s'étaient mises d'accord pour dire qu'elles avaient partagé tout à égalité, donc qu'elles avaient menti. Elle affirme avoir attaqué Mme Lancelin qui ne l'avait pas provoquée[2]. Elle se rétracte.

À suivre les récits des codétenues, la vision de Léa pendue aux jambes coupées semble avoir ouvert la faille. Cette vision fut suivie immédiatement de la grande crise où Christine s'est précipitée sur sa sœur pour la dénuder, l'étreindre et obtenir d'elle un « oui » de promesse. Cet emportement érotique fou tentait de colmater l'effroyable brèche, ouverte par la vision, dont Léa était auparavant le bouchon. Christine avait dit à son avocate : « Qu'étais-je donc avant d'être dans le ventre de Mme Derée, je crois bien que je devais être le mari de ma sœur[3] », ou une autre fois : « Au cours d'une vie antérieure, ma sœur a été mon mari[4]. »

Christine en son délire fait valoir son attachement fou à sa sœur – « être le mari » symétriquement l'une pour l'autre. Nous faisons l'hypothèse que l'intensité de la

1. FD, p. 168.
2. FD, p. 54.
3. *In* Frères Taraud, *Littoral*, n° 9, Toulouse, Érès, p. 137.
4. FD, p. 92.

proximité du lien à Léa fait retour avec force, il est à la mesure de ce qui est exclu : le mariage et la procréation sont impossibles à Christine. Le lien de proximité à Léa contenait cet impossible.

Au moment où la vision de Léa jambes coupées ouvre la brèche de l'incomplétude, Christine perd Léa pour toujours. Après, quand on lui présentera sa sœur, elle ne la reconnaîtra pas : « Ce n'cst pas Léa. » Quand elle dépérit, on lui parle de sa sœur, espérant obtenir d'elle quelque ressort de vitalité ; elle dira que Léa ne l'aime plus, qu'elle l'a abandonnée, alors que Léa continue à avoir des attentions délicates et compatissantes envers sa sœur – elle lui envoie de l'argent, demande de ses nouvelles, etc. Léa ne refermera plus la fracture qui s'est ouverte, elle ne sera ni le mari, ni l'épouse qui donne l'enfant, ni l'enfant qui fait une « belle famille ».

Perdant Léa, Christine perd son double, bouchon narcissique. Quand il s'agira de signer la demande de grâce et le pourvoi en cassation, Christine refusera systématiquement, disant : « J'ai tout dit. » Il n'y a rien à ajouter : « Je ne signerai rien du tout. » Elle se soumet à la sentence vers laquelle elle va. « On fera de moi ce qu'on voudra », ou « je ne veux rien demander ». Quand on lui annonce que le pourvoi est renvoyé, qu'elle est donc toujours condamnée à mort, elle dit : « Merci, monsieur. » Elle dira : « Je ne mérite pas de vivre… merci… je ne suis bonne à rien… merci… Je ne peux travailler… c'est inutile de me nourrir[1]… »

1. FD, p. 187.

Dans cette période d'agonie mentale et physique, Clémence tente de réveiller en Christine l'énergie, elle l'exhorte à avoir du « Courage » comme elle, à être une « bonne fille » :

> Si tu travailles ça me ferait si grand plaisir [...], sois bonne petite fille, tu seras contente de me voir, du Courage, du Courage [...] le Ciel n'abandonne pas ceux qui ont du Courage, il faut dire je veux travailler et bien manger [...], je serais contente si Monsieur le Directeur était content de ton travail, tu peux croire que je ne t'oublierai jamais et ta sœur Léa qui fait tout pour toi, tu vois elle travaille[1].

Ce rappel à l'ordre affectueux sonne un peu comme un chantage, Clémence exige de Christine qu'elle rentre dans le lien pour faire plaisir à sa mère, elle renouvelle son amour en lui affirmant qu'elle ne l'oubliera jamais. Mais Christine a quitté la loi de Clémence depuis longtemps. Clémence feint de l'ignorer. Christine, mutique, s'abandonne au verdict de la disparition : « S'il vous plaît, monsieur, laissez-moi mourir. » En effet, définitivement coupée de Clémence, ayant perdu sa sœur en sa fonction de lien vital, corporel, elle se tait, elle se laisse mourir et disparaît.

Lorsque ses filles étaient en prison, Clémence veillait sur la malle de leurs précieux vêtements, cadre de leur image jumelle intacte. À l'annonce de la mort de Christine, Clémence renonce à récupérer les affaires qui lui ont appartenu. Le geste de refuser les restes, les dernières choses qui ont appartenu à sa fille, apparaît comme si

1. FD, version *instruite*, p. 189.

Clémence jetait l'éponge : Christine vivante était l'objet d'une emprise passionnée pour une image intacte ; Christine morte n'a plus de corps, l'image est restée dans la malle. Morte, sa mère ne veut plus de ses loques, elle ne la délivre pas. Notre hypothèse est que Christine fut ravie par sa mère dès l'instant de sa naissance. Elle n'a pas été émancipée au sens qu'elle n'a pas habité un corps identifié, à son propre compte. Il lui fallait une sœur (soudée en « mari »).

Léa, ayant perdu la direction de Christine, reviendra sous la coupe de sa mère. À sa sortie, Léa et sa mère vivront ensemble jusqu'à la mort de Clémence. Léa, vieillie, s'appellera Marie pour passer inaperçue, elle est domestique et espère, à sa retraite, rejoindre le couvent du Bon Pasteur. Il est justifié de penser qu'en rejoignant le Bon Pasteur et sa sœur aînée Émilia (dont personne n'avait de nouvelles depuis la rupture avec Clémence) Léa réalise une aspiration de Christine : rentrer au couvent, porter le nom de Marie. La soumission à la loi de Dieu et l'émancipation de la loi maternelle n'ont pas été satisfaites par Christine, sauf dans son agonisante disparition qui la conduisit à la mort à laquelle elle était déjà légalement condamnée.

UNE ÉTREINTE ASSASSINE

Christine en son délire révèle que le lien à sa sœur était soudé en place d'un « mari » : impossible à quoi sa mère l'avait assignée dès son apparition à sa naissance.

Un jour, les trois filles de la maison Lancelin ont eu leurs règles en même temps. À cause de la panne d'électricité et du retard du repassage, le linge des deux clans de filles de la maison s'est trouvé longuement froissé et mélangé : le linge de celles qui sont « séquestrées », non émancipables et donc non mariables, mélangé au linge de celle qui est émancipable, et mariable. Un instant, le miroir effectif se réalise, le couple des sœurs se voit dans le couple mère-fille et il saute aux yeux de Christine que le lien des sœurs ne peut se reconnaître dans le lien mère-fille, ils se mélangent et ne se distinguent pas. Christine hait l'image qu'elle adore parce qu'elle lui révèle ce qui lui est refusé. Cette révélation spéculaire de ce qui ne peut être, a pris valeur d'attaque : un « faire la peau » a éclaté. Christine, propulsée par la fulgurance, a pris les devants. Le couple des sœurs ne peut pas s'identifier au couple mère-fille, et son impossibilité a fait l'explosion.

Le crime, en son acte public, cherche à atteindre un être de pure image. Quelle image fut touchée ? L'image porteuse du trait idéal qui fait défaut, et qui, rencontrée en miroir, persécute : ici, c'est l'image d'une « mère à la fille » – comme on dit « mère à l'enfant ». Ce trait de mère à fille est ici celui de la promesse faite à une jeune fille d'une sexualité procréatrice : avoir un mari.

L'attaque de l'image réalise ce que le lien maternel n'a pas réalisé parce que Clémence a systématiquement contourné le rapport direct à ses filles ; elle s'efforçait de méconnaître sa haine amoureuse, particulièrement envers Christine. Elle la « décorporéisait » de l'agressivité. Clémence tentait de fermer l'enclos narcissique du ravissement de Christine, grâce à la sœur.

Mme Lancelin a rompu l'équilibre du dispositif orchestré par Clémence avec ses filles et dont Christine était l'enjeu. En séduisant Christine et en séparant les filles de leur mère, la patronne a permis que s'amorce un ravage qu'elle a ensuite empêché. Elle a fait sauter la prothèse « sœur Papin ». Le dispositif ainsi rompu par Mme Lancelin, le ravage s'est révélé impossible entre Christine et Clémence, c'est dans la persécution avec la tentative manquée d'émancipation que s'est révélé l'enjeu. Le dispositif maternel une fois rompu, le ravage dès lors exclu, il se réalisa dans la tuerie d'une mère-avec-sa-fille.

Christine en son acte fait le ravage avec Mme Lancelin, elle prend la marque du nom, non dans le symbolique, mais dans le réel. Le nom Lancelin est réel dans le geste supposé attaquant, geste de « lancer », halluciné peut-être, que Christine a reçu de Mme Lancelin, sa patronne : « Elle lança ses deux bras dans ma direction », comme une étreinte assassine.

CONCLUSION

Dans nos sociétés qui ne connaissent pas l'initiation sexuelle, la région du débat mère-fille sur la féminité de la fille est à l'état sauvage, au cas par cas. Très tôt les petites filles cherchent à saisir où est la femme dans leur mère, comment percer le mystère de son érotique. Dans quelle récurrence le rapport à sa mère se trouve-t-il au regard du lien de cette mère à la sienne ? La curiosité de la fille est dirigée selon les lignes de force par lesquelles sa mère l'a retenue dans ses propres rets. L'enquête semble montrer que le rapport mère-fille est d'autant plus ravageant que la fille, future femme, a pris une place « unique » pour sa mère, parmi les autres enfants et parmi les autres centres d'intérêt. Cette fille-là cristallise pour sa mère une tentative de traiter sa propre question. Elle sera assignée à une place qui répond à un vœu privilégié que la mère ne peut soutenir par elle-même et pour elle-même. Ces filles « uniques » connaissent des expériences de ravage plus extrêmes que d'autres.

Le facteur décisif à l'œuvre dans le ravage semble tenir au fait que mère et fille se soient ou non confrontées directement à la haine entre elles. C'est à partir de ce critère que les cas furent ordonnés.

C'est de Christine Papin, qui ne connut pratiquement aucun ravage direct avec sa mère, que je retiens les formules « avoir la peau » et « faire la peau », réalisées au pied de la lettre dans son crime, au paroxysme de la folie. Le sens de ces formules est sauvage, équivoque, il dit la haine qui s'adresse à ce qui résiste d'être dans le corps de l'autre. Que cette peau avoue, qu'elle rende ce que sa mystérieuse brillance retenait avec un air de narguer. Christine en son acte révèle la question du débat entre une mère et sa fille : y a-t-il un relais, une transmission de la féminité, une autorisation pour soutenir en acte un désir sexuel et la mise au monde d'enfants ?

Expliquons-nous. Le ravage entre mère et fille est l'épreuve qui se place au point où la fille attend une identification féminine qui s'avère impossible. Cela n'a rien à voir avec la question de la transmission père-fils.

C'est crucialement autour d'une image que se joue le ravage/ravissement. Une image, certes supportée par un corps, vient se loger là où les tentatives de fixer l'identité sexuelle ne viennent pas. Le ravage est l'expérience directe de cette absence d'identité sexuelle singulière à chacune. L'expérience est persécutive du fait même de cette absence. L'image éblouissante dépossédante se construira exactement selon les termes singuliers qui disent l'espoir, l'attente, la quête d'une identité sexuelle. Dans l'épreuve du ravage, mère et fille sont engagées dans cet affrontement à l'image dépossédante même si leurs engagements respectifs ne sont pas les mêmes. Le ravage n'est pas symétrique.

En somme, il s'agit que mère et fille expérimentent réellement le « devenir femme » de la fille. L'occasion du ravage, qui se manifeste comme crise d'adolescence, ne s'impose pas forcément à cet âge-là, il peut surgir à d'autres occasions, particulièrement lorsqu'une fille est poussée dans ses retranchements par les événements de désir à s'avouer femme. Les remous haineux-amoureux[1] du ravage se jouent toujours sur l'horizon d'une rencontre érotique, et/ou dans la perspective d'enfants à naître. Mais nous avons vu que ce ne sont ni les rencontres érotiques, ni le mariage, ni les maternités comme tels qui marqueront l'achèvement du ravage. Au contraire, ils le convoquent.

Le jour de leurs premières règles les filles peuvent s'entendre dire par leur mère : « Maintenant, tu es une femme, tu peux avoir des enfants. » À la puberté, il y a une remise à l'épreuve du miroir dans la mesure où le corps féminin se métamorphose, ce qui appelle de nouvelles identifications : « devenir femme », « être femme ». Ce « devenir femme » est inquiétant et énigmatique, il convoque le miroir : quel est le trait « femme » visible dans l'image ? Celle qui représente le prototype féminin, semblable et plus âgée, en place de mère, est celle en effet qui a mis au monde cette fille devenant femme et qui vit sous le même toit qu'elle. Peut-elle répondre de son désir, soit : d'avoir fait l'amour avec un homme et d'avoir supporté son corps procréateur. Malgré la différence de génération et d'expérience, mère et fille miment

1. Lacan a produit le néologisme « hainamoration » qui convient bien au ravage.

entre elles qu'elles sont des semblables comme images, qu'elles se ressemblent du fait de leur féminité parce qu'elles sont habitantes d'un corps érotique particulier, objet de désir, traversable par une jouissance sexuelle « féminine ».

Cette similarité imaginée au regard de la jouissance sexuelle leur donne l'illusion d'une proximité érotique corporelle, et aussi l'illusion d'une complicité de l'expérience féminine, de la confidence intime, l'illusion d'une transparence d'expérience – même si elles cherchent à contrer ces illusions, ou à s'en défendre. Cela se joue dans l'intimité des corps, et sur les questions de parures ou de vêtements, de stratégies de séduction, de choix esthétiques, de succès, de beauté. Cette tentation de similarité, qui a son versant dépossédant, obture une disparité radicale : la jouissance sexuelle féminine n'offre aucun trait visible dans le miroir de la semblable.

Si les tourments qui secouent les mères avec leurs filles n'étaient que des rapports de rivales (des semblables spéculaires), il leur faudrait alors se mesurer avec l'image de l'autre pour la briser par la mise en jeu d'une agressivité ciblée. Mais la violence qui se fait jour dans le ravage n'est pas une agressivité de rivalité, ce n'est pas celle d'un duel, elle ne s'inscrit pas dans une règle d'échange, de négociation, ni de contrat. Elle est problématique. Elle relève de la haine insue, présente dans la demande d'amour qui ne se conclut pas en acte. Il n'y a pas d'identification résolutive possible d'une épreuve du miroir à la puberté qui dirait « tu es femme », qui donnerait un *moi-femme*. La similitude féminine entre mère et fille qui cherche sa forme et son trait est illusoire, elle s'imagine par rapport à une jouissance sexuelle. Le ravage implique sans aucun doute la mise en jeu d'une certaine obscénité : une érotique que la mère impose à sa fille, que la fille reçoit dans un lieu d'impossible départage, où les identités n'ont pas cours. Il faut « faire la peau » à l'horreur de l'obscénité maternelle qui les concerne, chacune différemment, et les encombre.

La haine, plus que l'amour, envers la mère est si dangereuse qu'elle peut ne pas être ressentie, elle peut être contournée ou opacifiée. En ce point du rapport à sa mère, une femme peut éprouver une menace de persécution, ou bien elle peut être tentée de « se laisser ravir », de se laisser déposséder par l'image d'une féminité réalisée. Pour traiter cette incontournable difficulté, si elle ne se confronte pas directement à sa propre mère, une femme trouve une autre femme qu'elle rend responsable du risque de dépossession de sa propre féminité qu'elle sent menacée. Le plus souvent, cette autre femme est choisie parce qu'elle apparaît comme une mère, tout en étant une femme désirable : une *mère désirable*. Elle est repérée aux yeux de la femme pour avoir une certaine avance dans l'accomplissement de la féminité, une avance érotique. Elle est vue, désirée par un homme. Celle qui trouve cette autre femme qui incarne à ses yeux l'avance qui la ravit se situe alors sur une ligne de bascule entre se laisser ravir (s'oublier soi-même comme le fait Lol V. Stein) et se défendre, chercher sa force contre ce ravir qui la menace ou qui l'emporte.

L'autre femme, construite et rencontrée pour les besoins de la cause, cristallise avant tout une image pas comme les autres, ce n'est pas l'image aperçue dans le miroir, ni celle qui apparaît sur une photo, dans laquelle la femme tente de se reconnaître ou à laquelle elle va se mesurer. Cette image ne donne pas une forme à un corps. C'est une présence d'éclat aux franges, qui éblouit, fascine, effraie, appelle. « Faire la peau », c'est accomplir jusqu'au bout, dans un faire, l'affrontement à l'obscénité de l'image de l'autre femme.

Ce sont les conséquences de ce faire qui permettront d'apprécier la résolution du ravage. Il semble que si, et seulement si, s'abolit le caractère dépossédant de l'image, alors le ravage s'achève et même il se résout. Disons que le ravage se résout quand l'acte de faire est un « faire la peau », qui aura pris valeur de faire « une » peau, c'est-à-dire donner consistance de réalité matérielle, dérisoire, à ce corps particulier qui avait pris tournure d'image persécutrice. Cette prise de consistance se joue autour de questions d'enveloppement, de robe, d'enrobement par du linge, du tissu. Car la peau est palpable, touchable, et blessable. Nous avons constaté à quel point le linge était l'agent de la médiation entre le corps, en sa consistance, et l'image. L'étoffe est le lieu des échanges corps-image, image-cadre, enrobement-dérobement, à l'œuvre entre mère et fille.

L'achèvement du ravage, qui marque la sortie de l'épreuve de violence persécutrice, n'est pas perte, ni dette, ni séparation. Il s'agit d'un faire qui opère un détachement sans substitution, sans reste, sans comptabilité, sans transmission, sans négociation, sans échange, sans condition : c'est une *désertion*. Ce faire inscrit une cicatrice qui vaudra comme trace de la fille sur le corps de la mère, même si celle-ci n'est pas forcément blessée dans la réalité. La marque cicatricielle (le *ravinement*), en révélant une certaine « peau » à l'image, enrobera de décence la jouissance sexuelle maternelle, point d'obscénité qui faisait horreur. La consistance de cette « peau » fait barrage (comme l'écriture pour Duras) à la mère. Dans cette *désertion*, chacune alors aura sa peau. À partir de la cicatrice maternelle, marque du détachement et de la *désertion*, un homme pourra être désigné en tant que répondant, pour la fille, de cet enrobement de décence de l'obscénité de la mère.

Le ravage est une épreuve qui brise l'illusion tentante que mère et fille ont quelque chose en commun, une communauté d'expérience érotique et d'image. Cette illusion leur faisait supposer une image pour deux. Le ravage est donc l'épreuve effective de l'impossibilité d'une communauté d'expérience du féminin.

Après Freud, Lacan a affirmé, en ses propres termes et de multiples façons, qu'« il n'y a pas de rapport sexuel », seul le phallus règle non le rapport des sexes, mais le rapport au sexe. Et le phallus s'avère insuffisant, impropre au sexe. Il fonctionne par défaut du rapport sexuel. Le ravage est, du côté de la femme (la femelle parlante), l'expérience même de ce en quoi le phallus fonctionne par défaut, il ne convient pas au sexe, il est « inconvenant[1] ».

Il est impossible de partager ce que la jouissance « féminine », qui excède la jouissance phallique, fait connaître en pure perte, de l'identifier entre une mère et sa fille ; impossible de la reconnaître comme du même ordre, ni de se la confier, ni de la dire. Il est impossible de faire patrimoine du féminin. La féminité n'est pas une

1. Nous ne saurions développer ces affirmations dans le cadre de cet essai, cependant, nous renvoyons le lecteur à Jacques Lacan, *Le Séminaire. Encore*, *op. cit.*, p. 57 (séance du 13 février 1973).

appropriation d'un trait ou d'un insigne, car ce qui risque d'être ravi c'est ce qui est d'essence déjà ravi. Il faut traverser l'épreuve du ravage pour accéder au savoir de cette expérience. Un savoir tel qu'on puisse en faire quelque chose. Mais qu'en dire ? Peut-être rien. C'est ainsi que je situe en quoi l'épreuve du ravage et la désertion du faire qui en constitue la sortie font la « subsistance » que la fille attend de sa mère pour sa féminité. Le mot « subsistance » – qui signifie « vivres » – vient de *substare* : « se tenir dessous », « rester », « durer », « s'arrêter », « survivre ». Il renvoie à un autre : « substance », « substrat ». Comprenons : la femme attend plus de matière à sa survie, plus d'effet de corps, en tant que femme, de la douloureuse expérience du ravage avec sa mère, que de son père.

L'homme Jacques Lacan écrit dans « L'Étourdit » :

> la jouissance qu'on a d'une femme la divise, lui faisant de sa solitude partenaire, tandis que l'union reste au seuil. Car à quoi l'homme s'avouerait-il de mieux pour une femme dont il veut jouir, qu'à lui rendre cette jouissance sienne qui ne la fait pas toute à lui : d'en elle la re-susciter[1].

Cette phrase est cohérente avec l'élaboration de Lacan selon laquelle une femme, dans l'acte sexuel, se dédouble entre son rapport au phallus d'un côté, et son rapport au défaut radical dans le symbolique[2], dont elle jouit, d'un

1. Jacques Lacan, « L'Étourdit », *op. cit.*, p. 23.
2. « L'impossibilité de dire tout le vrai » que Lacan écrit *S(Ⱥ)*. Cf. Jacques Lacan, *Le Séminaire. Encore*, *op. cit.*, séance du 10 avril 1973, p. 87.

autre côté. Que le partenaire masculin puisse faire que la jouissance de la femme dont il jouit lui soit rendue « sienne », cela ne nous paraît possible qu'une fois le ravage résolu. Car l'enjeu du *ravir* entre mère et fille est une jouissance errante, dangereuse tant que l'obscénité maternelle contamine l'éblouissement par l'image. L'entrée dans le ravage, sa traversée et sa résolution feront en sorte que cette obscénité soit détruite. Et le désert qui s'ouvre est celui-là même qui fera que la jouissance sexuelle d'une femme puisse lui être rendue « sienne », sa jouissance n'étant alors plus prise dans le *ravir*.

À suivre l'expérience de Mme de Grignan avec Mme de Sévigné, le ravage ne s'est soldé ni dans la rupture dénonçant une mère toute-puissante, séductrice, sadique, ni dans le meurtre, mais c'est l'arrachement même à une jouissance dangereuse qui a fait place à la reconnaissance d'une jouissance sexuelle de la fille avec l'époux, différente de celle de l'époux. À l'endroit du désert laissé par la disparition de la jouissance maternelle ruineuse peut s'éprouver une jouissance pas seulement phallique, en pure perte. Cette jouissance sexuelle de la femme est-elle pour autant « re-suscitée » de celle éprouvée avec sa mère dans le ravage ? Je ne sais.

La formule lacanienne « sa solitude partenaire » m'a paru heureuse. Cet autre partenaire sexuel de la femme, qu'est sa solitude, n'est sûrement ni isolement ni abandon. Je fais une jonction entre la « désertion » qu'opère la sortie du ravage et la « solitude partenaire » d'une femme dont parle Lacan.

Disons pour conclure qu'il n'y a pas de trait de similitude féminine, sauf à dire que chacune n'est pas la seule à « faire de sa solitude partenaire ». Cette conception de la solitude impliquée dans la jouissance sexuelle d'une femme subvertit toute notion de féminisme. L'égalité des sexes et la libération sexuelle qui, dans nos sociétés, sont considérées comme légitimes, avec la parité, si à la mode, paraissent des options idéologiques de contre-pouvoir. Si la particularité du féminin n'est pas identificatrice, mais l'expérience d'une désertion de l'obscénité maternelle, à côté et au-delà du rapport au phallus, en vérité les femmes ne sauraient faire communauté des femmes, comme femmes. En revanche, « faire de sa solitude partenaire », c'est produire de singulières formes de liberté, inventer des savoir-faire en rupture avec les systèmes communs, dans l'érotique de minuscules trouvailles qui s'imposent au plus près du particulier. Disons que ces savoir-faire et ces trouvailles événementielles sont « plus forts que la mère » et peuvent être le ferment de nouvelles formes de liens.

Ce constat ne peut pas être sans conséquences politiques. Il s'agit, en effet, de soutenir une sexuation qui ne réponde plus à l'ambition d'être femme, ni à celle d'être différente de l'homme, elle subvertit la différence[1]. C'est une chance.

1. Peut-être dans le même esprit, les mouvements gays et lesbiens, aujourd'hui, tentent de faire reconnaître que leurs liens subvertissent les identités sexuelles. Ils revendiquent des comportements sociaux qui s'affirment sexués, hors de la différence sexuelle, et qui inaugurent de nouveaux « styles de vie ».

ANNEXES

Repères biographiques concernant Mme de Sévigné et sa fille

05.02.1626	Naissance de Marie de Rabutin-Chantal à Paris.
1627	Mort de Celse Bénigne Rabutin, son père.
1633	Mort de Marie de Coulanges, sa mère.
04.08.1644	Mariage de Marie de Rabutin-Chantal avec Henri de Sévigné.
10.10.1646	Naissance de Françoise-Marguerite de Sévigné à Paris.
12.03.1648	Naissance de Charles de Sévigné aux Rochers.
06.02.1651	Mort d'Henri de Sévigné en duel à Paris.
29.01.1669	Mariage de Françoise-Marguerite avec François de Grignan à Paris.
04.11.1669	Fausse couche d'un fils de Françoise-Marguerite, à Livry.
19.04.1670	Le comte de Grignan quitte Paris.
15.11.1670	Naissance de Marie-Blanche de Grignan, à Paris.
04.02.1671	La comtesse de Grignan part en Provence, laisse Marie-Blanche à Paris.
05.1671	Départ de Mme de Sévigné en Bretagne.
12.1671	Retour de Mme de Sévigné à Paris.
17.11.1671	Naissance de Louis-Provence de Grignan, à Grignan.
03.07.1672	Mme de Sévigné arrive à Grignan.
27.03.1673	Naissance d'un garçon mort-né à Aix.

05.10.1673	Mme de Sévigné rentre à Paris.
02.1674	Mme de Grignan vient à Paris.
06.09.1674	Naissance de Pauline de Grignan à Paris.
24.05.1675	Mme de Grignan repart en Provence.
10.1675	Mme de Sévigné en Bretagne.
09.02.1676	Naissance de Jean-Baptiste de Grignan, à Grignan.
05.1676	Marie-Blanche rentre au couvent de la Visitation d'Aix.
19.05.1676	Mme de Sévigné part pour Vichy.
22.12.1676	Mme de Grignan arrive à Paris, ses enfants sont en Provence.
08.06.1677	Mme de Grignan rentre en Provence.
26.06.1677	Mort de Jean-Baptiste à seize mois, à Grignan.
08.09.1677	Mme de Sévigné est à Vichy.
10.1677	Mme de Sévigné s'installe à Carnavalet.
11.1677	Retour de Mme de Grignan à Paris.
13.09.1679	Départ de Mme de Grignan en Provence.
08.05.1680	Départ de Mme de Sévigné en Bretagne.
12.1680	Arrivée de Mme de Grignan à Paris où elle restera huit ans.
08.02.1684	Mariage de Charles en Bretagne.
12.09.1684	Mme de Sévigné part en Bretagne.
12.09.1685	Mme de Sévigné rentre à Paris.
29.08.1687	Mort de l'abbé de Coulanges, « Le Bien Bon ».
1687	Mme de Sévigné fait un séjour à Bourbon.
03.10.1688	Mme de Grignan rentre en Provence.
24.10.1690	Mme de Sévigné va de Bretagne en Provence.
1691	Mme de Sévigné et les Grignan vont à Paris.
25.03.1694	Retour de la famille Grignan à Grignan. Mme de Sévigné les rejoint en mai.
20.01.1695	Mariage de Louis-Provence.
29.11.1695	Mariage de Pauline.
17.04.1696	Mort de Mme de Sévigné, à Grignan.
10.10.1704	Mort de Louis-Provence.
13.08.1705	Mort de la comtesse de Grignan.
26.03.1713	Mort de Charles de Sévigné.
31.12.1714	Mort du comte de Grignan.
1737	Mort de Pauline de Simiane.

Publications posthumes de la correspondance de Mme de Sévigné.

1697	Première édition des lettres à Bussy.
1726	Édition rouennaise, 137 lettres.
1726	Édition hollandaise, 185 lettres.
1734	4 volumes, 402 lettres, édition Perrin, éditeur Simart, Paris.
1737	2 volumes, 212 lettres, édition Perrin, éditeur David, Paris.
1754	8 volumes, édition Perrin augmentée, éditeur Rollin, Paris.
1818-1820	Monmerqué.
1862	Hachette, 14 volumes (Grosbois).
1876	Supplément Hachette de 2 volumes (Capmas).
1953	La Pléiade, Gérard-Gailly, 3 tomes, 1 155 lettres.
1995	La Pléiade, Duchêne, 3 tomes, 1 372 lettres.

TABLE

Cet ouvrage a été composé par
PARIS PHOTOCOMPOSITION
36, avenue des Ternes, 75017 Paris

Imprimé en France, par l'imprimerie Hérissey à Évreux (Eure) - N° 91923
HACHETTE LITTÉRATURES - 43, quai de Grenelle - 75015 Paris
Collection n° 25 - Édition n° 02
Dépôt légal : 25483, mars 2002
ISBN : 2012790259
2790251